初中数学教师职业发展路径研究

李舒宇　著

北京交通大学出版社
·北京·

内 容 简 介

本书立足于初中数学教学中部分教师在课程、教学、教研、教法、作业等层面存在不足的现状，结合自身教学经验、实践成果，提出相关理论和解决措施。同时，随着新课程改革与素质教育的不断深入，作为数学教师应积极响应各项教育要求，形成正确的素质教育思想以及专业发展意识，增强自身综合成长与发展的动力。本书从培养数学核心素养、提升反思能力、推进教育信息化建设等几个维度，结合具体教学案例与实践经验，交流探讨如何成为一名优秀的数学教师，详细阐述从理念更新到教学实践“落地”的具体路径与方法。

图书在版编目（CIP）数据

初中数学教师职业发展路径研究 / 李舒宇著. -- 北京 : 北京交通大学出版社, 2025. 7. -- ISBN 978-7-5121-5504-6

Ⅰ. G633.602

中国国家版本馆 CIP 数据核字第 2025CV3206 号

初中数学教师职业发展路径研究
CHUZHONG SHUXUE JIAOSHI ZHIYE FAZHAN LUJING YANJIU

策划编辑：刘建明
责任编辑：郭东青
出版发行：北京交通大学出版社　　电话：010-51686414　　http://www.bjtup.com.cn
地　　址：北京市海淀区高梁桥斜街 44 号　　邮编：100044
印 刷 者：北京华宇信诺印刷有限公司
经　　销：全国新华书店
开　　本：185 mm×260 mm　　印张：10.25　　字数：266 千字
版 印 次：2025 年 7 月第 1 版　　2025 年 7 月第 1 次印刷
定　　价：69.00 元

本书如有质量问题，请向北京交通大学出版社质监组反映。对您的意见和批评，我们表示欢迎和感谢。
投诉电话：010-51686043，51686008；传真：010-62225406；E-mail：press@bjtu.edu.cn。

前　言

一、本研究的价值和意义

教师没有固定的类型，课堂教学也没有标准教法，但好的教师一定有自己独特而有效的方法，好的教学方式一定是学生能够接受并喜欢的。美国教学专家理查德·阿兰兹在《学会教学》一书中指出："学做教师是一个漫长而又复杂的旅程，贯穿于我们的整个职业生涯。"

对于初中数学教师而言，科学的教育思想观念以及教学意识是成为一名优秀数学教师的基础，同时也是实现专业化发展的关键。事实上，尽管在现行教育理论和教学经验的基础上，大部分数学教师能够较好地开展课堂教学活动，并在教学过程中主动反思以提升自身教育技能和素养，但从更细致的角度看，部分教师在备课、素养渗透、课程引导、自身角色认知等方面仍存在一定不足。为此，笔者立足于所面对的初中数学教学现状，结合自身教学经验与实践成果，系统分析了当前初中数学教师日常教学所需的教学素养以及在教学、课程、教研、教法、作业等层面应有的技能，总结了自己多年工作的经验，提出相关理论见解与实践措施。

随着新课程改革与素质教育的不断深入，作为数学教师应积极响应各项教育要求，树立正确的素质教育思想以及专业发展意识，增强推动自身综合成长与发展的内在动力。基于各类教育理念的指引，初中数学教师应在不断学习数学理论知识的基础上，融合理论与实践，促进学生数学思维发展，兼顾学生情感关怀，协助学生形成正确的价值观，并在工作中积极践行"终身学习"的理念。对此，本研究立足于数学核心素养、反思能力、教育信息化、人文素养、情感教育几个方面，探讨如何成为一名优秀的数学教师。

综上，本书的价值在于能够帮助教师梳理现行教育经验，助力教师更新教育理念乃至重构自身教学理念，能够完善"备、教、学、评"等教学环节，继而促使其在专业发展过程中取得更好、更优、更快的效果，实现教师对教育的深刻认识并促进学生全面发展。当然，从更深的学术价值看，本书内容能够在一定程度上弥补初中数学教学研究领域的不足，为相关研究人员和教师的全面发展提供参考。

二、本书的主要内容

基于目前初中数学教学中存在的不足和教师成长过程中应该关注的主要问题，本书安排了以下内容。

引言立足目前初中数学教学现状，结合笔者自身经验，提出研究的主要内容。

第一章 数学教学。本章详细分析了初中数学教师在备课时需要注意的几个关键点，接着论述了初中数学教与学应该以素养为本的理念。教师在教学中需注重逻辑思维、问题解决能力等核心素养的培养，结合生活实例，引导学生应用数学、感悟数学之美。同时，教师应关注学生的心理特点和认知发展规律，注重学生情感、态度和价值观的培养，以实现学生的全面发展，让数学教学真正发挥其育人价值。最后，分析了新课程理念下数学教师素养的养成。

第二章 数学教研。本章分析了初中数学教师进行教研的必要性以及参与教研的途径。

第三章 数学协同。本章探讨数学学科如何以训练学生思维、增强学生数学观念、帮助学生建立良好数学素养为目的的教学方法。同时，研究如何将德育有效渗透到数学教学中，让学生在感知和吸收数学知识的同时，提高自己的人文素养。针对当前教学中可能存在的不足之处，提出合理的改进建议，让德育在数学教学中渗透得更充分、更透彻，帮助教师通过数学教学取得更好的育人效果。

第四章 信息技术条件下的数学教学。本章指出，教师必须熟练掌握信息技术，能够运用多种数字化工具和资源进行教学，同时需要具备创新意识和跨学科整合能力，以便更好地适应信息化环境下的教学需求，提升学生的学习效果。

本书适用于初中数学教师、相关学者以及其他教学管理人员阅读。在阅读过程中，读者应注意结合自身实际需求，分析其中的理论是否适用于自身，并以此为依据将相关理论和实践经验内化于思考和行为之中。同时，部分理论和经验可能不适用于所有学生，在实践过程中需对其进行辩证分析。

希望本书的出版能引发教育同行的交流与探讨。

衷心感谢李舒宇特级教师工作室团队的宁丽曼、赵娜、马帅、杨雪、佟威等五位老师的睿智与辛勤付出！你们的不懈努力让这部作品臻于完美。特别要感谢那些在背后默默奉献的编辑老师们，你们的贡献同样不可或缺，同样值得我们铭记于心。感谢大家的信任、支持与紧密合作，期待未来我们能够继续携手并进，共创更加辉煌的成就！

编著者

2024.8

目　录

第一章　数学教学 …… 1

第一节　精心备课，深入思考 …… 1

第二节　以素养为本的教学 …… 41

第三节　新课程理念下的数学教师 …… 82

第二章　数学教研 …… 104

第一节　教师应该是合作者 …… 105

第二节　教师应该是学习者 …… 121

第三节　教师应该是科研者 …… 127

第三章　数学协同 …… 137

第一节　数学学科促进德育发展 …… 137

第二节　数学学科促进智育发展 …… 140

第三节　数学学科促进美育发展 …… 143

第四节　数学学科促进文化发展 …… 144

第四章　信息技术条件下的数学教学 …… 146

结语 …… 155

第一章
数学教学

教学作为教师传授知识的主要途径，是所有教师工作的重心。实践经验表明，若想实现有序、高效的教学，达成教书育人的目标，教师不仅要关注备课的细节流程，还要紧扣课程标准，更需重视学科核心素养的渗透。优质的备课能够显著提升教学效果，而错误的引导方式或不准确的学情分析，则会导致教师对学生发展需求的误判，不仅影响学生的学习成效，还会削弱其课堂学习的主动性。此外，学生对教学方式、作业形式等方面的接受度也会对其学习观念的形成产生重要影响。

第一节　精心备课，深入思考

备课包含两个维度：其一，教师需深入研究教学内容与学情实际，确立科学合理的教学目标，选择适配的教学方法，整合学科教学资源，以达成教学目标；其二，备课也是教师职业发展的研修行为，是教师追求终身发展的重要体现。

日常备课是教师及备课组在课前为授课所做的各项准备工作，是课堂教学不可或缺的环节。这一过程要求教师研读课程标准，学习教育教学理论，钻研教材并了解学情，从而精准定位教学目标。备课需明确“教什么、怎么教、教到什么程度、为何这样教”，同时清晰规划“学生学什么、怎么学、学到什么程度、为何这样学”，并据此设计教学方案、撰写教案。此外，教师还需针对教学过程中可能出现的情况制定预案，并在课后及时反思，提出改进措施。教师通过研究教材明确课程目标，并以课程标准、学生学习经验与能力为依据，将课程目标转化为教学目标，最终通过课堂任务与活动有效落实教学目标。

有效备课是保障教学有效性的基础。教学有效性涵盖备课、上课、听课与评课的有效性，其中上课有效性是核心。备课服务于上课，是实现有效课堂的前提；听课与评课围绕上课展开，同时促进课堂教学质量的提升。

在新课程背景下，随着教师角色的转变与学生学习方式的变革，备课已不再是教材内容的简单诠释、教学过程的机械排列或教学方法的单一展示，其性质与功能发生了根本性变化。教师需以新课程理念为指导，落实学生主体地位，充分调动学生学习的积极性与主动性，引导学生在课堂任务与活动中开展合作学习、自主学习，同时注重提高课堂效率与培养学生能力。由此可见，备课不仅是教师个人的职责，更是教研组的共同任务。因此，应在教研组内建立完善的备课制度，如每周开展一次集体备课，组织课标解读、教材研读、教参研讨、教法交流、教学设计分享、教案检查与评估等活动。备课内容主要包括备教材、备学生、备目标、备教法、备活动、备问题。

备课是教学工作的基石，其质量直接影响课堂教学效果与学生学习成效。备好课不仅是教师提升教学质量的必经之路，更是贯穿教师职业生涯的重要任务。因此，教师需保持终身学习的态度，与时俱进，不断完善自我，以饱满的热情投入每一堂课的准备工作中。

一、备教材

备教材要求教师深入理解课程内容，以单元知识体系为基础，梳理课堂知识与学生经验发展的关系，据此确定课程内容的重点、难点、疑点与关键点。同时，备教材不能仅停留在知识表面，还需结合能力培养与素养目标进行深入分析。

（一）研读教材及教学内容特点

（1）理解教学内容内涵。现行数学教材并非单纯按照学科体系编排，而是依据学科特点、学生认知规律与教学规律编写的，旨在再现知识的形成与发展的过程。弗赖登塔尔提出，数学源于现实、存在于现实并应用于现实，且每个学生都有独特的“数学现实”。因此，数学教师的重要任务之一就是帮助学生构建数学现实，并在此基础上进一步发展其数学能力。教学过程中，教师应充分利用学生的认知规律、生活经验与数学实际，引导学生学习。这就要求教师精准把握教学内容及其蕴含的数学思想方法，唯有深刻理解教材，才能灵活运用教材，有效传递数学知识与思想。

（2）把握教材整体与局部的关系。教师备课需从整体到局部分析教材，既关注知识的思维方法，也重视技能训练要点。首先应通读教材，细致研究各部分内容，熟悉教材中的定义、定理、例题、习题等，深入挖掘其教学价值。同时，关注章引言、节引言及“思考”“探究”“归纳”等栏目，领会知识点的学习方法；重视连接语的引导作用，理清教材知识脉络。此外，还需研读章末小结，理解知识结构化与思想方法升华的内涵。

（3）挖掘教材的思想内涵。由于教材文本有限，教师对教材的理解可能存在差异。在备课时，教师需从不同角度深入分析教材，挖掘其蕴含的数学思想、文化价值等深层内涵，为教学提供更丰富的素材与思路。

（二）掌握本课程内容的意图

备课过程中，教师需精准把握教材特色，深刻理解数学学科的教学本质，引导学生运用所学知识解决实际问题，明晰学科的功能、作用及其教学价值与意义。

例如，人民教育出版社2024版《数学·七年级（下册）》第10.3节“实际问题与二元一次方程组”安排了探究题目。

【探究1】养牛场原有30头大牛和15头小牛，1天约需饲料675 kg；一周后又购进12头大牛和5头小牛，这时1天约用饲料940 kg，饲养员李大叔估计每头大牛1天约需饲料 18～20 kg，每头小牛 1 天约需饲料 7～8 kg。你能通过计算检验他的估计吗？

分析：设每头大牛和每头小牛 1 天各约用饲料 x kg 和 y kg。根据两种情况的饲料用量，可列出方程组：

$$\begin{cases}30x+15y=675\\(30+12)x+(15+5)y=940\end{cases}$$

通过消元法求解该方程组，由第一个方程两边同时除以 15 可得 $2x+y=45$，即 $y=45-2x$。将其代入第二个方程可得：

$$42x+20(45-2x)=940$$

解得 $x=20$。

将 $x=20$ 代入 $y=45-2x$，可得 $y=5$。

就是说，每头大牛 1 天约需饲料 20 kg，每头小牛 1 天约需饲料 5 kg。因此，饲养员李大叔对大牛的食量估计准确，而对小牛的食量估计不准确。

可以看到，教材在解决实际问题的过程中，利用开放性问题引导学生深入思考。学生在利用实际问题列方程组时，常因难以提炼关键信息、找准等量关系而感到困难。本题突破传统的设问模式，让学生自主明确“通过计算结果与估计值对比”这一检验标准，而这一过程正是培养学生分析问题、建立数学模型能力的关键。

教材安排该探究问题，旨在通过分步引导，帮助学生掌握从实际情境中抽象出二元一次方程组模型的方法。在分析过程中，通过拆解问题步骤，引导学生逐步提高分析数量关系、合理设未知数、准确地列方程组及正确求解的能力，真正实现学以致用。同时，通过“饲料量差异需取平均值”的处理，让学生理解数学简化与抽象的必要性；以“验证经验估计”为任务驱动，凸显方程组在解决实际问题中的精准性与高效性，深化学生对数学工具价值的认知。

（三）了解教材内容的逻辑结构

了解各年级的教学内容分布情况，从整体上了解各部分内容之间的联系，要用发展的眼光看待相关内容之间的关系。同时也要关注相关内容的时效性。要了解本节课在教材中的位置，在单元、教材中的作用、地位等，如与前后知识的联系，或与现实生活的联系等。

例如，人民教育出版社 2024 版《数学・七年级（上册）》第 5.3 节“实际问题与一元一次方程”安排了探究题目。

【探究 3】问题情境：

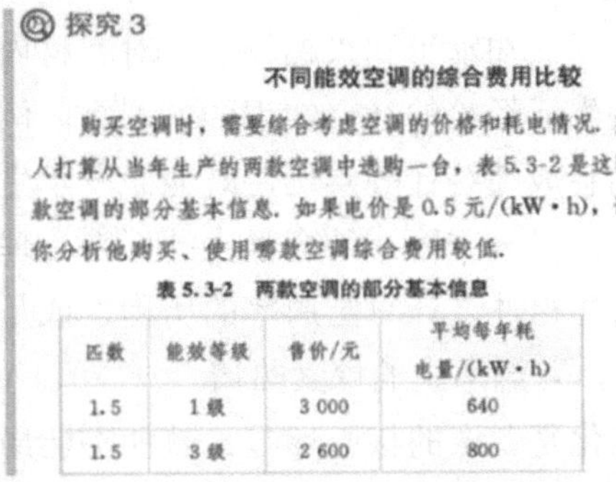
探究 3

不同能效空调的综合费用比较

购买空调时，需要综合考虑空调的价格和耗电情况．某人打算从当年生产的两款空调中选购一台，表 5.3-2 是这两款空调的部分基本信息．如果电价是 0.5 元/(kW・h)，请你分析他购买、使用哪款空调综合费用较低．

表 5.3-2　两款空调的部分基本信息

匹数	能效等级	售价/元	平均每年耗电量/(kW・h)
1.5	1 级	3 000	640
1.5	3 级	2 600	800

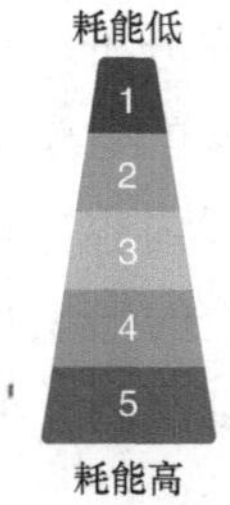

探究任务：① 设空调的使用年限为 t 年。根据表中的信息，列表说明：当空调的使用年限不同时，选择两款空调的综合费用如何变化。考虑到价格和每年的耗电量，分别计算购买并使用两款空调的综合费用。② 观察表中的数据，你能从中发现哪款空调在使用年限较长时综合费用更低吗？通过计算验证你的看法。

教学价值分析：在面对空调选择时，需要综合考虑空调的购买价格和长期使用中的电费支出。空调的购买价格和耗电量直接影响总费用，因此我们需要通过计算其总费用来做出合适的选择。根据不同的耗电情况、使用年限和电价，选购省钱的空调就成为实际生活中常遇到的问题。通过分析这两款空调的不同总费用，并根据计算结果选择最节省的方案，这是解决此类问题的数学方法。

又如，人民教育出版社 2024 版《数学・七年级（下册）》第 11.2 节“一元一次不等式的解法”中的例 4。

> **例 4** 甲、乙两超市以同样的价格出售同样的商品，并且各自推出不同的优惠方案：在甲超市累计购物超过 100 元后，超出 100 元的部分按九折收费；在乙超市累计购物超过 50 元后，超出 50 元的部分按九五折收费。顾客到哪家超市购物花费较少？

本题取材于生活中常见的购物问题。在市场中，不同超市有着不同的促销方式，学生需要比较和选择，这一背景贴近学生生活，但如何抉择对学生而言颇具难度。

对比来看，人民教育出版社 2024 版《数学・七年级（下册）》第 11.2 节例 4 的情境更为复杂，难度也更大。七年级学生在用不等关系建立数学模型解决实际问题时，常面临认知困难，主要体现在难以从实际情境中抽象出隐含的数量关系，准确找出不等关系并列出一元一次不等式。

在解决这类实际问题时，分类讨论思想十分关键。其实，上册第 5.3 节“探究 3”已为此做了铺垫。该探究为降低学习难度，分为两个小问题。第①问要求依据已知表格，进一步列表呈现不同时间段对应的综合费用结果，这也为解答后续问题奠定了基础。

（四）基于学情整合教材内容

教师需立足学生的知识基础、认知水平和兴趣特点，对教材内容进行有机整合与深度开发。一方面，可将贴近学生生活经验的社会知识融入课堂。例如，在概率统计教学中引入彩票中奖概率分析、运动会成绩统计等实例，既能激发学生的学习兴趣，又能帮助其更好地理解抽象的数学概念；另一方面，结合学生的好奇心理，融入数学史故事、趣味数学谜题等拓展内容，如讲述祖冲之计算圆周率的历程，或是呈现九连环、数独等益智问题，拓宽学生的知识视野，点燃学生的探索热情。

实现“从教材到学材”的转化是备课的核心环节。教师不能局限于教材文本的简单呈现，而应将静态的知识转化为动态的学习资源，设计出契合学生自主学习与合作探究需求的教学内容。以“函数”章节教学为例，教师可将教材中的函数概念与实际生活中的水电费计费、出租车计价等情境结合，设计成具有探究性的学习任务单，引导学生在分析、解决问题的过程中主动构建知识体系。

一堂优质数学课的评价标准，不仅在于教学方法的创新，更在于教学内容与方法的深度融合。例如，在讲解几何图形时，若采用小组合作探究法引导学生通过动手拼搭模型来理解图形的性质，这种方法需建立在精心设计的教学内容基础上——如将教材中抽象的定理转化为可操作的探究任务。反之，即便教学方法新颖独特，若教学内容脱离学情，也难以达到理想的教学效果。

在新课程三级课程管理体系下，校本课程开发为数学教学注入了新活力。教师作为课程开发的主体，需善于挖掘周边资源，将地域文化、社区生活与数学教学相结合。例如，处于旅游景区附近的学校，可开发“景区中的数学”校本课程，引导学生运用数学知识计算景区客流量、规划游览路线；身处工业区域的学校，则可围绕“工厂生产中的数学”，设计成本核算、效率优化等教学内容。在课程实施过程中，教师需持续收集教学反馈，通过课堂观察、作业分析、学生访谈等方式，动态调整教学内容与方法，确保课程既符合学生需求，又能有效落实核心素养培养目标。这种基于学情的课程开发与动态调整能力，是教师专业素养的重要体现，也是实现个性化教学、促进学生全面发展的关键能力。

【案例】以下案例是人民教育出版社 2013 版《数学・八年级（下册）》第 19.1.2 节的内容——“函数的图像”的案例分析。

函数是数学中最重要的基本概念之一，它揭示了现实世界中数量关系之间相互依存和相互变化的实质，是刻画和研究现实世界变化规律的重要模型。数与式的运算中渗透了函数的变量，用函数图像与直线的交点坐标可以表示方程的解。函数图像的学习，也是今后学习正比例函数、一次函数、反比例函数、二次函数等函数的基础。

教材在本节开始就直接提出：有些问题中的函数关系很难用式子表示，但是可以用图来直观地反映，例如用心电图表示心脏部位的生物电流与时间的关系。即使对于能列式表示的函数关系，如果能画图表示，也会使函数关系更直观。例如，正方形的面积 S 与边长 x 的函数解析式为 $S=x^2$。根据问题的实际意义，可知自变量 x 的取值范围是 $x>0$。

我们还可以利用在坐标系中画图的方法来表示 S 与 x 的关系，如表 1－1 所示。

表 1－1　x、y 的取值

x	0	0.5	1	1.5	2	2.5	3	3.5	4
y	0	0.25	1						

如图 1－1 所示，在直角坐标系中，画出上面表格中各对数值所对应的点，然后连接

这些点，所得曲线上每个点都代表 x 值与 S 值的一种对应。例如，点（2，4）表示当 $x=2$ 时，$S=4$。

一般地，对于一个函数，如果把自变量与函数的每对对应值分别作为点的横、纵坐标，那么坐标平面内由这些点组成的图形，就是这个函数的图像（graph）。

图 1－1 中的曲线即函数 $S=x^2$（$x>0$）的图像。

在给出函数图像以后，教材边栏处给出一段文字："通过图像可以数形结合地研究函数。"

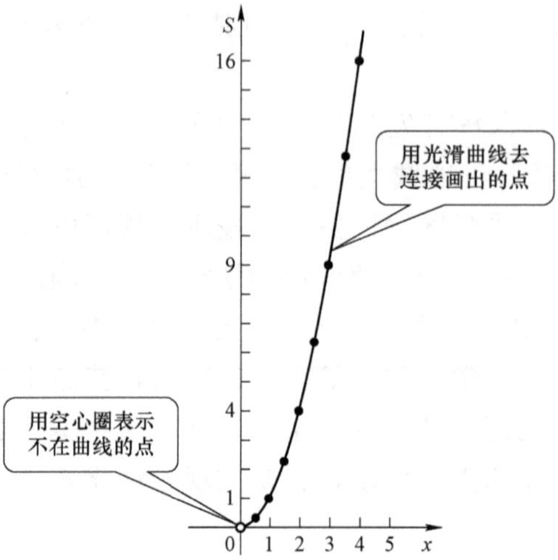

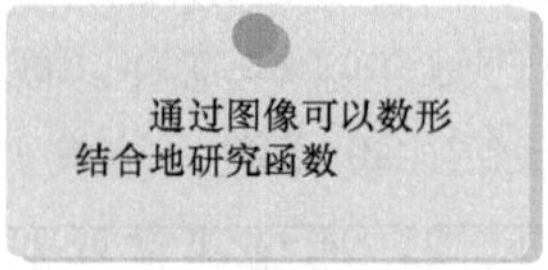

图 1－1

在解读这段教材内容时，老师们有着不同的见解：有的教师认为这段文字是教材编写的，按照原教材文本呈现就可以，即先按照教材的顺序给定义，然后观察图像回答问题。不能改变或添加内容，否则会影响教材内容的逻辑结构。有的老师理解定义是基于图像的绘制，从点的描绘到连线画成图像，是定义的自然呈现，是基于数学知识本身的逻辑呈现顺序，不能改变文本资料的顺序。

人大附中朝阳学校李婷老师备课时在教材内容的基础上做了精心的调整。

环节一：情境导入。

展示了几幅学生学过的函数图像，其中包括散点图、直线图、曲线图，如图 1－2 所示。

然后设置以下问题。

问题 1：观察这个函数的图像，你能得到哪些信息？

此过程明确三点：

（1）从已有的图像中明确变化和对应；

（2）图像的意义；

（3）气温图中将各点的坐标用列表的形式展示给学生。

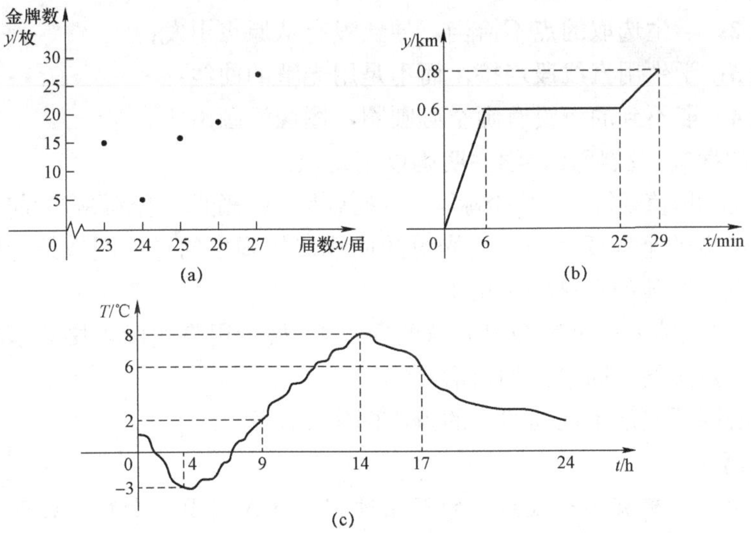

图 1－2

教师预设：对于图 1－2（a），这些点之间不用连线，表示金牌数与届数的函数关系；

对于图 1－2（b），小明以 0.1 km/min 的速度去吃早饭，吃早饭用了 19 min，吃完早饭后以 0.05 km/min 的速度去学校，全程共用了 29 min。

图 1－2（c）表示一种函数关系，即气温随着时间的变化而变化；并举例说明某一个时间对应一个温度（特殊点的坐标）；这组数据呈现了温度的变化的趋势。

【设计意图】

从实际问题引入，承接学生对于函数图像的已有认知，又能引出本节课的重点“画函数图像”，在此环节说明函数图像的重要作用：① 有些函数无法用解析式表达（心电图、气温变化图），所以用图来反映；② 直观形象；③ 研究函数的重要工具。此环节是让学生构建完整的函数图像体系，对直线、折线、曲线、散点的类型进行整体认知，为下一步画图像做铺垫；同时，很难用关系式表示的函数可以用仪器画出图像，有解析式的函数也可以画出图像。

环节二：探究新知。

这三个图都是函数图像，什么是函数图像呢？引出函数图像的定义。

探究活动：画函数图像。

问题 2：正方形的面积 S 与边长 x 之间的函数关系是什么？

追问 1：这个函数的自变量的取值范围是什么？

追问 2：如何去画这个函数的图像呢？

追问 3：怎样获得组成曲线的点？（先确定点的坐标）

追问 4：怎样确定满足函数关系的点的坐标？（对应“列表”这一步骤）

自主探究：请依据函数图像的定义，自主画出函数 $S=x^2$。

教师预设 1：根据学生在追问 1 中的答案，画函数的图像，自变量大于 0 或者大于等于 0；

教师预设 2：学生选取的点不恰当，导致没有从原点出发；

教师预设 3：学生用直线段连接，而不是用光滑的曲线；

教师预设 4：取不到的点没有画空心圆圈，图像没画出头。

通过学生的探究，教师要让学生明确以下几点：

（1）自变量的取值要得当，横坐标等于 0 的点是必须画的，不然图像的起点可能有误；

（2）描出的点的个数要适当，用光滑的曲线连接画出的点；图像是近似的，因为只能描出有限个点，其他的点是联想出来的；

（采用局部放大的方式来解释“光滑的曲线”，展示用直线段连接的学生画法，用取两点横坐标的中点来检验即可，加密取点。）

（3）用空心圆圈表示不在曲线上的点，图像要画出头。

【设计意图】

此环节让学生明确有些函数图像的产生过程是从式到图，由解析式到列表再用描点法画出，画出光滑的曲线，能够与后续画的一次函数的图像做一个迁移和对比。同时，画图像也体现了由部分推断总体的统计思想；从一个具体函数的讨论出发，让学生经历列表、描点、连线等绘制函数图像的具体过程，了解图像上的点的横纵坐标与自变量值、函数值之间的对应关系，渗透数形结合的数学思想。

以上教师的教学设计，鉴于班级学生学习和探究水平较高，在明确函数图像的定义之后，用自主探究的方式让学生画函数图像。在此过程中，教师关注学生对所选点的个数是否足够、是否具有代表性、如何检验图像是否正确反映出函数关系等问题。

在此之前，学生学习了平面直角坐标系、数与式、方程的相关知识，对函数也有初步的认识，知道函数是刻画变量之间关系的模型，学生具有初步的几何知识。在读图的过程中，把函数图像特征解析成变量的对应关系和变化规律这部分内容的理解是有一定困难的，而且学生对于“数形结合”的理解也往往是表层的。实际上，在分析图像的过程中，图像看似不动的“形”是动点运动形成的轨迹，随着动点的运动，其横纵坐标就会发生变化，这个过程应该让学生理解横坐标的变化引起了纵坐标的变化，从而分析出函数的增减变化规律。所以从“形”到“数”不是一步到位的，而是由“形”到“形（分析几何特征：动点轨迹）”再到“数”，这是对图像意义的理解，整个分析过程既是关键也是难点。该教师对教材的处理，是基于学生对教材内容的认知基础和能力基础之上的深度思考。

根据中国人民大学附属中学朝阳学校的李婷老师的分析，本设计是基于学生的实际水平，考虑到学生认识发展，通过实际情境的引入，并用问题引领开展教学，逐步开展深入探究活动，充分体现了学生学习的主体性，使学生深入理解很难用关系式表示的函数和能用解析式表示的函数，并用图像来解释这些函数的变化规律。学生经历了由“数”到“形”，再由“形”到“数”的互相转化过程，明确了转化过程中的关键，既有利于解决实际问题，也渗透了数形结合以及几何直观的思想，使学生的学习可持续发展。

教材给出了对数学知识再发现、再创造的途径、过程和方法。教材文本内容是备课的前提和基础，教师备课首先要通读教材，研读教材内容之间的结构，把握教材编写者的意图，与教材进行深度对话。

要掌握备教材的具体步骤。

备教材要有系统、有序的步骤，才能保障备课效果。

一是要快速浏览课程内容，了解本课程教学内容的概貌，了解课程标准对教学内容的要求，了解其在单元或前后知识体系中的地位。

二是要细致分析课程教学内容，即结合了解的情况，了解学生需要掌握的内容，如学习目标、重点、难点等。

三是要细致解读课程内容与学习的关系，并微调教学内容，如结合知识架构特征和学生基础能力表现，简化知识表现等。

四是要细化教材内容。要从教材培养什么能力、技能、基础知识、思想品德等层面出发分析教材。要注意例题、习题的用法，分析其如何搭配等；要从教材内在联系角度出发，从理论层面出发，探究如何引导学生突破藩篱。

五是要组织并处理教材，即基于学生积极性、主动性、接受能力、学习特点等要素，设计教学过程、教学方式等。

一些新教师在备教材内容时习惯于先寻找教学内容做辅助材料，在没有搞清楚教材内容的使用意义和价值前，堆砌很多有关内容的习题充实教材，这样做既浪费了大量时间，也会导致添加的资源重复或者没有意义。备教材，前面说了，就是要先吃透教材上蕴含着什么思想方法。教材编者的意图，以及针对教材的特色进行分析，所以备教材要反复阅读教材提供的教学内容。不能先制定教学目标或者先调查学生学习情况，一定要先粗读浏览结构，再细读到点到段落，读懂教材了，再结合课程标准要求，再细品教材内容，体会本节课内容在整个单元甚至整个初中阶段的任务和价值。

许多经验丰富的教师在备课时，会习惯性地参考和借鉴以往的教学设计，通过增删内容来适应新的教学需求，这无疑是资源有效积累和再利用的明智之举。然而，在着手改编教学设计之前，重新研读教材内容是不可或缺的一环。这不仅体现了严谨认真的工作态度，更是科学备课的必要方法。每一届学生的学情都独具特色，前期教学过程中遗留的问题也各不相同。因此，教师在备课时必须重新将教材内容置于当前的教与学环境中，深入剖析和理解教材内容所涵盖的学科专业知识，以应对可能存在的差异。我们所处的时代知识更新迅速，稍有不慎就可能落后于时代。因此，在决定教授内容之前，教师需要精心研究所教专业的历史背景、发展现状和未来趋势，同时探索与相关学科的横向联系。只有通过系统的理解和加工，教师才能将专业知识转化为适合学生学习的内容，使其易于掌握并乐于学习。

教师的专业能力和扎实功底在这一过程中得到了充分的体现。他们不仅能够提升学生的数学思维能力和学习能力，更能通过精心设计的教学内容，展现出自己丰富而恰当的专业知识和深厚的教育功底。

二、备学生

美国著名教育心理学家奥苏贝尔认为，学习应该通过接受而发生。教师应给学生提供经过仔细考量、有组织、有序列且有用的材料。他指出，有意义的学习是通过新信息与学生认知结构中已有的有关概念相互作用而实现的。因此，学生学习的效果与学生的认知基础、能力基础、认知经验等密切相关。教师备课就是要了解学生的这些方面，进而通过教学引导学生在活动中实现再发现、再创造。

作为优秀教师，需精心筛选课程内容，依据知识维度选择恰当的教学策略、方法及教学辅助工具等，同时精细规划教学时间和空间，制定单元教案、周教案及课时教案等教学计划。备课时，他们首先关注学生需求，信任学生能力，以积极的情绪，基于学生的兴趣和内在需要，安排多元化学习任务，力求让学生获得“沉浸式体验”，以此激发学生学习动机，构建有效的班级“学习共同体”，推动集体发展。

教师备课时要充分考虑学生的个体差异和个性特点。在智力因素方面，关注学生已有的知识基础、经验基础和能力基础；在非智力因素方面，关注学生的学习态度、性格、习惯、兴趣等。通过了解这些，找到学生的最近发展区，促进知识的同化与迁移，实现有针对性的教与学。

（一）教师要了解学生

法国教育家卢梭的“自然教育”理论极为重视学生的天性。他认为，优秀教师首先要了解和研究学生，这是成功开展教学的前提。教师对学生的了解程度，在很大程度上决定其是否能成为一名合格的老师。教师的教学应呵护学生善良的天性，压抑学生天性、束缚学生个性的教学行为，是教师不合格的表现。只有教育教学契合学生身心发展规律，学生才能自然、有序地成长。由此可见，教师了解学生至关重要，教师应成为学生自然成长的支持者与推动者。

心理学研究表明，学生普遍具有求知欲和追求成功体验的心理。这意味着教师备课时要基于学生心理发展水平，激发学生的求知欲，形成积极的学习动机，从而推动教与学朝着良好的方向发展。例如，七年级学生处于初小衔接适应期，好奇心旺盛，形象思维能力强，但抽象思维能力较弱，对抽象概念理解困难，不过动手操作能力较强。教师应充分利用这些心理特征，结合不同的教学资源，设计适宜的教学方法，激发学生学习的积极性，引导学生通过动手操作认知数学事实，这一时期也是培养学生抽象思维的关键阶段。

在深入课堂研究时发现，数学课堂存在这样的现象：七年级课堂对抽象思维培养不足，而八年级、九年级课堂直观操作不够。在新课程标准下，新教材注重实际、贴近生活，教师重视创设问题情境，关注学生学数学、用数学的意识，善于从学生已有生活经验出发，突出感性认识，也关注解决问题的方法和数学思想的养成，但往往忽视了对学生思维形成和发展的研究，忽略了思维发展循序渐进、螺旋上升的规律。此时，教师务必引导学生逐步从形象思维向抽象思维过渡。

学生是教学活动的核心对象，教师应重视把控学生的情感、基础能力、发展表现、个性发展、素质教育等要素。

1. 把控原则

（1）主体性原则。教学活动以提升学生能力和素养为核心，教学任务要突出学生的主体地位，让学生成为具有独特个性的个体，而非模式化的“学者”。因此，教师备课时要设计展示平台，让学生有机会自我展示和自由活动，使其在自我发展中获得成就感和体验感。

（2）差异性原则。教师应承认并尊重学生的个体差异，摒弃偏袒，从促进学生全面发展的角度出发，依据学生实际情况进行备课。

（3）发展性原则。教师要采取多种措施调动学生的主观能动性，动态挖掘学生潜力，让学生坚信自己具备成功的潜力。

2. 满足学生的要求和方式

（1）掌握学生基本情况，精准确定教学起点，包括学生已有的经验、知识基础，以及学生偏好的学习方式和对教学模式的期望等。

（2）了解学生的经历，学会换位思考，从学生的视角思考问题。

（3）明确学生是否具备学习课堂知识所需的经验和能力。

（4）知晓学生对本课程内容的掌握情况，即已掌握的内容、尚未掌握的内容以及掌握程度。

（5）清楚学生能够自主探索和内化哪些技能，哪些需要教师引导。

3. 以平移课程“备学生”为例

（1）好的方面。从知识结构看，初中阶段学生已基本掌握平移的概念，积累了相关学习经验，为进一步学习奠定基础；从方法和技能看，七年级学生已探究对称图形的基本内容，具备基本的图形变换思想；从智力素养看，初中学生观察、思考、迁移能力较强，想象和操作水平较高，具备合作交流和思考的能力，且思维活跃，渴望在课堂上展示自我、表达观点。

（2）学习障碍层面。部分学生缺乏对动态图形想象、分析和探讨的经验，这不利于知识内化。尽管学生掌握了部分平移概念和学习方法，但难以用准确、严谨的数学语言描述平移现象和性质，且部分学生画图能力欠佳。教师在分析学生基本情况后，应根据实际，因时、因课、因人设计教学内容，确保教学的有效性和可靠性。

4. 以抽象思维培养“备学生”为例

抽象思维是一种具有清晰逻辑的思考过程，是从一个环节到另一个环节、由浅入深、由少到多的认识过程。在这个过程中，需借助思维把握事物的整体和全貌以及知识发展的全过程。通过综合和概括，利用概念反复把握事物整体及其发展过程的思考方式，就是抽象思维。将大量事实综合形成科学概念，再把更多概念、事实和观察概括为内涵更集中的概念，并用简洁的符号表示，这是科学发展的常见形式。在学习中，学生应努力领会概念间的内在联系，运用概念和符号把握事物的整体。无论是在知识学习还是社会实践中，若能自觉运用抽象思维认识事物的联系，把握其整体特征和发展过程，可大幅提升抽象思维能力。重视形象思维的培养，有助于发现数学相关事物的本质和探寻其规律。

（二）抓住学习契机，发展学生的抽象思维

1. 七年级学习契机

七年级是中学起始阶段，学生代数知识匮乏，抽象思维能力较弱，更多依赖形象思

维来认识事物。数学学科对抽象思维能力要求较高，而小学生知识储备有限，抽象思维能力需在初中阶段发展。小学数学教学常以形象思维为主，到七年级，负数、代数式的引入使学习内容超出形象思维的直观理解范畴。例如，学习加法法则时，学生可从算式和数轴两个角度探究并归纳，此过程渗透归纳、类比、合情推理方法，有助于发展学生的抽象概括能力；学习同类项与合并同类项时，引导学生与数的运算类比，利用数的分配律化简式子，体会由数到式、由具体到一般的思想，促进学生抽象思维的发展。

2. 利用直观手段过渡

利用直观手段突破教学重难点，实现从形象思维到抽象思维的过渡，具有重要价值。抽象思维是思维发展的高级形式，是形象思维发展的高级阶段，也是学生后续学习必备的能力。在小学过渡阶段把握抽象思维形成的关键时期，既是学生当下学习的需求，也是学生未来学习的基础。小学数学教学中，形象思维是向抽象思维过渡的桥梁，如数的求和从依赖实物感知上升到理性认知的过程。在初中学习代数式的和差运算时，学生借助已有经验通过类比进行学习。运用直观教学时，要考虑如何从具体过渡到抽象，以及何时不再依赖直观手段，引导学生用抽象的数学思维开展学习。例如，在七年级学习立体图形与平面图形的展开图时，教师可用立体图形实物作为教具，展开后再通过画图，实现从具体到抽象的学习过程。直观性也是学生自我智力教育的手段，从形象到抽象，再用形象描述抽象事物，是数学抽象的过程。九年级学习三视图时，空间感强的学生可借助空间想象绘图，空间感弱的学生仍需通过直观教学和形象思维训练发展空间感与抽象思维能力，初中立体图形的学习过程充分体现了利用形象思维发展抽象思维。教师了解学生认知规律，合理运用直观手段，能使学生通过观察、测量、猜想等进行深入思考。

（三）重视课堂板书的书写格局

让学生在板书中感受数学的理性思考过程，同时借助板书强调从形象思维到抽象思维的过渡。例如，在有理数乘方教学中，设计板书时可从以数为因数的乘式逐步过渡到以字母为因数的乘式，利用字母符号的抽象性，清晰、有逻辑地呈现从特殊到一般、从具体到抽象的过程，这有助于发展学生的符号意识和抽象思维。

（四）精心设计每个教学环节，富有逻辑性地设置教学活动

初中数学教学中，学生先通过形象、直观的演示获得感性认识，形成表象，再在此基础上进行抽象、概括，最终形成新的概念。从形象思维到抽象思维的过渡是渐进的，需遵循认识规律，精心设计教学环节。

1. 增加问题梯度

在形象思维基础上，让学生通过观察、测量等动手操作获得感性认识，积累大量感性认识形成表象，再通过分析、比较、类比等活动初步形成抽象思维。例如，在教学“全等三角形的判定”时，可设计五个训练层次：① 让学生按要求摆放全等三角形纸片，初步感知全等的条件；② 改变三角形的位置，观察并认识全等的必要条件；③ 增减已知条件，让学生判断其合理性；④ 让学生根据观察结论用尺规绘制全等三角形，从表象向抽象过渡；⑤ 用精练语言叙述数量关系，借助实物、图示等在脑中形成全等三角形的判定条件，理解数量关系与几何图形的关系，深入掌握判定方法。

2. 强化形象思维的作用

强化形象思维的地位，使表象更突出，便于转化为抽象思维。例如，学习有理数加法时，利用数轴让学生直观地看到正数与正数、正数与负数相加的形式和结果，得出加法法则，这既满足法则学习需求，也符合学生从表象归纳结论以及从具体到抽象、从特殊到一般的逻辑发展需求。

3. 基于表象进行抽象概括

教学中要避免操作与计算、数与形分离，数形结合是形象思维与抽象思维相互辅助的最佳体现。抽象概括不能脱离直观，直观形成表象，学生在动手操作形成表象后，从具体到抽象，顺利完成教学任务。例如，八年级学习函数时，借助函数图像研究函数性质和特征，这是学习函数的重要方法，也是从形象思维过渡到抽象思维的关键过程，为学生后续高中及大学学习奠定理论和思维基础，是学生思维发展和数学活动经验积累的重要阶段。

数学是思维科学，提升和发展数学思维是数学教育的重要研究内容。人们通常认为数学具有抽象性，数学活动是抽象的逻辑思维活动。教学中，教师应抓住契机促进学生抽象思维的发展，科学地培养学生数学逻辑思维能力，同时重视形象思维能力的培养，因为形象思维和抽象思维在数学学习和思维能力形成中都具有重要作用。

卢梭认为，若不能培养出活泼的学生，就难以教出聪明的人。教师充分尊重学生的认知基础和认知经验是教学成功的基础。从学生角度看，对知识的渴求应是主动积极的探究过程。只有学生在精神上获得自由，思想才能自由，进而实现发现、思考和领悟的良性循环，促进其品格和智慧的成长。教师在教育教学中，不仅要给予学生自由时间和发展空间，还要促进学生积极向上的发展，这需要教师深入了解学生。教育的本质是学生自然成长，学生是成长的主体，教师是成长的引路人、支持者和辅助者。教师要明确自身定位，建立平等互动的师生关系，实现教学相长。

掌握学生身心发展规律是把握教育时机的关键，教师要深入研究学生。了解和研究学生时，需把握学生的思想品质、学业成绩、兴趣爱好、性格特长、成长经历、家庭情况及社会关系等，对学生进行跟踪分析，全面了解其身心发展状况。

（五）教会学生学习和思考

授人以鱼不如授人以渔。教师的职责不仅是传授知识，更重要的是培养学生终身受益的学习能力和方法，学习方法比知识本身更重要。卢梭主张，教给学生掌握知识的工具比传授知识本身更重要，他强调要教学生如何发现真理，而非直接告知真理。布鲁纳首创了“发现法”以培养学生的智力，实施该方法时，首先要基于学生的亲身经验开展实践活动，学生才能发现真理；其次，教师通过设置问题、探究、分析和解决问题，激发学生的学习兴趣，满足其求知欲，促进学生成长为优秀个体。

教师的示范和引领是学生学习的榜样。古罗马教育家昆体良认为，教学的最终目标是引导学生自主发现问题、运用智力，教学的价值在于让学生学会独立学习，即“教是为了不教”。教师通过引导提问、启发诱导，教会学生学习和探究，形成研究数学、发现数学的方法，远比传授知识点更重要。

进入八年级，学生开始接触几何证明问题，起初他们难以理解证明的必要性，缺乏推理论证的基本认识，几何学习仍停留在实验几何阶段。此前七年级“几何图形初步”主要是介绍几何的基本概念，培养空间观念和几何直观，尚未将观察、实验、归纳等作为几何证明的基础。从三角形学习开始，学生接触几何证明，但受思维习惯影响，对一些问题的认知仍停留在实验几何层面，对命题的认识缺乏严格的几何推理论证，对一些公理仅通过观察、测量等判断真假，未领悟命题间的逻辑关系和结构化关联。因此，八年级几何学习的重要任务是让学生认识到证明的必要性和价值。

2022 年版课程标准指出，要让学生通过实例感悟推理过程的逻辑性，包括归纳推理得出结论和演绎推理验证结论的过程，明白这是获得数学结论的基本过程，其中归纳推理是从特殊到一般，演绎推理是从一般到特殊。可见，学生对几何证明的认知既是学习的需要，也是思维发展的需要。通过几何证明，学生能突破实验几何的局限，梳理所学命题，揭示命题间的关系，为后续学习打下基础。

北京中学七年级学生马睿皓在假期预习八年级教材时谈到“为什么要证明”。

为什么要证明

一、研究背景

人民教育出版社《数学·八年级（下册）》第十一章“三角形”中包含一篇“阅读与思考”，题为“为什么要证明”。众所周知，三角形内角和等于 180°。然而，如果仅通过量角器测量，由于观察和工具可能存在误差，测量结果可能会大于或小于 180°。因此，一个数学命题是否正确，需要经过严谨、充分的逻辑推理和证明才能确认其普遍有效性，并使人信服。观察和实验是发现数学规律的重要途径，而证明则是确认数学公式、定理成立的必要方式。

二、思考过程

进入八年级，数学问题的解答不再局限于解决一个个具体问题，而是常常需要处理一类问题并进行说理。那么，如何对这类问题进行清晰、有逻辑的阐述呢？证明正是实现这一目标的最佳方式。证明是通过严谨的逻辑推理，对一般性规律进行推导和确认的过程。它不仅为得出正确结果提供了依据，证明的过程本身还能帮助我们加深对定理或公式来源的理解，了解数学概念的发生、发展和结论的形成。

通过证明三角形内角和定理，我们不仅能依据该定理解决具体问题，还能推导出一系列有价值的推论，这些推论同样需要通过证明来确立，从而更好地应用于解题实践。

以“三角形内角和定理”为例，我们可以进一步探讨其应用价值。三角形内角和为 180°，依据此定理可以解决以下几类问题：

1. 在三角形中，已知任意两个角的度数，可以求出第三个角的度数；
2. 已知三角形三个内角之间的特定关系（如和差倍分），可以求出各内角的度数；
3. 探讨或证明一个三角形中各角之间的特定关系。

与此同时，根据三角形内角和定理，我们还能推导出以下三个重要推论：

推论 1：直角三角形的两个锐角互余。

推论 2：三角形的一个外角等于和它不相邻的两个内角的和。

推论 3：三角形的一个外角大于任何一个和它不相邻的内角。

这些推论与定理一样，在解答数学问题时发挥着重要的作用。

三、心得体会

由此可见，证明在数学学习中具有极其重要的地位和意义。它不仅是确认数学结论正确性的关键，也为分析数学问题提供了明确的方法和严谨的思路。因此，我们必须学会并掌握证明的方法，通过证明使数学问题的结论更加可靠，分析过程更加清晰、有据。

教师评语：

作者通过对如何正确解答一类数学问题的思考，认识到仅凭观察得到的知识往往是不全面、不确定的。只有通过严谨的证明，才能有理有据地阐述理由，并获得必然成立、确定无疑的结果。作者所展现出的善于分析、勤于思考的探究精神值得肯定。希望同学们能借鉴这种科学分析问题的方法来学习数学。

马睿皓同学通过思考所学知识的前后联系及数学学习的差异，在理解证明必要性后撰写了感悟。这一困惑普遍存在于八年级学生群体中，而认知冲突恰恰是学生进一步学习与思维发展的重要起点。把握这一阶段，不仅能抓住学生思维发展的关键期，还能有效提升其认知能力与数学素养。

以三角形内角和定理的学习为例，小学阶段学生通过折纸将三个内角拼成平角，直观观察得出内角和为 180°。进入初中后，学生在原有认知基础上，通过剪拼多个三角形，并进行观察测量，进而归纳猜想“三角形三个内角和是 180°”，完成该定理的几何实验探索过程。这一过程不仅是学生发现问题的关键，更是几何思维形成的必经之路。在这个过程中，学生通过分析实验测量结果中 179°、181° 等误差产生的原因，思考如何从具体案例推导至一般情况，逐步萌发几何论证的意识。

数学教学的核心是数学思维教学，而创造性是数学思维的重要特征，其根源在于数学学习中的再发现。几何教学涵盖论证推理与实验几何两个重要维度：论证推理有助于培养学生严谨的逻辑思维，而实验几何阶段的探索则能有效激发学生的发散思维，二者相辅相成，共同促进学生思维能力的全面发展。

法国数学家梅森于 1644 年提出一种验证大素数的方法，即计算形如 2^p-1（其中 p 为素数）的数，并断言当 p=2,3,5,7,13,17,19,31,67,127,257 时，该形式的数为素数。然而，1903 年美国数学家柯尔否定了 p=67 时梅森的猜想。这充分证明，未经严格证明的猜想始终存在不确定性，引导学生了解数学家发现数学事实的过程，有助于学生从理性层面深刻认识证明的必要性。这不仅是通过实证以理服人的教学方式，更是尊重学生认知规律的具体体现。

在完成对三角形内角和定理的一种证明后，教师应鼓励学生基于不同的剪拼方法开展分析与论证。学生在对比不同方法的过程中，通过归纳总结异同，深化对知识的理解。此外，教师可布置课后任务，要求学生尝试多种证明方法，通过一题多解拓宽学生思维，帮助其洞察几何元素间的内在联系。正如马睿皓同学在感悟中所述，深入理解三角形内角和定理，有助于解决更多数学问题，推导出更具价值的命题。

由此可见，“备学生”要求教师全面考量学生的学习目标、个体特点、知识与能力基础、学习风格等要素。在教学设计时，既要关注课时教学中对学生知识与能力的培养，也要聚焦单元教学中对学生核心素养的培养；同时，需结合学生年龄特征，遵循数学思维品质循序渐进的发展规律，实现教学的科学性与针对性。

三、备理念

新课程背景下的数学教学强调以学生发展为核心，倡导创新思维与自主合作探究学习相结合，注重全体学生发展与个体差异的平衡，致力于实现教育质量的全面提升。课程标准作为国家基础教育课程的纲领性文件，明确了各学科的基本规范与质量要求，其蕴含的课程理念是指导教学实践的核心准则。因此，教师在备课过程中需深入解读课程标准，将新课程理念深度融入教学设计的各个环节。

（一）以学生发展为核心目标

从学生视角出发，数学教学应致力于促进其全面发展、个性健康发展与可持续发展。

（1）全面发展。全面发展要求教师关注全体学生的均衡成长，避免只重视少数学生。这一发展目标涵盖德智体美劳等多个维度，远超单一的知识传授。例如，在数学教学中，除了教授数学知识与技能外，还可通过融入数学史，培养学生严谨的科学态度与探索精神；借助小组合作探究活动，提升学生的团队协作与沟通能力；通过数学建模实践，增强学生解决实际问题的能力，真正实现知识学习与素养培育的有机统一。

（2）个性健康发展。尊重学生的个性差异，鼓励学生展现独特的思维方式与学习风格，同时引导学生树立积极向上的价值取向。教师在课堂中应创设开放包容的氛围，鼓励学生大胆表达见解，并及时给予肯定与引导。例如，在数学问题讨论环节，针对同一问题，学生可能提出不同的解题思路，教师需尊重并鼓励这些多样化的思维，同时引导学生在思辨中完善认知，促进其个性的和谐发展。

（3）可持续发展。教学不仅要满足学生当下的学习需求，更要为其未来的发展奠定基础。教师应营造平等、民主、和谐的课堂氛围，组织多样化的互动学习活动，如小组竞赛、项目式学习等，培养学生的自主学习能力与合作交流能力，使学生具备适应社会发展的综合素养，实现从学校到社会的平稳过渡。

（二）以理念指导教学设计与实施

教师的教学理念直接影响教学设计与课堂实施。在新课程理念下，教师的角色已从知识传授者转变为学习引导者与课堂组织者，其核心任务是帮助学生掌握知识获取方法，理解知识背后的思想方法，真正实现学生的主体地位。判断教学设计是否以学生为中心，可从以下维度考量。

（1）精准地把握学情。教师需深入了解学生的知识基础、认知水平与学习特点，准确定位学习起点，确保教学内容与方法符合学生实际。例如，在讲授“函数”的概念时，教师可通过前测了解学生对变量关系的已有认知，以此为基础设计教学内容，避免教学内容过难或过易。

（2）有效突破学习障碍。教学过程中，教师应敏锐地捕捉学生的学习难点，及时给予有针对性的指导。如在几何证明教学中，针对学生普遍存在的逻辑推理困难，教师可设计阶梯式问题链，逐步引导学生理解证明思路，突破学习瓶颈。

（3）培养自主学习能力。教师通过创设探究性学习任务、组织合作学习活动等方式，激发学生学习的主动性。例如，在“概率与统计”教学中，教师可布置实际调查任务，让学生自主收集数据、分析数据并得出结论，在实践中提升学生的自主探究与合作交流能力。

在教学实施环节，教师需系统思考教学内容与方法的适配性，明确教学是以知识传授为中心，还是以能力与素养的培育为导向。例如，在“勾股定理”教学中，若以素养培育为导向，教师可引导学生通过自主探索、动手验证等方式发现定理，而非直接讲解证明过程，使学生在探究过程中提升逻辑推理与数学建模能力。同时，教师还应关注学生综合能力的发展，如信息处理能力、表达能力与创新能力等，打造师生互动、生生互动的高效课堂，切实落实“为学生发展而教”的教育理念。

通过下面两个关于“积的乘方”的教学案例分析可见教师的教学理念贯穿于教学活动之中。

教师案例 1：教学内容分析：本课是在学生已经学习了同底数幂的乘法和幂的乘方性质的基础上，进一步研究积的乘方的运算性质，它们都是后续学习整式乘法的基础。

学情分析：本班学生总体基础较好，具有较好的探究能力，但是也存在一部分学生计算能力较弱、符号意识淡薄，这部分学生的计算能力亟待加强。

教学目标：

1. 理解积的乘方性质的推导过程。

2. 会运用积的乘方性质进行计算。

3. 在类比同底数幂的乘法和幂的乘方性质以及积的乘方性质时，体会三者的联系和区别，以及类比、归纳的思想方法。

教学重点：积的乘方性质。

教学难点：运用积的乘方性质进行计算。

教学过程：

活动 1：

一、练习

①a^2+a^2；②$a^3\cdot a^3$；③$(a^3)^3$；④$a^2\cdot a^4+(-a^3)^2$；⑤$(3^2)^2\times 9$；⑥$2^{10}\times 8^6$。

教师活动：巡视、观察指导，学生独立练习。

二、正确写出得数，并说出属于哪一种幂的运算。

①$a^3 \cdot a^4 \cdot a$ = ___（ ）　　②（a^3）^{5} = ___（ ）　　③（ab）^{8} = ?

教师引导，学生回答。

活动 2：

先观察，后归纳猜想。

a　　$2a$　　a　　$2a$

猜想：$(ab)^n=$______　验证：$(ab)^n=$______$=$______$=$______

结论：积的乘方的运算性质：

文字：

符号：

推广：$(abc)^n=$______

教师案例 2：教学内容分析：本节内容是整式乘法第三课时，在学习完同底数幂的乘法和幂的乘方以后继续深入学习，为单项式及多项式的乘法做知识准备。

学情分析：学生已经对法则课的学习有了基本的思路，初步理解由特殊到一般的推导方法，但是抽象能力还有待提高。

教学目标：

1. 经历探索积的乘方的运算性质的过程，能解决相关的运算问题；

2. 在探索积的乘方的运算性质的过程中，进一步发展推理能力和表达能力，体会从特殊到一般的数学思想方法；

3. 感受数学符号的简洁性，提升学习数学的兴趣。

教学重点：探索积的乘方的运算性质及其应用。

教学难点：积的乘方运算性质的灵活运用。

知识回顾：

问题 1：回顾同底数幂的乘法与幂的乘方性质内容，并用符号语言表示。

问题 2：回顾同底数幂的乘法与幂的乘方的性质的探究过程，我们是如何探究得到这些性质的？

探究新知

填空：

计算

① $(2\times3)^2=(2\times3)\times(2\times3)=6\times6=36$

$2^2\times3^2=4\times9=36$

$$(2\times3)^a=\underbrace{(2\times3)\times(2\times3)\times\cdots\times(2\times3)}_{a个}$$

$$2^a\times3^a=\underbrace{(2\times2\times\cdots\times2)}_{a个}\times\underbrace{(3\times3\times\cdots\times3)}_{a个}$$

② $(ab)^2$ $(ab)^{10}$ $(ab)^n$

你发现了什么？

由此可得 $\underline{(ab)^n=a^n\cdot b^n}$

积的乘方法则：积的乘方，等于把积的________分别______，再把所得的幂相_____。

问题 3：运算过程中用到了哪些运算律？运算结果有什么规律？

问题 4：这样的运算规律可以推广吗？如何推广？如何用文字描述你发现的运算规律？

符号语言：（ab）$^n=a^nb^n$（n 为正整数）

文字语言：积的乘方，等于把积的每一个因式分别乘方，再把所得的幂相乘。

问题 5：当 n 是正整数时，三个或三个以上因式的积的乘方有什么性质？你能证明吗？

$$(abc)^n=?$$

教师 1 在学情分析中判断“学生符号意识淡薄”，在教学目标中对应制定“在类比同底数幂的乘法和幂的乘方性质学习积的乘方性质时，体会三者的联系和区别及类比、归纳的思想方法”，但在教学过程中对学生符号意识的培养并没有循序渐进发展的线索。在归纳公式过程中利用了几何直观推导公式，可见教学设计中教学内容和教学方法并不匹配，本意是发展学生的归纳能力，却在教学中开展观察图形得到相关结论的教学活动，虽然可以通过图形得到公式，但此处失去了由递推得到公式蕴含的由特殊到一般的合情推理的教学过程。

教师 2 设计的教学过程与教学目标是相匹配的，教师做到了心中有学生、设计中有思想、问题中有探究。在五个问题链的设计中充分考虑学生认识的进阶和思维的发展，从数到字母，从特殊到一般，拓展学生对符号意识的认识。这正是，教师的教学理念决定了教学设计，教师会选择什么样的方式组织教学过程。

著名的教育家陶行知说过，培养人和种花木一样，首先要认识花木的特点，区别不同情况给花施肥、浇水和培养教育，这叫因材施教。学生是学习的主体，他们的独特体验就是珍贵的教学资源。教师只有从学生的独特体验出发，珍惜保护学生提供的资源，才能培养学生的主体意识，才能发展学生的创新精神，课堂才能焕发出生命的活力和精彩，这才是真正的以生为本。

四、备目标

在数学教学备课环节中，教学目标的确定与表述还是一项极具挑战性的任务。教学目标作为教学活动的起点与归宿，是教学评价的重要依据，对教学质量和学生学习效果有着直接影响。同时，明确教学重点与难点也是备课的关键，它们共同为教学活动的有效开展奠定基础。

（一）如何确定和表达目标

确定教学目标时，教师需兼顾课程重点（课程目标）与学生发展目标（具体目标）两个层面。课程目标聚焦教学任务与要求，具体目标则需教师结合实际学情进行设计。在设计过程中，应遵循以下原则。

（1）以学生为中心的原则。以学生发展为核心，教学目标的设定应围绕激发学生学习热情、培养自主探索能力展开。例如，在设计探究活动时，需充分考虑学生的认知水平与兴趣点，确保目标符合学生实际需求。

（2）灵活开放的原则。为学生创新思维与个性化发展预留空间。如在数学项目式学习中，教师设定开放性目标，鼓励学生采用多元方法解决问题，培养创新能力。

（3）个性差异原则。尊重学生个体差异，制定分层教学目标。对基础薄弱的学生侧重基础知识的掌握，对学有余力的学生则注重知识拓展与综合运用能力的培养。

（4）逐步推进原则。依据知识逻辑与学生的认知规律，设计阶梯式教学目标。如在代数教学中，从数的运算到代数式运算，再到方程应用，逐步提升学生的数学思维能力。

（5）动态调整原则。基于课堂教学反馈，及时调整教学目标。若学生对某知识点理解困难，教师可调整教学节奏，补充基础目标，确保学生对知识掌握的扎实性。

（6）积极激励原则。设置具有挑战性但又可达成的目标，通过正向反馈增强学生的学习信心。如在课堂提问与作业评价中，针对不同难度的任务给予分层激励。

以初中“平移”教学为例，从教材立意出发，结合对教材和学生情况的分析，可确定如挖掘学生空间想象力、引导学生探索平移特征等教学目标。

在教学目标的表达上，可依据新课程倡导的三维目标，即知识与技能、过程与方法、情感态度与价值观进行划分，但需注意三者并非并列关系，不能割裂表述。表述教学目标时，应避免照搬课程标准、混淆单元与课时目标、将教学活动等同于教学目标等常见问题，采用“学生＋条件＋行为＋程度”的描述方式，确保目标具体、明确且可观察、可测量。例如，“平移”第一课时教学目标的以下表述是不合适的：

平移第一课时　教学目标

知识与能力　了解平移的概念，会进行点的平移；理解平移的性质，能解决简单的平移问题。

过程与方法　培养学生的空间观念，学会用运动的观点分析问题。

情感、态度与价值观　通过动手、操作、推断、交流等活动，进一步发展空间观念，培养识图能力、推理能力和有条理的表达的能力。

结合教材的分析与学情的研究，可确定以下教学目标。

- **知识与技能**。学生能准确阐述平移的概念，识别生活中的平移现象，掌握平移前后图形对应点、线段、角的关系。
- **过程与方法**。通过观察实物、动手操作、小组讨论等活动，经历探究平移性质的过程，体会从特殊到一般的数学研究方法。

- **情感、态度与价值观**。在合作探究中，培养团队协作的意识，感受平移在建筑设计、艺术创作中的应用价值，提升数学学习兴趣。

教学目标的表达需遵循规范结构，采用新课程倡导的三维目标体系。在表述时，应明确“行为主体+行为条件+行为动词+表现程度”。例如：在小组合作与多媒体辅助下（行为条件），学生（行为主体）能准确（表现程度）地绘制平移后的图形（行为动词）。需注意，三维目标并非相互割裂，而是有机融合于教学过程，共同指向学生核心素养的发展。

以下对教学目标的表述较为精准。

平移第一课时：教学目标

经历画图、观察、测量的探究过程，归纳平移的基本性质；

认识平移、理解平移的基本性质；

通过探究平移基本性质的过程，初步发展构建探究思路、促进全面思考的能力。

综上所述，制定课时教学目标通常分为三个步骤：首先，基于单元教学目标进行分解，分析其教学内容、方法、过程等内在逻辑，完成对学生学习兴趣与需求的分析，以及学习任务的选择与组织；其次，深入分析教学内容，剖析学生所需的知识、经验、技能等要素间的关系，找到教学起点与学生最近发展区；最后，分层、分类地陈述教学目标，客观描述学生学习后的具体行为表现。

同时，教学目标的制定需避免以下常见误区：

- 避免照搬课程标准，应结合学情将其转化为具体可行的目标；
- 明确单元目标与课时目标的层级关系，避免简单堆砌或拆解；
- 区分教学目标与教学活动，目标应聚焦预期学习结果；
- 确保目标主体为学生，避免以教师行为替代学生学习成果；
- 目标表述应具体、可观察，避免模糊笼统；
- 注重三维目标的整合，避免割裂描述。

（二）如何确定重点

教学重点是对全体学生而言在学习过程中起关键作用的内容，通常包括教材中的核心概念、理论和方法。确定教学重点时，教师需深入研究教材，甄别主要内容与重点知识，将其置于单元体系中分析，关注与其他知识的联系，并结合学情进行创新。教学重点往往是教材中承上启下的知识点与技能技巧，它不仅源于教材重点，还可能涉及学生必备的关键知识与技能。

以“平移”为例，通过对教学内容的分析可知，平移作为初中阶段首个图形运动变化内容，其基本性质及其归纳过程是本节课的教学重点。教师在备课中，需反复研读重点内容，挖掘相关知识，审视其地位与作用，并将重点内容渗透于其他章节的教学中。

（三）如何确定难点

教学难点是大部分学生在学习过程中难以理解的知识、高难度的技能或难以掌握的技巧。确定教学难点时，教师需从知识发展的规律与学生认知的基础出发，分析难点类型。若难点为知识点，则需追溯其前置知识；若为技能或技巧类，则需分解相关知识，或通过唤醒简单应用来实现迁移。教学难点通常具有抽象、复杂、易出错等特点。

仍以“平移”教学为例，学生虽在小学对平移有初步认识，但探究平移的基本性质时，需从对应点的关系归纳总结，这对学生的观察、分析与抽象概括能力要求较高。因此，本节课的教学难点确定为构建探究平移基本性质的思路。突破难点需采用分层教学策略，如借助教具直观演示、设计问题链引导思考、开展小组互助学习等，帮助学生逐步克服困难，实现知识的内化。

教学目标、重点与难点的确定是备课环节的重要组成部分。教师需以学生为中心，深入研究教材与学情，运用科学的方法精准定位，确保教学活动有的放矢，切实提升教学质量与学生的学习效果。

五、备教法

苏格拉底的问答法（产婆术）作为启发式教学的经典范例，至今仍深刻影响着教育实践。其通过对话与诘问引导学生主动思考，在不断质疑与思辨中实现知识的建构。例如，苏格拉底以“假苹果”引发学生对感官认知与理性判断的思考，这种教学方式揭示了一个核心道理：契合教学内容与学生认知规律的教学方法，能够有效激发学习主动性，提升教学效果。

（一）教学方法的内涵

教学方法是教师为达成教学目标、完成教学任务所采用的策略体系，涵盖教师的教法与学生的学法。科学的教学方法不仅能够优化知识传递路径，还能促进师生间的良性互动，实现“教”与“学”的协同发展。只有教法与学法有机结合，才能真正发挥教学的最大效能，推动学生全面发展。

（二）教学方法的选择

苏联教育家赞科夫指出，教师需根据教学内容与学生特点灵活选用教学方法。具体而言，教学方法的选择应遵循以下原则。

1. *以目标为导向*

教学方法需紧密围绕教学目标展开。例如，对于概念性知识的教学，可采用讲授法配合案例分析，帮助学生快速建立系统认知；对于实践性较强的内容，如几何图形变换，则可通过操作探究法引导学生自主发现规律。

2. *激发学习兴趣*

兴趣是学习的内驱力。在数学教学中，教师可通过教具演示、动态几何课件、数学游戏等方式，将抽象知识具象化。例如，在讲解“函数图像”时，利用几何画板动态展示函数变化过程，既能吸引学生的注意力，又能加深学生对函数性质的理解。同时，教师需根据学生认知发展特点调整教学方法，如对低年级学生多用直观教具，对高年级学生则侧重逻辑推理引导。

3. 促进主动思考

教学的核心在于引导学生主动建构知识。教师应扮演“引导者”角色，通过设置阶梯式问题、组织小组讨论、开展项目式学习等方式，激发学生的探究欲望。例如，在解决几何动点问题时，可先让学生自主探索解题思路，再利用几何画板辅助验证，避免直接灌输答案，真正实现“授人以渔”。

（三）几种常用的教学方法

教学方法是实现教学目标、传递教学内容、引导学生学习的重要手段。从促进学习结果的角度看，初中数学教育中常用的教学方法可以根据其侧重点大致分为认知类、技能类和情感类。这些分类有助于教师系统地理解和选择教学方法，从而提高教学效果。

认知类教学方法主要侧重于知识的传授和对知识的理解。

（1）讲授法。教师通过口头语言系统地向学生传授数学知识、概念、原理等。例如，教师可以使用讲授法来介绍新的数学概念，如函数、方程或几何图形的性质。讲授法是传递系统知识的基本方法。

（2）问答法。教师通过提出问题，引导学生思考、回忆、探究，从而检验或促进学生对知识的理解。有效的问答能激发学生的好奇心，促进学生深度思考。

（3）讨论法。在教师的引导下，学生围绕特定的数学问题或主题进行交流、辩论，通过互动深化理解，培养批判性思维和表达能力。

（4）练习法。通过设计不同层次的习题让学生进行练习，以巩固知识、形成技能、发展思维。这是数学学习中不可或缺的环节。

（5）实验法。虽然不常见，但在某些内容（如概率与统计、几何探究）中，教师可以设计实验活动，让学生通过动手操作和观察来理解抽象概念或验证数学结论。

技能类教学方法主要侧重于数学技能的形成和熟练程度的提高。

（1）模仿法。教师通过示范解题步骤、操作过程或书写规范，指导学生进行模仿练习，使学生逐步掌握数学技能。例如，在教授解一元一次方程时，教师演示规范的解题步骤，学生模仿练习，直至熟练掌握。

（2）练习法（在技能类中更强调）。通过有针对性的、循序渐进的练习，帮助学生将知识转化为技能，提高运算、推理、作图等数学操作能力。

情感类教学方法主要侧重于激发学习兴趣、培养学习态度和价值观。

（3）情境陶冶法。教师通过创设生动有趣、富有挑战性的数学情境，如联系生活实际的问题、数学史故事、数学游戏或竞赛等，营造积极的学习氛围，激发学生的学习兴趣和内在动机，培养学生对数学的积极情感和态度。

教学方法的分类为初中数学教学提供了丰富的选择。教师应深入理解各种方法的特点和适用范围，根据具体的教学目标、教学内容、学生特点和可用资源，灵活、综合地选择和运用教学方法，以优化教学过程，促进学生知识、技能和情感的全面发展。

（四）教学方法在数学教学中的渗透

初中数学课堂教学需要教师系统规划教学方法的应用策略，根据学生特点设计导入环节，结合教学进程和课堂反馈动态优化教学策略。不同教学环节应采用差异化的教学方法，避免单一的教学模式导致学生思维固化、注意力分散和学习兴趣减退。教师需从课程导入、概念教学、分层指导到课堂总结等环节，系统实施教学方法的有效渗透。

1. 多元导入，激发学习兴趣

课程导入环节可采用直观导入法或问题驱动法。直观导入法通过关联生活场景，将抽象的数学知识具象化。例如，在“有理数混合运算”教学中，教师可利用 PPT 展示校园花坛面积的计算问题，通过熟悉的场景激发学生的好奇心，自然引入运算规则。问题驱动法则基于实际需求创设认知冲突，如在讲解线段的垂直平分线时，提出“为三个村庄建设供水站，如何确保站点到各村距离相等”的实际问题，引导学生主动探索数学解决方案。

2. 概念教学，深化知识理解

数学概念教学需突破传统语言讲解的局限，采用具象化与情境化教学策略。对于抽象概念，教师可通过实验操作、动态演示等方式辅助学生理解，如利用几何画板展示坐标平面内质点的平移轨迹，直观呈现平移的性质。同时，结合趣味情境降低学习难度，例如在分式概念教学中，创设“工程任务分配”“资源调配”等现实情境，让学生在解决问题的过程中掌握分式本质特征。

3. 分层教学促进个性发展

为实现全体学生的有效发展，需系统地实施分层教学法。教师应基于学生的知识基础、学习能力和思维水平，将学生划分为基础巩固层（A 层）、能力提升层（B 层）和拓展创新层（C 层）。针对不同层次的学生设定差异化教学目标：A 层侧重基础概念的理解与简单应用，如掌握一元一次方程的基本解法；B 层注重知识迁移与综合运用；C 层则聚焦于复杂问题探究与创新思维的培养。教学过程中，通过分层任务设计、个性化指导和弹性评价，确保各层次学生均能获得适合自身发展的学习体验。

4. 创新结课，强化学习效果

课堂总结环节可采用结构化总结法和悬念延伸法。结构化总结通过梳理知识脉络，构建完整的认知体系，如在分式教学中，将分式概念纳入代数式知识框架，形成逻辑闭环。悬念延伸法则：通过设置开放性问题或埋下知识伏笔，激发学生课后探索的兴趣，例如在函数章节结尾提出“不同函数图像变化规律的共性与差异”的问题，引导学生主动开展课外研究。

教学方法的选择与实施需充分考量学生的认知规律、学习需求和教学内容特点。教师应深入了解学情，灵活组合运用多种教学方法，构建以学生为中心的动态课堂，切实提升数学教学的针对性和实效性。

六、备教法

（一）备开头

“好的开端是成功的一半。”一堂课的开头至关重要，它不仅能够激发学生的学习兴趣，还能为整节课奠定良好的基础。成功的课堂导入能够迅速吸引学生的注意力，引导他们进入学习状态，提高教学效率。然而，有些教师在使用趣味性较强的导入时，反而破坏了课堂的平静氛围，导致学生注意力分散。这种情况通常是因为导入的情境与实际教学内容背离太远，学生未能从中获得正向迁移，从而导致新课导入失败。此外，一些教师习惯性地使用相同的导入方式，缺乏创新，这也使得导入失去了吸引力。因此，教师需要不断更新教学方法，保持课堂的新意，以吸引学生的注意力。

以下是一些有效的课堂导入方法。

1. 趣味导入法

古代教育家孔子曾说："知之者不如好之者，好之者不如乐之者。"从心理学角度来看，兴趣是在认识事物过程中产生的美好情绪，这种心理会促进学生积极认知，激发他们的好奇心和探究欲望。教师可以通过趣味导入，帮助学生展开思维、丰富联想，从而提高课堂效果。一堂课的开始充满趣味性，师生情感融洽，课堂学习气氛浓郁，学生会更容易进入学习状态。

2. 设疑式导入法

"思维是从疑问和惊奇中开始的。"学生的学习起于疑而激于趣。教师可以在课堂开头设置疑问，打破学生上课伊始的散漫状态，激发他们的学习期待。这种做法既创造了良好的思维情境，也促进了发散思维的发展。古人云："学起于思，思源于疑。"通过设疑，可以激发学生的好胜心，使他们迅速进入最佳学习状态。

3. 问题式导入法

新课伊始，教师可以设计出适合学生思考的具有挑战性的问题，激发学生主动找到新旧知识的连接点，促进他们对所学知识形成深刻的理解。将主动权交给学生，有助于他们对所学知识留下深刻的印象。教师的提问可以引导学生具有问题意识，学会思考，学会发现问题、提出问题，从而在学习中实现再创造。疑问可以点燃思维，激发学生参与课堂的热情。

4. 复习式导入法

复习导入新课是最常见的方法之一。数学教材的编排顺序通常是按照逻辑顺序的，每一个新知识都是建立在旧知识的基础上的。因此，通过复习旧知识来引入新知识，适应了教材这一特点，有助于学生更快地接受新知识，加强新旧知识之间的联系。这种方法在许多数学知识的传授中应用广泛，可以使整节课的教学结构更加紧凑。

总之，课堂导入的方法多种多样，教师需要根据具体的教学内容和学生的特点，灵活选择和运用合适的导入方法，以达到最佳的教学效果。同时，教师还应不断更新教学方法，保持课堂的新意，以吸引学生的注意力，提高教学效率。

江苏省南京市金陵中学仙林分校毛亚玲老师在设计"勾股定理"一节课时，采用了独具匠心的课堂导入：以"格点中看构图"为核心问题，引导学生在网格纸中绘制多种格点正方形（见图 1－3）。起初，学生大多画出水平、竖直方向的常规正方形；经过深入思考，我逐渐能够绘制出倾斜方向的正方形。此时，教师进一步追问："对于画出的格点正方形，你能求出它的周长和面积吗？"

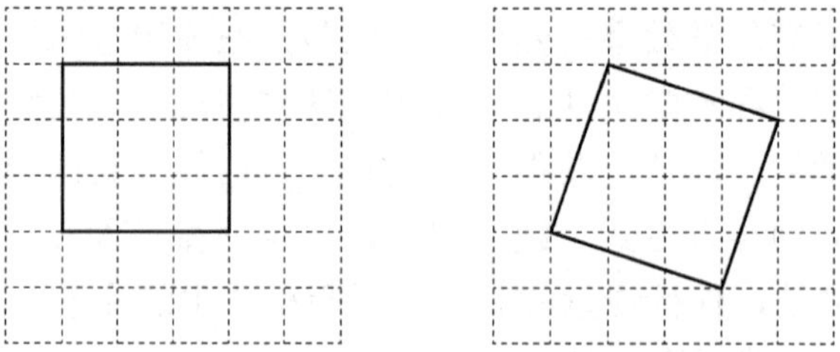

(1)　　　　　　　　　　(2)

图 1－3

这一教学设计展现出显著的教学智慧。教师通过开放性问题创设探究情境，确保不同水平的学生均可参与其中。多样化的正方形图形不仅激发了学生的探究兴趣，而且为勾股定理的猜想提供了丰富的素材。教师引导学生关注正方形边的不同形态（端正或倾斜），促使学生对图形进行分类，这一过程有效聚焦图形的本质属性，为后续探究正方形面积、揭示直角三角形三边关系奠定基础。勾股定理的核心在于探究直角三角形三边的数量关系，若直接抛出研究对象，学生往往难以理解研究的必要性与逻辑性。而毛亚玲老师以正方形为载体，让学生在探究正方形的数量关系的过程中，自然地将研究视角转向直角三角形，既培养了学生的观察能力，又在潜移默化中发展了学生的数学建模能力。

美国著名心理学家布鲁姆提出："有效的教学始于准确地设定对知识所期望达到的目标。"毛亚玲老师的导入设计正是这一理论的生动实践。其通过精心设计的问题情境，不仅激发了学生的学习兴趣，促使学生全身心投入课堂，还巧妙地明确了本节课的教学目标——从正方形面积的探究过渡到直角三角形三边关系的发现。这种导入方式帮助学生在心理上产生探究期待，在知识上建立新旧知识的联系（如将正方形面积计算方法与未知的直角三角形三边关系建立关联），同时在学习状态上做好充分准备，为整节课的高效开展奠定了坚实基础。

（二）备结尾

教学是一门系统的艺术，课堂结尾与课堂导入环节同等重要。课堂结尾犹如乐曲的尾声，需余韵悠长、意蕴深远。古人云"编筐编篓，重在收口"，精妙的课堂结尾不仅能为教学过程画上圆满句号，更能升华知识、启迪思维，避免因仓促收尾而使前期教学功亏一篑。

课堂各环节相互关联、环环相扣，结尾作为教学闭环的关键节点，要求教师既要依据课前预设总结核心内容，又要结合课堂生成进行反思与拓展。通过精准小结，实现教学内容的前后呼应，帮助学生深化对知识的理解、提升思维能力，将零散的知识构建成完整体系。常见的优质结尾方式有以下几种。

1. 趣味式收尾

以趣味活动缓解学生的学习疲劳，将知识融入轻松氛围，实现寓教于乐。例如，在"概率"课程结尾，教师可设计"抽奖模拟"小游戏，让学生在实践中巩固随机事件的概率概念，既放松身心，又延续学习兴趣。

2. 拓展式结尾

遵循"开而弗达，强而弗抑"的教育理念，通过设置开放性问题或延伸性任务，激发学生自主探究的欲望。如在“函数”教学结尾，引导学生思考函数模型在生活中的创新应用，以“留白”形式为后续学习埋下伏笔，培养学生探索精神与知识迁移能力。

3. 启发式结尾

针对学生在课后可能遇到的思维障碍，教师在结尾处进行方法点拨与难点提示。例如，在“几何证明”课程结束时，总结常见辅助线添加技巧，并对作业中的典型题型进行思路引导，帮助学生突破学习难点。

4. 总结式收尾

通过提纲、表格或知识框架图等形式，系统梳理本节课的知识要点与技能方法，强调重点、突破难点。如在“实数”教学结尾，师生共同对比有理数与无理数的特征，构建实数分类体系，并通过类比展望后续数学学习方向，强化知识间的逻辑关联 。

以“实数”一课的结尾设计为例，教师提出问题：“类比有理数的学习路径，我们应如何探究无理数的性质？如何准确区分无理数与实数的概念？”这种设计体现“授人以渔”的教学理念，通过引导学生对比归纳，渗透从特殊到一般的数学思想。教师借助分类比较与关系图，帮助学生明晰实数的概念，把握知识脉络，实现知识迁移与思维能力的提升，充分彰显数学学科的逻辑性与系统性。

七、备活动

新课程强调教学是师生双向互动的过程，倡导构建以学生为主体的课堂生态，通过平等对话取代传统单向讲授模式。在教与学的每个环节中，教与学的内容都对应着特定的组织方式和相应的师生活动。在设计教学流程过程中，不仅要纵向延展进行教与学活动，还要横向思考教师怎么教、学生怎么学的问题。因此，每一个环节的师生活动都是教师备课要聚焦的问题。

（一）学生活动的系统化设计

在学生活动设计中，为了让学生明确学习内容和应该实现的学习目标，教师应该设计出相应的学习活动。科学的学生活动设计需围绕学习目标展开，形成完整的闭环体系。课前可通过诊断性测试精准把握学情，利用数据分析明确教学起点；课中灵活运用情境导入、实验探究、小组讨论等多元活动形式，引导学生经历观察、操作、推理等数学思维过程。例如，设计探究性实验时，需细化操作步骤与观察要点；组织讨论活动时，应明确分工要求和评价标准；练习环节需配套分层任务与总结框架。此外，还应融入学生互评、自我反思机制，促进学生知识迁移与能力提升。

（二）教学活动的选择策略

教师需基于教学内容的特性与学生的发展需求，合理选择教学活动形式。

1. 内容导向

在图形与几何领域，可设计实践操作类活动。如在“角”的教学中，通过裁剪、度量不同角的操作，引导学生自主发现角的大小比较方法，培养其空间观念。

2. 学情导向

对学习兴趣薄弱的学生，可创设游戏化、情境化的活动。例如，在数学文化周中开展数字谜题竞赛、魔方速拧挑战等活动，激发学习热情。

3. 课堂生成导向

依据学生课堂表现动态调整活动形式。若在“中心对称”教学中发现学生参与度低，可及时引入“蒙眼定位拉绳成圈”的游戏，通过具象化操作深化学生对概念的理解。

（三）“三角形的中位线”教学案例解析

具体教学活动设计以探索三角形中位线的性质及证明过程为例，这一过程运用了自主、合作、交流的学习方式。

1. 教学内容分析

本课选自人民教育出版社 2013 版《数学・八年级（下册）》第十八章“平行四边形”第 18.1.2 节，作为三角形知识的深化与平行四边形知识的延伸，其核心内容“三角形中位线定理”具有承上启下的作用。该定理不仅是证明线段平行与数量关系的重要工具，而且为后续学习矩形、菱形等特殊四边形奠定基础。教学中需引导学生通过实验探究、逻辑推理，理解定理推导中“转化”思想的应用，提升学生的几何直观与推理能力。

2. 学情分析

（1）知识基础。学生已系统学习了三角形与平行四边形的性质、判定，具备基本的几何认知与推理能力。

（2）活动经验。通过前期图形探究活动，积累了观察、操作与合作学习经验，但在复杂问题的分析与转化能力上仍需强化。

3. 教学策略

采用探究式学习模式，以“问题驱动—合作探究—推理论证—实践应用”为主线。

（1）课前。布置预习任务，要求学生通过测量、裁剪等方式初步感知三角形中位线的特征。

（2）课中。以小组合作形式，通过拼图、几何画板动态演示等活动，猜想并验证中位线定理；运用平行四边形知识进行严谨证明，渗透转化思想。

（3）课后。设置分层练习，从基础应用到拓展探究，巩固知识迁移能力。

4. 教学准备

（1）教师。制作动态演示课件，设计探究任务单与评价量表，预设课堂生成问题。

（2）学生。准备三角形纸片、剪刀、直尺等学具，完成预习任务。

5. 教学目标与重难点

（1）目标。掌握三角形中位线的定义与定理，能够运用定理进行相关的推理论证和简单计算。经历观察、猜想、测量、操作、证明等数学活动过程，探索并掌握三角形中位线定理；在活动中提高几何直观能力、逻辑推理能力以及数学表达能力。通过探索和证明三角形中位线定理（特别是体会证明方法的多样性），提高分析问题和解决问题的能力，体会数学转化与回归的思想方法。

掌握三角形中位线的定义与定理；通过观察、猜想、测量等数学活动过程，探索并掌握三角形中位线定理，并通过进行有关的推理论证和简单计算，进一步提高几何直观能力、逻辑推理能力以及表达能力；通过三角形中位线定理证明的多样性，提高分析问题和解决问题的能力，体会数学转化思想。

（2）重点。中位线定理的探究与证明。

（3）难点。构建平行四边形辅助线，实现定理证明的逻辑转化。

6. 教学过程

按照学生的认知规律，即从简单到复杂、从熟悉到不熟悉的规律，以“认识中位线—探究中位线的性质—得出三角形中位线定理—应用三角形中位线定理”的顺序进行研究。

活动1：设置问题，导入新课。

问题1：1. 你能否把一张三角形纸片剪成两部分后，拼成一个平行四边形（见图1－4）？

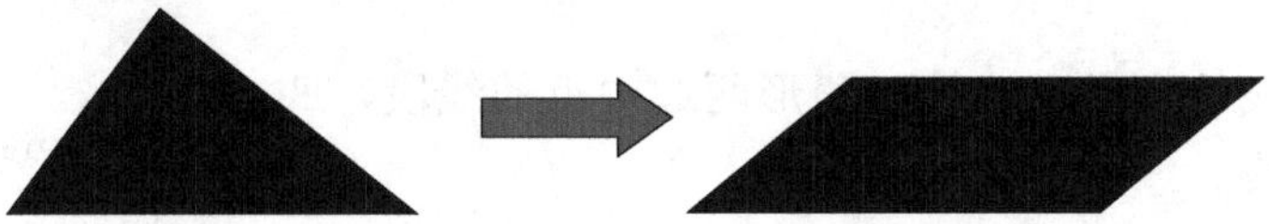

图1－4

2. 你是怎么做到的？四边形 $BCFD$ 是平行四边形吗（见图1－5）？说说理由。

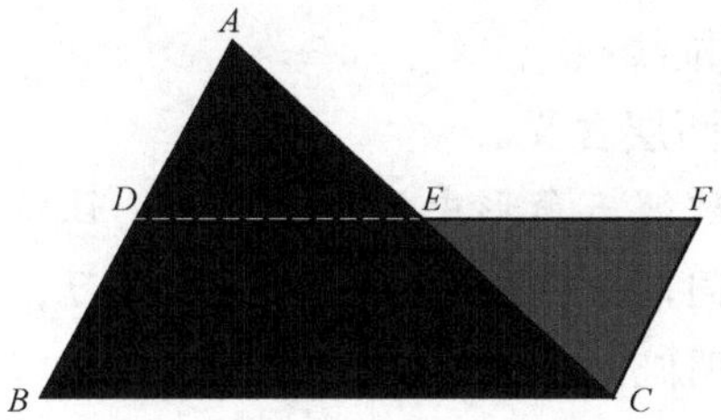

图1－5

由学生讲述证明过程。

已知：如图1－6所示，$\triangle ABC$ 中 D、E 分别是 AB、AC 的中点。

求证：四边形 $DBCF$ 是平行四边形。

证明：如图，$\because D$、E 分别为 AB、AC 中点

$\therefore EA=EC$，$ED=EF$

又 $\angle AED=\angle CEF$

$\therefore \triangle ADE\cong\triangle CFE(SAS)$

$\therefore AD=CF$，$\angle ADE=\angle F$

$\therefore BD /\!/ CF$

$\because AD=BD$

$\therefore BD=CF$

$\therefore$ 四边形 $BCFD$ 是平行四边形

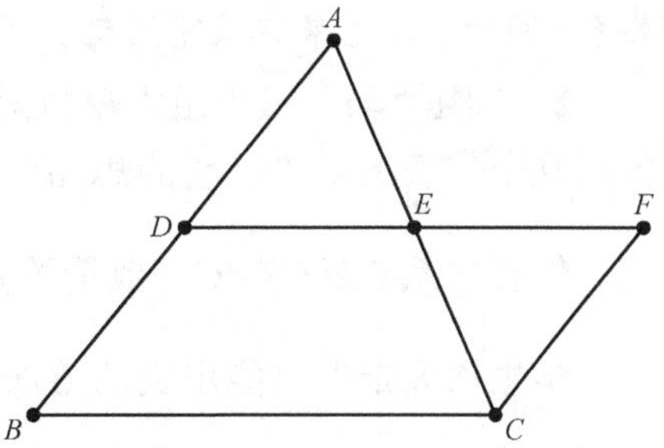

图1－6

学生活动：充分交流之后让小组同学上来展示自己的剪拼法，并讲述自己的理由。

设计意图：从平行四边形的性质和判定过渡到研究三角形的重要线段——三角形中

位线，知识衔接略显生硬。问题是学习探究的起点。为了激发学生主动获取新知的兴趣，新课伊始，教师创设了一个现实情境：让学生们拿出课前准备好的三角形纸板，进行反复剪拼并交流发现。这样处理教材旨在分散难点。

通过动手操作活动，学生能直观地看到四边形与三角形之间存在的密切联系，从而自然引出中位线的概念。这一设计体现了新知识是建立在学生已有认知基础上的，同时也更大程度地激发了学生动手实践、主动探索的积极性。

活动 2：探索新知，建立模型。

问题 2：通过前面的问题，大家看到了关于三角形的一条重要线段，即三角形的中位线，结合预习情况给出三角形中位线的定义。

三角形中位线的定义：连接三角形两边中点的线段，叫作三角形的中位线。

如图 1－7 所示，DE、EF、DF 是三角形的 3 条中位线。

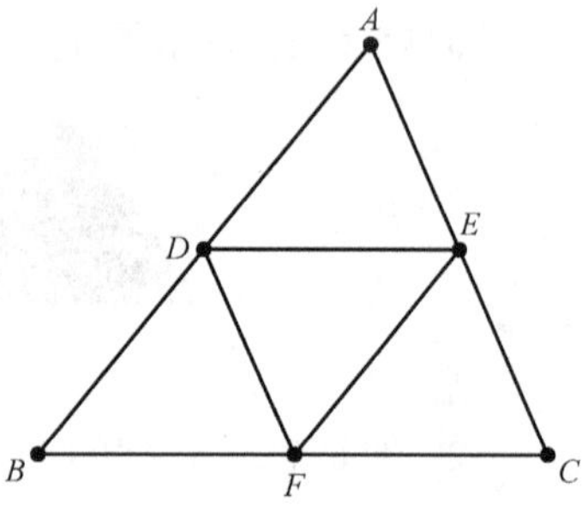

图 1－7

思考：三角形的中位线与三角形的中线有什么区别与联系？

温馨提示：

① 一个三角形有三条中位线；

② 三角形中位线定义的两层含义。

设计意图：为了使学生理解三角形中位线的定义，让学生通过动手画中位线，了解一个三角形有三条中位线，同时加强新旧知识的对比学习，比较三角形的中位线和三角形的中线的区别与联系，强调概念。

活动 3：探究问题，拓展延伸。

1. 问题 3：结合课前预习，说说研究三角形中位线的性质是从哪些方面展开的。你能证明出来吗？用了几种方法？

设计意图：通过预习，引导学生认识到在研究线段时，通常会关注其位置关系和数量关系。同时，通过课前探究活动，让学生初步发现并描述三角形中位线所具有的性质特征。

2. 小组活动：以小组为单位进行交流，探究三角形中位线的证明方法，并请每组准备派几个代表展示“证明的思路”，并把相关辅助线的做法呈现在黑板上。

位置关系　$DE // BC$　数量关系　$DE=\frac{1}{2}BC$

学生探究定理可能用到的方法（选）：

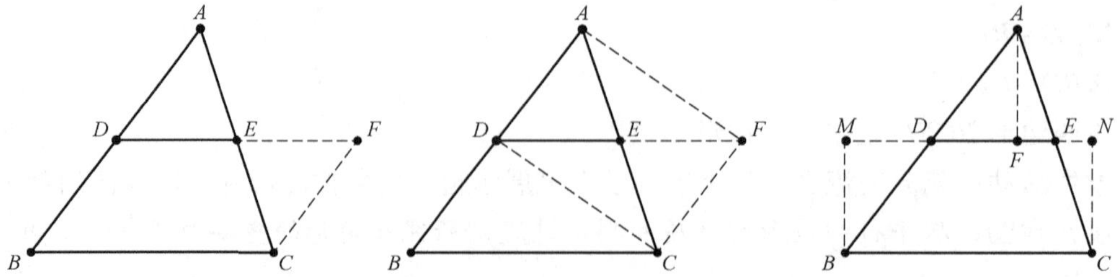

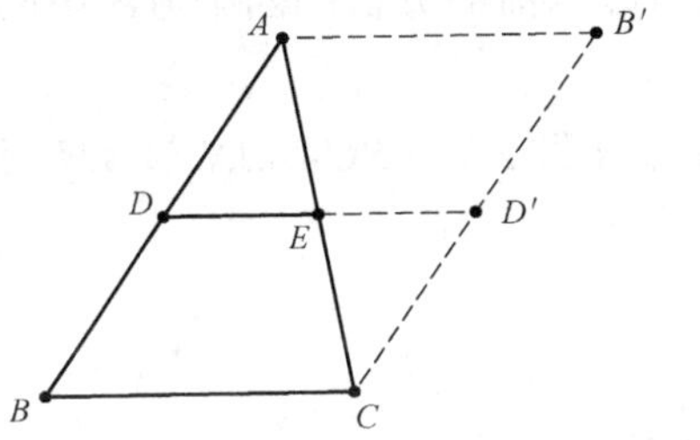

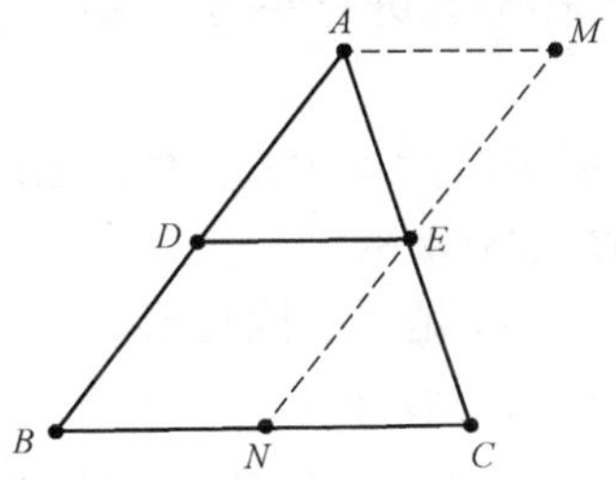

设计意图：引导学生运用多种方法探索三角形中位线的性质，不仅能帮助学生更牢固地掌握和运用所学知识，而且，通过一题多解、分析比较，寻找解题的最佳途径和方法，能够有效培养学生的创造性思维能力。在研究问题的过程中，对比分析不同方法的区别与联系，有助于加强对几何图形的辨识能力，同时也能让学生感受不同方法背后的共性，以及所运用知识之间的内在联系，体会数学思想方法（如转化、类比等）在解决问题中的作用。

教师活动：操作投影仪，巡视、关注学生的思维，每组请 2 名学生上台演示，1 名同学负责使用投影仪讲解证明思路，另一名同学负责在黑板上画辅助线，并写出辅助线的做法。

学生活动：交流预习作业，选派代表上台演示。

3. 问题 4：通过上述证明方法，能否说说这些证明方法的区别与联系？

学生活动：观察、对比、探究三角形中位线所用到的研究方法，寻找研究过程中所用的知识及知识之间的内在联系。

温馨提示：研究三角形的问题可以通过对四边形的探究得到启发，反之，研究某些四边形的问题也常常将其转化为三角形问题来处理。这体现了两者之间相互关联、相互转化的特征。如图 1－8 所示。

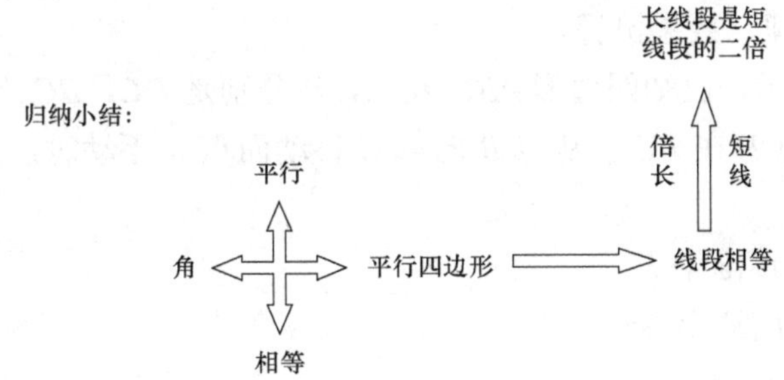

图 1－8

活动 4：明晰知识，提升思维能力。

问题 5：1. 验证三角形中位线的性质，明确三角形中位线的定理。

教师提出要求：请同学们根据刚才的分析过程，任选一种方法，独立完成定理的证明过程。完成后，在小组内进行交流和讨论。随后，请各小组推选代表，将证明过程在黑板上进行展示。由一个小组展示前面分析的四个方法中的一个，进行逻辑证明。

如图 1－9 所示，过点 E 做 $MN/\!/AB$，过点 A 做 $AM/\!/BC$，MN 与 AM 交于点 M。

$\because MN/\!/AB$，$AM/\!/BC$

$\therefore$ 四边形 $ABNM$ 是平行四边形

在$\triangle AEM$ 和$\triangle CEN$ 中，

$\because AE=CE$，$\angle M=\angle MNC$，$\angle AEM=\angle CEN$

$\therefore \triangle AEM\cong\triangle CEN$

$\therefore AM=NC$

同理可证四边形 $AMED$ 和四边形 $DENB$ 是平行四边形

$\therefore AM=BN=DE=NC$

$\therefore DE/\!/BC$，$DE=\dfrac{1}{2}BC$

2. 明确“三角形中位线定理”：三角形的中位线平行于第三边（位置关系），并且等于第三边的一半（数量关系）。

$\because$ 在$\triangle ABC$ 中，DE 是$\triangle ABC$ 的中位线

$\therefore DE/\!/BC$，$DE=\dfrac{1}{2}BC.$

3. 三角形中位线的用途：平行，长线段是短线段的两倍。

设计意图：三角形中位线定理是初中数学教材体系中的一个核心定理。学好它对于学生掌握整个平面几何知识体系至关重要，并且它在证明角相等、判断线之间的平行关系以及应用线段之间的数量关系等方面有着极为广泛的应用。因此，教学的关键在于引导学生深刻理解该定理的作用与价值，并着重培养他们运用该定理解决实际问题的能力。

活动 5：应用定理，效果测评。

1. 如图 1－10 所示，已知四边形 $ABCD$，R，P 分别是 DC，BC 上的点，E，F 分别是 AP，RP 的中点，当点 P 在 BC 上从点 B 向点 C 移动而点 R 不动时，那么下列结论成立的是（　　）。

A. 线段 EF 的长逐渐增大

B. 线段 EF 的长度逐渐减少

C. 线段 EF 的长不变

D. 线段 EF 的长度不能确定

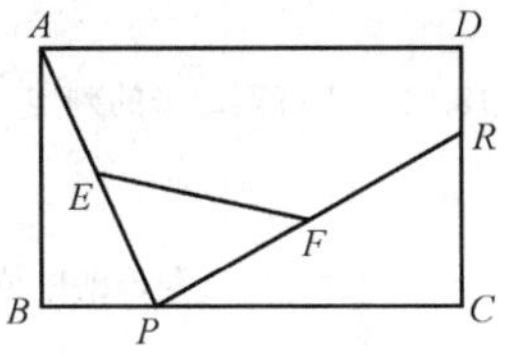

图 1－10

2. 如图 1－11 所示，已知$\triangle ABC$的周长为 a，连接各边中点得$\triangle A_1B_1C_1$，再连接$\triangle A_1B_1C_1$各边中点得$\triangle A_2B_2C_2$……，

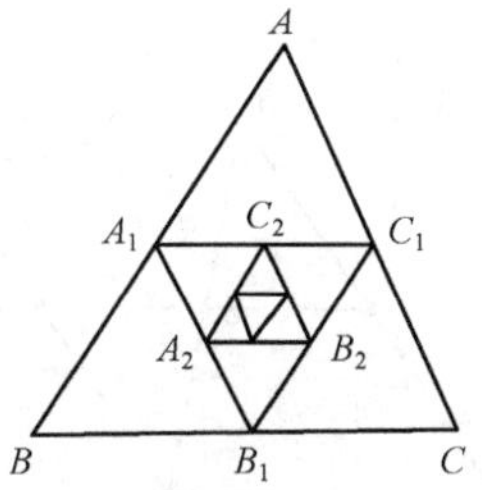

图 1－11

则（1）第 3 次连接所得$\triangle A_3B_3C_3$的周长＝（　　）

（2）第 n 次连接所得$\triangle A_nB_nC_n$的周长＝（　　）

3. 如图 1－12 所示，点 D 是$\triangle ABC$内的一点，$BD \perp CD$，$AD=6$，$BD=4$，$CD=3$，E，F，G，H 分别是 AB，AC，CD，BD 的中点. 求：四边形 $EFGH$ 的周长。

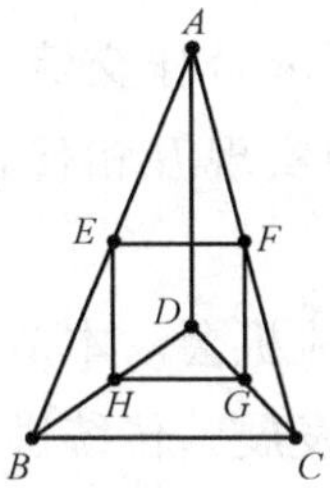

图 1－12

媒体使用：投影显示“演练题”和学生的练习（实物投影）。

4. 收获与疑惑。

教师活动：和学生一起总结、认识、提高。

5. 布置作业。① 必做题：教科书第 49 页习题 18.1 的第 1、2 题。

② 选做题：教科书第 51 页第 14 题。

③ 预习作业：预习矩形的性质。

板书设计如图 1－13 所示。

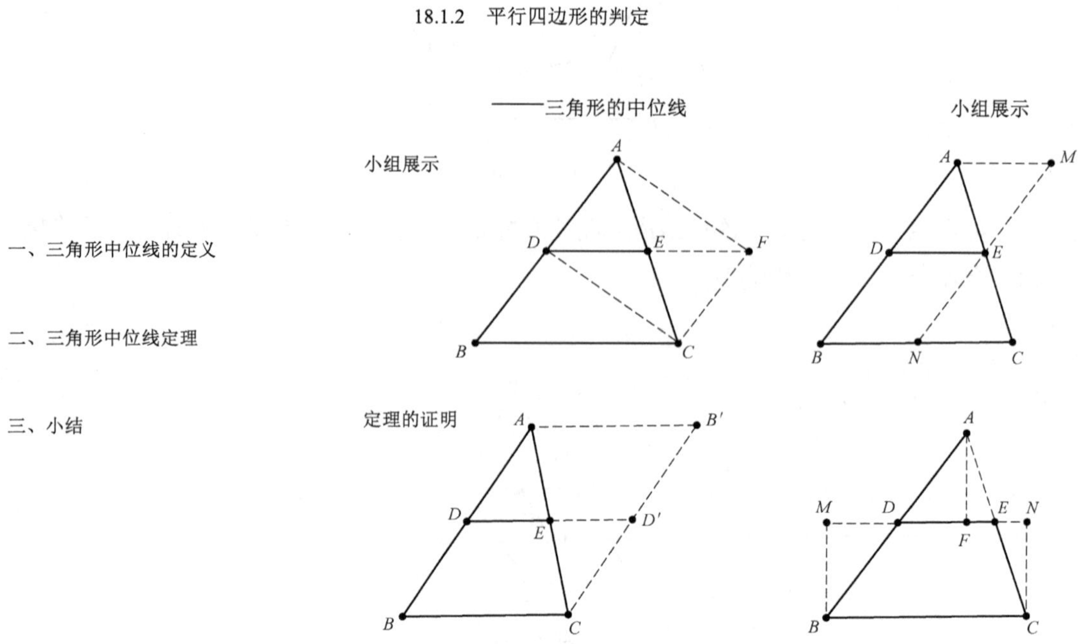

图 1－13

学习效果评价设计：

本节课为活动课，教师需在课前精心设计一系列小组活动，引导学生在活动过程中自然掌握新知识。为达成这一目标，教师应通过合理设置问题来激发学生的求知欲与好奇心，促使其积极参与小组活动。由于学生认知方式存在差异，教师需引导学生在独立思考的基础上，主动与同学开展合作交流。同时，鼓励学生尝试多样化的问题解决方法，在培养探究意识的过程中实现互相促进、协同发展，进而提升思维能力与综合素养。

教师应提供充足的合作探索与交流机会，本节课着重关注学生获取数学结论的多元性，以及学生空间观念和几何直观的发展。传统讲授式教学难以实现这些目标，因此教师需要给予学生充分的时间与空间，让他们循序渐进地理解和掌握所学知识。

评价量规见表 1－2 至表 1－4。

表 1－2　小组合作评价量规之组员自评

组名：　　　　　　　　　　班级：　　　　　　　　　　姓名：

项目	A	B	C	D	评价结果
对讨论的贡献	我贡献了很多想法，在小组活动中表现得非常活跃	我对小组讨论做出了很多贡献	我没有持续参加小组讨论	我不参与	

续表

项目	A	B	C	D	评价结果
职责	我自愿完成任务，并给小组成员提供帮助	我主动地完成了作业任务	在鼓励下我完成了作业任务	我没有完成作业任务	
反馈	我能很好地进行发言，并倾听同学的反馈，仔细地考虑他们的想法	我允许所有的小组来分享并听取我们同学的想法	我允许大部分班级小组来分享并听取同学的想法	在共享环节，我经常打断别人的发言	
热衷程度	我努力让每个人都能在项目里得到一个很愉快的经历	我表现出对别人的感受和想法很敏感	我有时会考虑别人的感受和想法	我不会考虑别人的感受和想法	
总评结果					

表 1－3　小组合作评价量规之组员互评

组名：　　　　　　　　　　　　班级：　　　　　　　　　　　　姓名：

项目	A	B	C	D	评价结果
对讨论的贡献	他贡献了很多想法，在小组活动中表现得非常活跃	他对小组讨论做出了很多贡献	他没有持续参加小组讨论	他不参与	
职责	他自愿完成任务，并在给小组成员提供帮助	他主动地完成了作业任务	在鼓励下他完成了作业任务	他没有完成作业任务	
反馈	他能很好地进行发言，并倾听同学的反馈，仔细地考虑他们的想法	他允许所有的小组来分享并听取同学的想法	他允许大部分班级小组来分享并听取同学的想法	在共享环节他经常打断别人的发言	
热衷程度	他努力让每个人都能在项目里得到一个很愉快的经历	他表现出对别人的感受和想法很敏感	他有时会考虑别人的感受和想法	他不会考虑别人的感受和想法	
总评结果					

表 1－4　学生小组活动的评价量规

评价指标（权重）	A【0.3】	B【0.4】	C【0.2】	D【0.1】	教师评价
个人参与程度（40 分）	积极参与小组的整个过程，按时完成自己的任务并关心小组的进展，出谋划策，主动争得教师的支持；回答了活动中的所有问题；完整清晰地阐明了观点答案	主动参与，关心小组工作的进展，能完成自己的任务；回答了活动中的所有问题，但不是所有问题都清晰地阐明了观点和答案	在活动中比较被动，不关心活动的进展，对自己的任务不尽心。回答了活动中的部分问题，观点和答案不明朗	每个人都不参与活动	
小组任务分配（30 分）	小组内有明确的分工，活动有分工又有合作	小组合作比较积极。组内分工比较明确，但活动任务主要由个别同学完成	小组合作不积极，多数同学不参与合作；小组内没有分工，活动全部由一两名同学完成	小组内组员各自为政	
交流与评价（30 分）	具有很强的交流意识，能正确评价自己和他人，能论述讨论的问题并能很好地解答他人的提问，能提出较深刻的问题并展开民主讨论	有交流意识，对自己在小组的活动能大致进行解释和评价	在交流与评价过程中，只是跟随者	组内成员之间没有交流	

说明：此案例获得 2015 年北京市青年教师教学设计二等奖。

教师评价学生表，见表 1－5。

表 1－5　教师评价学生表

评价维度	表现性评价任务	评价主体	评价方法	评价工具
知识获得	学生能否理解并运用三角形中位线的定义与性质	教师	通过课堂提问、实验设计和汇报展示评估学生的理解情况	课堂提问记录、实验报告、观察记录
能力提升	学生能否进行数据收集、整理和分析，找出中位线的性质与规律	教师	通过学生实验过程、数据收集、数据分析的表现进行评估	实验记录、数据表格、图表分析
学习态度	学生是否积极参与实验活动并在小组讨论中发挥作用	教授	通过观察学生参与度、合作态度、问题解决过程进行评估	观察记录、同伴评价、小组讨论反馈
学习方法	学生是否能独立或在小组中合作设计实验方案并实施	教师	通过实验方案设计与执行的自我评估和小组反馈来评定	实验方案、小组讨论记录表、教师反馈
思维发展	学生是否能通过实验结果进行推理并提出问题	教师	通过小组汇报及讨论，评估学生的逻辑推理与问题分析能力	讨论记录、汇报内容、反思日志
价值观念	学生是否认识到数学与生活的联系，并理解实验中的科学精神	教师	通过小组汇报与总结，评估学生对科学探究、团队合作的态度	反思报告、同伴评价、汇报内容

教师在实施本教学设计时，应关注以下三个方面的评价与检测。

（1）过程性观察与评价：教师需观察学生的小组合作过程，评价各组的讨论参与度和合作效果，而不仅仅是讨论的内容。

（2）预习情况检查：教师可通过课堂提问、检查小组交流的预习作业等方式，了解并评价学生预习作业的完成情况。

（3）当堂学习效果检测：教师可通过分析学生对课堂练习题的回答情况以及课堂小结中学生“收获与困惑”的分享，来检测学生当堂的学习效果。

案例评析：

本教学设计旨在引导学生通过小组合作的方式探究三角形中位线定理，在探究过程中积累数学活动经验，发展逻辑思维能力以及分析问题和解决问题的能力。

（1）在探究三角形中位线的过程中，教学设计引导学生逐步深入思考：① 什么是三角形的中位线（定义）；② 从哪些方面（如位置关系、数量关系）来探究中位线的性质。这一过程旨在促使学生的思维从发散（多角度思考）到集中（聚焦核心问题），再上升到新的认识高度，体现了逻辑思维的提升。

（2）在探究方法上，教学设计鼓励学生思考：① 可以采用哪些方法（如测量、操作、推理等）进行研究；② 比较不同方法的特点、区别与联系；③ 如何利用平行四边形的性质或进行图形转化来辅助证明。学生经历了“提出猜想—动手操作与验证—几何直观判断—逻辑推理与证明—明确定理内容”的完整探究过程。

（3）与教材直接给出定义的方式不同，本设计遵循课程标准的要求，强调通过丰富的数学活动积累经验、发展能力。因此，设计中有意加入了运用多种方法探究中位线的性质的活动。考虑到学生个体差异，采用小组合作形式，便于学生互相学习、分享经验、共同突破难点。同时，设计还注重引导学生梳理和归纳不同方法之间的内在联系，深化对三角形与四边形之间相互转化关系的认识，从而在突出本节重点的同时，也加强了知识间的内在联系。

八、备问题

教师在备课时，应从两个角度设计问题：一是预设具有启发性的问题，引导学生深入思考，激发其好奇心与求知欲；二是基于对学生的了解，创设具有挑战性和探索性的学习情境，鼓励学生主动提问、积极参与讨论，培养其自主学习和解决问题的能力。这种双重视角的备课方式能增强教学的针对性和互动性，从而提升学生的学习效果和促进学生全面发展。

正如著名数学教育家哈尔莫斯所言："问题是数学的心脏。"问题能够为思维导航，为学习注入动力，为创新奠定基础。

问题使学习更有意义。课堂中的问题主要分为两类：教师课前预设的问题和学生基于学习材料产生的疑问而提出的问题。真正优秀的数学课堂是围绕学生提出的真实问题展开的，通过问题驱动教与学，促进学生思维发展。

教师提问的目的多样，包括了解学生的学习情况、吸引学生的注意力、活跃课堂气氛，以及通过巧妙的教学设计引导学生提出问题。好的问题能够拉近学生与教师、同学以及知识之间的距离。教师在预设问题时，需有充分依据，例如考虑学生的预习情况、学习需求等，并确保问题具有系统性和递进性。考虑到初中数学概念和技巧的学习难度较大，问题设计应循序渐进，否则可能影响学生的学习体验和认知建构。此外，不同类型的问题适用于不同的教学情境，教师需科学选择。

教师课前预设的问题主要具有以下类别。

（1）猜想型问题。这类问题适用于引导学生通过比较、观察具体事例，并依据已有经验，通过对比和分析得出初步结论。这种模式能有效培养学生的创新思维和探索能力。例如，在"相似三角形"的教学中，可先展示大小不同但形状相同的图形，引导学生观察，然后提出针对性问题："这两个图形有什么相同点和不同点？如果在它们相同的位置分别引出三条线段构成三角形，这两个三角形可能存在什么关系？"学生在探索过程中能积累有效的学习经验。

（2）设疑型问题。这类问题旨在学习过程中制造悬念，激发学生解决问题的欲望。当学生无法轻易猜出答案又渴望知道答案时，这能极大地调动其学习的积极性和主动性。以"直角三角形应用"为例，可以提出："如何测量学校旗杆的高度？是爬上去测量吗？还是拆掉旗杆测量？请思考最优的测量方案。"此时，学生会产生探索的兴趣，并可能提出各种想法。教师可以在评价各种方案的基础上引入正确的解决方案。

（3）情境/故事型问题。学生对故事通常有较高的兴趣，恰当的故事能提升其学习的主观能动性。教师应结合学生感兴趣的故事或情境与课程内容，将故事或情境转化为数学问题，以加深学生对知识的理解，并使其更深刻地认识数学知识的应用本质或知识形成过程。

（4）开放性问题。这类问题旨在结合学生实际，从培养其分析、联想、观察、比较等综合能力出发，设计出具有多种解法或答案的问题。例如，在平面直角坐标系的学习中，可以设置一个模糊的坐标点，并提供不同的线索，让学生探索该点可能的位置或满足条件的解。

在学习整式概念前，教师布置了前期作业，学生在整式概念学习前纷纷对整式概念进行了分析，其中2019级人大附中朝阳学校的张熙悦同学在七年级第二章《整式》第一节课上学习了整式的概念，新课学习后把自己的思考写成了文章：

数学整式研究汇总

整式和分式统称为代数式，其中整式又可以分为单项式和多项式。

今天课上，我们也对特殊的式子进行了研究。

整式里字母不能作为分母，如：$\frac{5}{x}$（$x\neq0$），这种形式为分式，于是我便有了一个猜想：$\frac{3}{x}\cdot\frac{x}{3}$是整式还是分式？

老师说：“这个式子含有$\frac{3}{x}$，所以不论结果是不是整式，它都是分式。”

我举出另一个例子：$\frac{3}{x}+1$，这两个式子中都有一个$\frac{3}{x}$，它本来就为分式，不可化简，所以整个式子也是一个分式。

后来经过总结，我提出：只要有一项是分式，整个式子就是一个分式。

我们了解到了“$3+2$”为单项式，我问：“单项式可以是一个单独的数或字母，比如：a，5。而这里却是两个数的和，原理上应该是多项式，为什么是单项式呢？”老师说：“首先，$3+2$的和是5，5是一个数，是一个单项式。先判断它是不是整式，再化简（判断形式）。”

但$3(2+x)$是一个多项式，我猜想：“按照乘法分配律，原式$=6+3x$，因为出现了加法，所以是多项式。但如果按上一题的方法：x为一个准确数，特指$x=4$，那这个式子$3(2+4)=6+12=18$是一个单项式。但在这里面x是一个代号，它像一个空壳。”

老师说：“它可以是任何一个数，可以是有限或无限，x相当于一个变量，化简后抵消不了，所以是多项式。”

通过这次深入的调查，我更清楚地了解到了整式中的奥秘，以及如何区分单项式和多项式。

我也愿意继续探索、研究，发现更多有趣之处，解答自己心中的疑惑！

这是一个学生在学习前的思考和学习后的独白，整式这个概念是七年级上学期的学习内容，这名学生在预习时对分式产生了兴趣，然而分式是八年级上学期的学习内容，此时对于她的疑问，是肯定解释，还是否定回答，很显然会对她未来学习的兴趣有着不可估量的影响。作为教师，我不但没有扼杀学生的求知欲，还把她的问题带到课堂上进行解释，可想而知这一节课的效果颠覆了以往课堂的教学效果，学生们不但认识了单项式、多项式、整式，还初步了解了分式，这一节课对今后整式的学习和分式的学习都起到了不可估量的作用。

这个班级的另一名学生徐海添在他的课后反思里写道：

一次讨论问题的小记

数学课上，老师出了一道题“关于 x、y 的单项式（$m-2$）x^2y^n 的次数为四”，题目的要求是求出 m 与 n，班里开始激烈的讨论起来。对于 m 的取值，大家都达成了共识—— m 不等于2，而 n 的取值，却有人说为2，有人说为2或者1，甚至有人说是任意正整数，问题就出在 $m-2$ 上。

同学A:“假如 $m-2$ 等于 x，那么原式就是 x^3y^n，那自然 n 也可能为1，再进一步想，$m-2$ 等于 x^ay^b，n 则为 $2-a-b$（这里用于推广的 x 和 y 的指数分别用非负整数 a、b 来代替)。”

同学B:“$m-2$ 等于 x^ay^b 即为 $m=x^ay^b+2$，这也是 m 的另一种取值表达。”

我：“因为原式的次数为四，故 x 和 y 都不等于零；因此 x^ay^b 也不等于零，所以 $2+x^ay^b\neq m$ 与 $2\neq m$ 是相同的。”

下课了，C同学拿着题找到我，举了一个当 $m=4$, $x=2$, $y=3$ 的例子并代入：“$(4-2)\times2^2\times3^1=2\times2^2\times3^1=2^3\times3^1$”所以，$n$ 似乎是可能等于1的。我思考后认为：$m-2$ 与 x^ay^b 不能合并，C 同学的问题打开了我的联想，最终我想到程序设计中的数据类型：不同数据类型之间的信息是不能直接合并的。

上课铃响了，老师继续在黑板上写题：这次写到了“$2(3+2x)$”是否为单项式，还是众说纷纭，因为大家都在争论，在 x 拥有实际值时，原式是可以合并的。大家从这个问题又讨论回上节课没有结论的那道题。

同学D:“因为 x、y 是未知数，所以 x、y 可取任意非零数都符合题意，只要其中任意一种取值可使原式化简为 $x\,3y^1$，即可称 n 可能为1。”

我：“可以这样理解，题目规定原式是关于 x、y 的四次单项式，所以 m 是常数，常数与未知数不是同一数据类型，因此在某些情况下举出的 x、y 的值等于 $m-2$ 的值也是不能直接相乘并合并的。”

也许，这就是解题时答案的普遍性吧。

看到徐海添的课后反思，我深受触动，随即找到他和参与讨论的学生，围绕他们研究的问题展开交流。首先，我充分肯定了他们积极参与讨论的行为，这让我倍感欣慰；

接着，他逐一对学生们提出的问题进行了解答。他们坚持不懈、深入钻研的求学态度，进一步激发了自身的学习热情。

这个班级的学生常常在课堂上展开热烈的讨论。尽管有时会导致教学进度滞后，未能按时完成预定的教学任务，但这并非不可接受。因为在一次次研讨问题的过程中，学生们学会了思考、善于分析，并有所收获。虽然初期教学进度可能较慢，但每到章节末尾，我们总能如期完成学校设定的教学任务。当学生掌握了科学的学习方法，夯实了知识基础，具备自主学习能力且热爱学习后，其学习进度自然会加快。因此，在教学过程中，相较于进度，实现深度的教与学才是师生共同追求的核心目标和最大收获。

著名教育家苏霍姆林斯基曾说："教育若能触及学生的情绪和意志领域，满足学生的精神需求，就能发挥强大的教育效能。"课堂问题设计应服务于学生思维发展，能激发学生积极情感的问题，才是真正具有教育价值的问题。通过课堂讨论，不仅能锻炼学生的思维能力，还能培养其思维品质 。

九、备评价

教师备课阶段需系统预设教学评价体系，具体涵盖明确评价目标、制定评价标准和设计评价工具等环节。同时，应充分考量学生个体差异，将评价有机融入教学全过程，积极引导学生开展自我评价与同伴互评，并及时反馈评价结果，动态调整教学策略。科学的预设评价有助于教师精准把握学情，优化教学方法，切实提升教学质量，促进学生全面发展。

优秀教师在课堂教学中善于营造充满人文关怀的学习氛围，着力培养学生的自我管理能力，构建开放多元、民主有序且富有活力的课堂生态。他们深谙评估与评价对学生发展的重要意义，能够灵活运用科学且富有人文关怀的评价手段。通常，教师多将课堂评价视为教学手段，但从更宏观的视角来看，课堂评价贯穿于整个教学活动，其不仅能够有效激发学生的学习积极性，更应被视作重要的教学方法。在激发学生学习兴趣、引导学生主动思考时，教师可与学生协商评价的内容与方式。明确评价方向后，学生在学习过程中会更有意识地准备接受评价，在此过程中，自我评价的意识也会自然萌生。不过，若评价方式不合理，则可能产生负面效应，导致学生丧失数学学习兴趣，对教师教学不满，甚至自我怀疑。因此，作为教学活动的组织者与引导者，教师应充分发挥评价的激励功能，可通过口头表扬、眼神鼓励、作业评语激励等方式直接鼓励学生，也可通过与家长沟通表扬学生的方式实现间接激励。此外，教师还应组织学生开展小组评价、互评与自评活动，充分发挥学生在评价中的主体作用，引导学生在自我评价后进行反思与改进，切实发挥评价的教育效能。

回顾过往教学实践，在开展小组合作学习初期，我们采用按学习等级差异化的加分评价方式。曾有一位初一学年从未在课堂上发言的数学学习有困难的女生，在新评价机制下，得益于小组同伴的帮助与支持，多次主动举手代表小组展示成果。其所在小组也因她的贡献屡获佳绩，这极大地激发了她的学习热情，她在数学课上始终保持积极状态。随后，我收到了家长发来的感谢信，欣喜地得知孩子重拾了对数学学习的信心。最终，该学生在中考中取得了显著进步，这充分印证了激励式评价在小组合作学习中的积极作用，也引发了我对教学评价更深层次的思考——教师的评价直接影响学生的学习体验，因此教师应秉持赏识教育理念，以包容之心发现学生的闪光点，助力学生成长。

众多研究表明，评价与等级评定对学生学习的影响机制十分复杂。科恩的研究指出，刚性等级评定短期内可能提升测试成绩，但长期效果有限。这一现象不难解释，学生对等级评价的认知不仅受家长、同伴态度的影响，更取决于自身学习兴趣与动机，内因才是推动其学习行为的关键因素。因此，教师若能合理运用评价机制，将有效促进学生学业发展。

在作业评估方面，数学学科因答案相对客观，为精准评价提供了便利条件。教师通过客观、准确的作业评价，既能及时检验课程设计效果，科学调整教学内容的深度与广度，又能精准诊断学生的学习问题，全面掌握学情，为后续教学提供有力支撑。

第二节　以素养为本的教学

英国著名数学家阿尔弗雷德·诺斯·怀特海在1929年出版的《教育的目的》中阐述其教育主张：教育应充满活力，教师要注重引导学生自我发展，倡导受教育者在科学与人文方面全面发展。怀特海认为，教育旨在造就有文化且具备专业知识的人才，其核心在于让知识永葆活力。这启示教师，教学不仅要传授文化知识，更应重视学生素质的培养。

数学核心素养是抽象概念，无法直接传授，需贯穿于具体的数学教学过程。数学教学活动应秉持以学生学习活动为中心的理念，在数学情境中依托问题的解决启发学生独立思考，鼓励师生、生生深度对话，促使学生积累数学思维经验，实现数学核心素养的培养。

一、从教书走向育人

数学教师的职责并非单纯教授代数与几何知识，更要在数学知识的探索中，培养学生的逻辑思维、问题解决能力与创新精神。教师应将数学知识与现实生活相联系，关注学生的成长，让学生在学习中感受数学的魅力，学会合作分享，实现育人目标。

苏霍姆林斯基指出，教育的目的是培养真正的人。在现行教育环境里，教师需突破仅“教书”的局限，以“育人”为核心，帮助学生形成正确的观念与意识。传统观念认为，学科课堂负责教书，班主任工作负责育人，将二者割裂开来。但实际上，教书与育人是不可分割的整体，教育不仅体现在教学中，也渗透于日常的德育工作。

教师关爱学生，需发现、了解并欣赏学生。在学生成长过程中，教师要把握关键时段，秉持“耐心阐释，避免对立”原则，以理服人，让学生从内心认同，方能实现有效育人。教师应在传授知识的同时，注重培养学生的品德与为人处世能力，践行“以德育为首，以学生为中心”的理念。

（一）立德树人是数学学科教学的根本

数学作为一门严谨而富有逻辑性的学科，不仅是数字与公式的集合，更是培养学生思维能力、问题解决能力和创新精神的重要载体。在这一过程中，德育发挥着不可或缺的作用。立德树人是教育的根本任务，也是数学学科教学的核心目标。它不仅关乎学生道德品质的塑造，更关乎其学习态度、思维习惯和价值观念的形成。

在数学教学过程中，教师应注重培养学生坚持不懈的精神。数学学习常常伴随着复杂的问题和挑战，教师可以通过引导学生逐步分析问题、探索解决路径，培养他们迎难而上、持之以恒的品质。例如，在解答一道复杂的几何证明题时，教师可以鼓励学生通过反复尝试、逻辑推理，逐步找到正确的证明方法，从而在实践中体会坚持与努力的价值。

在数学教学中，教师还应注重培养学生的团队合作精神。通过小组合作学习，学生可以在共同解决问题的过程中学会协作、沟通与分享。例如，在探究数学定理或构建数学模型时，教师可以将学生分成小组，让他们共同讨论、分工合作，最终形成一份完整的解决方案或研究报告。这种合作不仅提升了学生的数学能力，也增强了他们的集体意识和人际交往能力。

此外，数学教学还应注重培养学生严谨细致的态度。数学学科对逻辑性、规范性和准确性有着极高的要求。教师可以通过规范作业格式、强调解题步骤的条理性与完整性，引导学生养成严谨的思维习惯。例如，在教授代数运算时，教师可以要求学生严格按照运算规则进行计算，并逐步检查运算过程，以培养他们认真、细致的学习态度。

最后，数学教学还应致力于培养学生的创新思维。数学是一门充满探索与创造的学科，教师应通过设置开放性问题、鼓励学生提出新颖的解题思路和方法，激发他们的创新意识和探究精神。例如，在学习数列知识时，教师可以引导学生发现数列的规律，提出自己的猜想，并尝试进行证明，从而在自主探究中提升思维的广度与深度。

总之，立德树人是数学教学的根本任务。在教学过程中，教师应以学生全面发展为目标，将德育贯穿于知识传授和能力培养之中，使学生在掌握数学知识的同时，形成良好的道德品质、思维习惯和人格素养，真正实现“以德育人、以智启人、以能达人”的教育目标。

（二）建立以学生学习活动为中心的数学课堂理念

数学核心素养作为个人终身发展不可或缺的素养，其提出进一步深化了“以人为本”的教学理念。它不仅是通向美好生活的关键能力，更是面向全体学生的综合素质，而非仅服务于数学后备人才的技能训练。因此，如何从数学教学走向对“人”的培养，是当前落实数学核心素养教学的关键所在。

正如所言：“真正的教学是教人，而不是教书；学科教师不是教学科，而是用学科来教人。”这一理念是培育学科核心素养的首要前提。因此，基于数学核心素养的教学，必须将学生置于中心位置，以学生的学习活动为核心来组织教学。教学的本质，应是通过教学活动促进学生学习活动的发展过程。

在教与学的关系中，学应处于主导地位，它规定着教学的可能性与进程，体现了教学的总体预期效果；而教则是次要方面，处于从属地位，其目的、任务和内容都应依附于学的目的、任务和内容，教学过程也应符合并适应学习过程的内在逻辑。

因此，数学教学的起点应是学生，学习是教学的出发点。教学应围绕“学”来组织、设计与展开，激发学生真正的思考。教师必须根据学生所需的知识及其可能获得的发展来设计教学，这才是“以学生为中心”教学理念的真正体现。

综上所述，基于数学核心素养的教学，应凸显“教学为学生学习服务”的宗旨。唯有全面把握学生的学习需求与特点，才能为数学核心素养的培育奠定坚实基础。只有当学生的学习真正成为课堂教学的关键活动时，教学才能摆脱形式的束缚，焕发出培育核心素养的生命力。

（三）数学课堂的问题情境要蕴含真实问题

在初中阶段，培养学生“用数学的眼光看世界”，实质上是帮助学生形成数学抽象能力。所谓数学抽象，是指从现实事物中剥离其具体背景，抽象出数学对象的能力。它主要包括：从数量与数量关系、图形与图形关系中抽象出数学概念及其之间的关系，从事物的具体背景中抽象出一般规律和结构。简而言之，数学抽象是将现实世界中的问题转化为数学内部问题的过程，是让学生学会“用数学的眼睛看世界”的关键能力。

对于尚处于运算思维阶段的初中生而言，在教学过程中，教师应将抽象知识的产生与应用情境，通过数学化加工，转化为符合学生认知水平的拟真情境。让学生“回到”数学知识产生的源头，去体会、思考、亲历知识的抽象过程。只有在这样的过程中，数学抽象能力的培养才具有现实基础和可能性。

因此，培养数学核心素养的教学活动，应在真实或拟真的问题情境中展开。通过情境的创设与引导，使学生在解决问题的过程中，逐步理解数学的本质，发展抽象思维能力，提升数学素养。

（四）将“四基四能”作为数学课堂教学的主线

数学思维是数学核心素养发展的关键。要实现“用数学思维思考世界”的目标，数学思维的培养就成为数学教学的核心任务。在初中阶段，数学思维的要求虽然尚处于基础层面，但主要体现在学生数学推理能力和数学运算能力的培养上。

数学推理是由一个或几个数学命题推导出另一个未知命题的思维形式。推理能力的发展有助于学生在数学学习中建立起对知识之间关系的理解，是数学抽象与逻辑思维的重要体现。数学运算能力则是指学生能够明确运算对象，结合运算规律合理选择算法，并准确得出运算结果的能力。这是初中阶段数学学习的核心能力之一。运算能力不仅是数学学习的基础，也为今后各阶段的数学学习奠定了坚实基础，是学生在日常生活中应用最广泛的数学技能之一。无论是学习、工作还是日常生活，运算能力都是满足基本生活需求的重要支撑。

要在教学中有效培养学生的数学推理能力与运算能力，应以“问题解决”为核心开展教学。问题解决导向的教学是一种综合调动学生数学推理与运算能力的教学方式。在这一过程中，学生围绕真实或拟真的问题情境，通过对数学信息的观察、分析与归纳，逐步形成合理的猜想，发现信息之间的数学关系与规律，并依据运算法则进行正确运算，最终实现问题的解决。

在这一过程中，学生不仅需要推理过程的正确性，还需要找到最优的解决路径，实现思维的优化。而这一切的实现，最终都依赖于学生扎实的运算能力作为保障。

综上所述，学生在问题解决的过程中，通过数学推理与数学运算的综合运用，能够深入理解问题解决的方法与策略，从而提升其解决实际问题的能力。学生问题解决能力的提升过程，实质上也是其数学思维不断发展的过程。因此，要实现学生数学思维能力的培养，必须以问题解决为中心开展教学。教学主线应围绕“四基四能”展开，引导学生在真实情境中主动思考、积极探究，从而实现数学核心素养的全面提升。

（五）数学课堂中加强师生之间的语言与情感交流

实现学生“用数学的语言表达世界”，实质上是发展学生数学对话能力的过程。数学对话能力主要体现在学生能够选择合适的数学符号和语言形式进行表达，理解他人的数学表达，并在此基础上进行分析与评价；在主动构建论据、与他人对话的过程中，逐步形成批判性思维，培养合作对话、倾听他人意见、敢于质疑问题等良好品质。

因此，数学教学应在师生对话中展开。但这里的对话不应仅停留在数学语言的表达层面，而应是一种深层次的数学思维交流。在深度对话中，学生需要充分调动已有认知，理清数学思路，实现自我理解与学科知识逻辑之间的融合。课堂教学也应从关注学生对知识的简单记忆和应用，转向关注学生对知识的独特理解与表达。

同时，在深度对话过程中，教师应认识到学生并非“空白的容器”，而是具有社会经验和认知基础的个体。因此，教师应重视学生之间的互动与合作，鼓励生生对话，将课堂中可能存在的恶性竞争转化为良性互动，从而提升课堂效益和学习效果。

数学教师若能从内心真正将学生视为学习的伙伴，与学生建立平等、尊重的关系，将显著提升学生的学习兴趣和自信心，推动班级数学学习从“量的积累”迈向“质的飞跃”。培养学生对数学的兴趣，不仅有助于增强其学习自信心，也能营造积极向上的班级学习氛围，具有重要意义。

首先，数学教师应以平等的身份与学生互动，尊重学生的观点和想法，营造和谐、包容的课堂氛围。在这样的环境中，学生更愿意积极参与课堂活动，表达自己的见解和疑问，从而有效减少注意力不集中、走神、分心等不良行为。这不仅有助于提高课堂效率，也有利于学生个体的学习质量提升。

其次，通过平等的交流与沟通，教师能够更深入地了解学生的认知水平和知识掌握情况，从而在备课和教学设计中更有针对性地调整教学内容和方法，确保每一位学生都能在课堂上获得有效的学习支持，真正理解并掌握数学知识。

此外，教师还可以与学生一起开展趣味性强的数学游戏和探究活动，共同探索数学的奥秘与魅力。这种平等、互动的教学方式不仅能够激发学生对数学的兴趣，还能在轻松愉快的氛围中促进学生的思维发展。例如，在教学“相似性”一章时，教师可以与学生一起寻找生活中的实例，如“同底版的大小不同的照片”“相同形状的树叶”“所有的等边三角形”等，共同探讨“相似性”的概念。这种师生共同参与、平等互动的教学方式，能够有效激发学生的学习热情与智慧潜能。

最后值得一提的是，数学教师作为平等的教育者，还可以通过教学过程培养学生坚强的意志品质和良好的学习习惯。在平等的师生关系中，教师可以鼓励学生直面学习中的困难与挑战，引导他们积极寻找解决办法，从而锻炼其意志力与毅力。同时，教师自身良好的学习态度和行为习惯也会对学生产生潜移默化的影响，帮助他们养成积极的学习习惯和健康的生活方式。这些品质的培养不仅有助于学生的数学学习，也将对其未来的学习、生活和职业发展产生深远影响。

作为深度对话的引导者，教师在培养学生的数学对话能力中发挥着关键作用。为实现这一目标，教师应转变传统角色，营造平等、和谐的课堂氛围，鼓励学生表达观点并认真倾听他们的声音。通过灵活运用提问技巧和情感共鸣，教师可以引导学生进行更深入的数学思考和表达，提高对话质量。同时，组织多元化的对话形式，包括与教材的对话、与同学的对话以及与自我的对话，有助于培养学生的批判性思维和独立思考能力。最后，教师还应引导学生规范使用数学语言进行表达，提升其数学交流能力与素养水平。

二、走向素养发展

数学教学不仅是知识的传递，更是素养的培养过程。教师应注重逻辑思维、问题解决等核心素养的培育，结合生活实例，引导学生应用数学、感悟数学之美，关注学生心理与认知发展，培养其情感、态度与价值观，实现学生全面发展。

苏霍姆林斯基提出，人内心深处渴望成为发现者、研究者与探索者，儿童这种需求尤为强烈。教育的关键在于激发儿童的上进心与道德自勉。教师在教学中不仅要引导学生，还应不断提升自身素养，以适应教育环境的变化，要以平等身份与学生交流；丰富教学技能，结合教学实践选择发展方向，避免盲目追求全面发展。

发展数学素养的重点在于培养学生的学科观念。学科核心素养是知识与技能在不常用时仍能发挥作用的观念，数学教育目标不仅是知识学习，更在于知识形成过程中蕴含的观念与学科特征的培养。教学目标包括显性目标与隐性目标，核心素养属于隐性目标。初中数学教学应落实新课标要求，改变传统教学理念，培养学生“三会”核心要素，发展学生核心素养。学科观念的形成是一个渐进过程，教师应依托知识教学，揭示知识本源与价值，引导学生形成独特理解，构建认知体系。同时，关注整体教学，如单元教学，避免学生陷入知识细节，注重学生学习感悟，促进学科知识深度融合。

三、走向能力培养

（一）数学学科教学要注重学生抽象思维能力的培养

数学的抽象性决定了数学抽象素养的重要性。具备抽象能力的学生能快速把握事物的异同与因果关系。教师应学习新理念，创新课堂，采用信息技术辅助教学、数形结合教学、组织探索活动等方法，提升学生数学抽象能力。

利用信息技术辅助教学，可将抽象的数学知识具体化，提高学生参与度。如在“全等三角形”教学中，教师通过多媒体展示图形，引导学生抽象概念、掌握性质。数形结合教学能建立数与形的转化，增强学生的抽象思维能力。如在“角平分线的性质”教学中，教师结合图形引导学生验证性质。组织探索教学活动，以兴趣为导向，将抽象知识转化为实际问题，锻炼学生的抽象思维能力。如在“有理数的乘方”教学中，教师通过探究活动引导学生抽象出概念。

（二）数学建模培养学生应用意识

在初中数学教学中，通过融入生活元素、创设多元情境、拓宽教学方式、提高阅读理解能力、强化问题表征能力等策略，培养学生数学建模意识与能力。

融入生活元素建模，将生活实例与数学问题结合，降低学习难度，培养建模思维。创设多元建模情境，利用多媒体展示模型类型，引导学生分析应用，增强学生的建模意识。拓宽建模教学方式，转变教师观念，在多种教学方法中渗透建模思想，如在“概率”教学中通过小组合作构建模型。提高阅读理解能力，为学生提供阅读材料，指导阅读技巧，培养阅读习惯，帮助学生准确理解题意。强化问题表征能力，引导学生对问题进行表征化处理，多角度分析问题，拓展题型，完善知识网络。

（三）数学学科培养几何直观能力

初中数学几何教学存在教师引导不足、教学方法单一、脱离实际等问题。培养几何直观能力有助于学生理解抽象概念、培养洞察力、形成科学的方法论。教师可通过利用几何教具、训练绘图能力、运用信息技术、融入生活情境、重视语言转化等策略提升学生的几何直观能力。

利用几何教具（包括标准教具与生活物品），帮助学生建立空间概念，理解知识。训练绘图能力，从看图绘图、观物绘图、文字理解绘图三方面入手，锻炼学生的空间思维能力。运用信息技术，制作课件、搜集微课、绘制思维导图，辅助教学，建立数学模型。结合知识与生活场景，创设课前导入情境，培养学生的应用意识。重视语言转化教学，通过习题练习等方式，提升学生几何语言转化与解题的能力。

（四）数学学科培养学生运算能力

在核心素养背景下，初中数学运算能力培养存在学生基础知识薄弱、兴趣不足、方法单一等问题。培养运算能力对学生多角度思考、提升思维与创新能力具有重要意义。可通过提升学生运算兴趣、注重基础知识培养、丰富运算方法等策略来提高学生的运算能力。

利用多媒体与小组合作等方式提升学生运算兴趣，组织竞赛激发学生积极性。注重基础知识讲解与巩固，区分易混淆的知识点，给予学生消化的时间。通过创设情境、传递简洁思想，丰富学生的运算方法，培养其良好的解题习惯。

（五）数学学科培养数据分析能力

初中数学学习重点向统计与数据分析转变，但教学中存在传统模式主导、学生自主能力弱等问题。教师可通过引导学生在生活中发现分析数据、鼓励深入探究、培养数据分析观念等策略，提升学生数据分析能力。

运用情境教学法，引导学生在生活中发现数据，解决实际问题，养成数据分析的习惯。发挥教师的主导作用，鼓励学生深入探究数据，提升分析能力。引导学生发挥主观能动性，在生活中收集、分析数据，形成数据分析观念，学校加强教师培训，支持学生能力发展。

（六）数学学科培养学生科学意识和严谨性

数学语言科学严谨，数学教学有助于培养学生的科学意识与严谨缜密的思维。教师可通过数学运算、问题解决等教学，引导学生保持耐心、细心，将严谨态度迁移到生活中。在班级活动中运用数学方法，让学生感受数学的魅力，形成缜密的思维。比如，在计算 -2^2 和 $(-2)^2$ 时一不小心少写了括号，那么计算出的结果就会截然不同。在解决一次函数相关问题的时候，同样要培养仔细观察和画图的好习惯，这样有助于学生将这份严谨细致带到生活中来，对培养学生的细致能力大有裨益。学生观察得越仔细，其在生活中语言表达能力也会有更多提升；学生对周围事物的感触越精确，对事物的描述也会越准确。比如，对日常生活中的温度、高度等都会有比较准确的把握。

（七）数学学科培养学生独特的个性

新课标强调以学生为主体，数学教师应发挥学科优势，培养学生的个性。教师需具备独立人格与鲜明个性，为学生搭建展示舞台。在数学课堂上鼓励学生发挥奇思妙想，展示个性，发掘潜能。教师也应在教学中形成个人教学风格，发挥模范作用，促进学生个性发展。

四、走向反思的智慧

美国著名教育哲学家约翰·杜威认为，反思是一种解决问题的方法，思维或反思的过程就是将经验的模糊、疑难、矛盾与某种紊乱的情境，转化为清晰、连贯、确定、和谐的情境的过程，反思也是一种使人明智的经验与行动的方法。

反思有助于预先做好系统的准备。杜威强调，只有运用反思，才能懂得如何未雨绸缪、防患于未然。通过反思，人们可以预先想到结果，甚至为达到某种结果或避免某种结果而采取具体行动。这种反思能力使人们能够避免失败，并且能够自觉地、有目的地进行系统的准备。

反思能使事物的意义更加丰富。通过反思，人们可以更加深入地理解事物的本质和意义，从而有助于更好地应对生活中的各种挑战和问题。

反思是教师最真实的技能，也是最有效的智慧。因此，教师的反思应成为其职业习惯。华东师范大学数学科学学院首席特聘教授、亚洲数学教育中心主任范良火在其著作《教师的教学知识发展研究》中，将数学教师的教学知识分为五个组成部分，并强调反思在其中的重要性：一是对包括技术在内的教学材料与资源的知识的反思；二是对表达数学概念和过程方式的知识的反思；三是对教学策略及课堂组织模式知识的反思；四是对促进课堂交流和培养数学集体意识途径的知识的反思；五是对评定学生数学理解方法的知识的反思。范教授认为，尽管教师在各项教学活动中知识的来源不同，但从整体角度看，最为核心的要点是教师自身的教学经验和反思。从这位专家的理论和经验表达中，我们可以感受到教师的日常反思在其专业发展中起着举足轻重的作用。

那么，初中数学教师如何在教学过程中通过反思提升自我、优化教学，让自己更加优秀，使反思更加有效呢？结合相关经验，可以从以下几个方面进行：

首先，反思成功之处。要对课堂教学中自己认为比较成功、满意的地方，及时进行记录，总结成功的经验，以便在后续的同类教学中借鉴和延伸。

其次，反思失败的原因。对于课堂教学中处理不够理想、学生反馈不够积极的环节或片段，教师需要深入反思其诱因，这对于今后的教学改进具有重要作用。

再次，反思课堂生成。数学课堂是一个不断变化、生成的过程，课前的备课再细致，有时也无法预料到学生在课堂上的生成。而这些生成性资源往往是宝贵的财富，处理好了就是这节课的亮点。教师需要反思如何有效地利用这些生成性资源。

最后，反思再教学设计。基于教学的反思，对成功的环节进行保留与完善，对失败的环节进行修改与重组，从而形成再教学设计，对于青年教师尤其有益，能够帮助他们更快地理清思路，快速成长。

事实上，从教师内在和外在发展层面看，若教师开始主动反思自身不足并进行优化与提升，即使效果不佳，也是一种进步，更是一种专业的发展。同样，“勤于反思”也是中国学生发展核心素养中强调的重要素养之一，要求学生对自己的学习状态有清楚的了解，能够根据不同情境和自身实际，选择合理有效的学习策略和方法等。既然学生都需要时刻反省自己，那么教师更应该时常进行反思。

（一）“三角形中位线”教学反思实例

1. 实践亮点

（1）通过“将三角形拼成平行四边形”的操作活动，激活学生已有经验，由浅入深引导探究中位线的性质，符合从直观到抽象的认知规律。

（2）以“不同探究方法的内在联系”为主线，通过小组合作交流预习成果，丰富数学活动经验，发展几何直观能力。

（3）改进思考。小组交流中可增加组间分享环节，确保每个小组的探究成果得到展示，避免因忽视个别小组而影响学生的自信心。

2. 教材开发：创造性使用教材的实践

（1）实践亮点。结合小学阶段对平行四边形的初步认识，以“三角形与平行四边形的转化”为主题，自然衔接新旧知识，体现“教师是教材开发者”的理念。

（2）改进思考。可进一步挖掘教材中“三角形的中位线”与“平行四边形的判定”的逻辑关联，通过变式问题强化知识网络建构。

3. 学情关注：遵循认知规律的教学策略

（1）实践亮点。采用“问题串+动手操作+小组合作”的形式，引导学生归纳中位线定理，实现从三角形到四边形的转化关系的认知飞跃，这符合“由简单到复杂”的学习规律。

（2）改进思考。针对学生偏好复杂探究方法的倾向，教师可适时渗透“数学简洁美”的引导，如对比不同解法的优劣，培养优化思维。

4. 不足与改进：基于课堂生成的深度反思

（1）课堂实施的不足。① 小组活动中，因忽视个别小组的展示需求，导致部分学生参与感不足。后续可提前设计分层展示机制，确保每个小组都有机会分享。② 未及时引导学生体会“数学简洁美”，错失教育契机。今后需在一题多解中增加解法对比环节，突出数学思维的优化方向。③ 部分小组活动组织低效，反映出对小组长组织能力的指导不足。可在课前增加组长培训，或设计更明确的活动流程指引。

（2）教学设计的优化。① 预习作业分层设置，兼顾不同学习水平学生的需求，如基础题巩固概念、拓展题鼓励创新探究。② 在课堂小结中，增加对“图形中位线”相关问题的拓展，如引导学生思考四边形中位线的潜在规律，为后续学习埋下伏笔。

（二）教学反思的系统化路径

1. 对学生学习成效的反思

课堂教学的最终目的在于提高学生的数学学习成效，因此，教师在进行教学反思时，最先要反思的就是学生的数学学习情况。反思的主要内容包括学生对数学知识、数学思想方法的理解和掌握情况，学生对数学解题方法与能力的掌握情况，学生的课堂练习和学习成效，学生数学学习的兴趣、态度、动机与信心，学生参与课堂互动的情况等。例如，在“二次函数”教学后，教师应根据教学目标反思如下问题：

① 学生是否理解并掌握二次函数（抛物线）的概念、意义、图像、性质及其与一元二次方程的关系等内容？

② 学生是否掌握了描点绘图法、数形结合思想方法、函数知识？

③ 学生对二次函数学习的兴趣、主动参与课堂互动的情况如何？通过对这些内容的反思，教师可较好地了解学生对本节知识的掌握情况。

2. 对数学教学设计的反思

教学设计是课堂教学活动的指南。教学设计是否科学有效，需要教师在课堂教学后进行全面反思，这样才能不断积累教学设计的成功经验。对教学设计的反思包括以下内容：一是对教学目标设计的反思，主要是教学目标设计是否合理？是否符合新课标要求，是否已经实现。通过反思，教师知道预设的教学目标是否符合学情，是否具有针对性。二是对教学内容设计的反思，主要是对教材内容的理解是否准确。对学生认知能力和已有基础的分析是否准确。教学内容的设计是否符合各层次学生的学习需要？设计的课堂问题是否有效？例题与课堂练习题的设计是否有效？课后作业的设计是否合理？三是对教学方法设计的反思，主要是教学方法与手段、教学工具的运用是否有利于更好地实现教学目标。

3. 对教学实施过程的反思

课堂教学实施过程是实现教学目标的关键环节，也是教师教学反思的重要内容。对课堂教学过程的反思应包括以下内容：一是对课堂导入效果的反思。有效的课堂导入能激发学生的学习兴趣，营造良好的学习氛围，为下一步学习做好铺垫。为此，教师要注重反思导入方式是否能够激发学生的学习兴趣。导入的问题或创设的教学情境是否具有趣味性？是否能够为新知识的学习做好铺垫和准备。二是对新知识教学环节的反思。对新知识教学环节的反思是整个教学反思的重点，主要是对新知识的概念、性质、逻辑联系等内容的讲解是否清楚和生动形象以及教学方法与教学手段的运用是否合理有效。学生对新知识的理解与掌握情况是否达到预期目标？学生在课堂中的自主探究和小组合作学习效果如何？三是对课堂练习与巩固环节的反思。例题讲解和习题练习巩固是数学教学的核心内容之一，需要教师对例题讲解与学生的自主练习情况进行全面深入的反思，主要是例题讲解中的方法运用是否合理。是否体现了数学思想方法。是否讲清楚了解题方法与技巧？学生的练习是否达到了目标要求？课堂小结是否起到了画龙点睛和使知识系统化的作用？四是课堂小结环节的反思。课堂小结是教学活动的最后一个环节，能使一堂课的知识系统化，形成知识网络，更好地帮助学生巩固知识，起到画龙点睛的作用，同时也能激发学生学习新知识的欲望，起到承上启下的作用。但部分教师对课堂小结环节不够重视，认为其可有可无，仅在课堂结束时草草收场。基于课堂小结的两个作用——画龙点睛和承上启下，在反思课堂小结时应基于学生存在的问题，注意思考课堂小结是否有利于学生将本节课知识系统化等问题。五是对作业布置环节的反思。课外作业是课堂教学的延伸，可帮助学生进一步理解课堂上所学知识，培养学生独立学习的能力与习惯。学生也可以在完成作业时发现学习上的薄弱环节，并对其进行弥补。同时，课外作业也是教师发现学生学习上存在问题的重要途径。在素质教育的要求下，作业布置应做到趣味性、适应性以及自主性。基于素质教育的要求，结合课外作业的作用，在反思作业布置时，应基于学生存在的问题，注意思考作业是否具有典型性、针对性以及探索性。六是对教学重难点的预设及其处理的反思。教学重难点的预设是依据教学目标而确立的，教学重点是指学科内容中最重要的、最基本的知识和技能，即基础知识和基本技能，简称为“双基”；教学难点是指在教学过程中，教师较难讲明白、学生较难理解以及容易产生错误理解的内容。教学重难点的预设及其处理，对今后学生学习数学和教学质量的提高有重要作用。基于学生存在的问题，在反思教学重难点的预设及其处理部分时，教师应注意体会教学目标以及突出、突破的方法。因此，基于学生实际表现着重思考突破教学重难点的方法是否合适、讲解难点内容时是否需要放慢讲解速度或予以直观演示、课后作业是否合理。

4. 对教材分析的反思

教材分析是教学设计中的一项重要环节，是教师预设教学目标、制定教学计划的前提，有利于教师顺利地完成教学任务。对于教材的分析，教师要能有根据地分析，得出教材中所呈现的知识体系、所蕴含的数学思想方法以及学生的学习方式的安排等内容，并能准确地揣摩教材编写者的设计意图。教材分析的依据不仅是课程标准和教材，还需要参考教学参考书。基于学生存在的问题，反思教材分析部分时，应着重思考本节课的知识点及其相互关系、知识基础、数学思想方法、栏目中的问题以及例题和习题设计意图的分析是否准确。

5. 对学情分析的反思

只有真正了解学生已有的知识基础与心理认知特点，才能准确把握他们在不同领域、不同学习活动中的最近发展区（zone of proximal development, ZPD），从而保障师生课堂互动的有效性。因此，教学前的学情分析至关重要，它为教学方法的选择和教学内容的处理等环节指明了方向。然而，部分教师对学情分析的认识存在局限性，往往偏重考虑学生的认知特点，而较少深入探究他们的生活经验、个人经历以及对学习内容的真实困惑，这导致教学难以达到预期的效果。基于此，在反思学情分析时，应更加关注学生的实际生活，深入理解他们的经验背景、成长经历和认知障碍，并据此判断对学生认知水平的预估是否与他们的真实状况相符。

6. 对教学辅助工具的反思

随着科技的迅猛发展，计算机辅助教学不仅是教学改革的重要推动力，也是适应现代化教育发展的必然要求。将现代信息技术合理有效地融入教学实践，能够有效调动学生的学习积极性，激发其学习兴趣，促进他们对新知识的掌握，并有助于提高教学效率。计算机辅助教学的核心作用在于辅助教师优化教学过程，提升教学效果。

然而，如何将这些现代信息技术合理且高效地应用于具体的教学活动中，使其真正发挥计算机在教学中的辅助价值，是广大教师需要深入思考的关键问题。在数学教学领域，可供选择的辅助工具种类繁多，例如几何画板、电子白板、电子书包以及GeoGebra等。

因此，教师在反思计算机辅助教学实践时，应立足于“辅助教学”这一根本目的。具体而言，反思需要紧密结合学生在学习中遇到的实际问题，重点审视所使用的辅助工具是否确实有助于学生更深入地理解新知识，并促进其思维能力的发展。

（三）促进教师有效反思的方法

1. 不断反思自身成功的教学经验

不管是教学经验丰富的教师，还是教学经验少的教师，在课堂教学当中都会有成功之处，也会有失败之处。因此，当教师讲解完每一节课的时候，就应该在课后对教学过程、教学手段进行有效反思。在这一过程当中，教师还需要对自身教学闪光点进行分析与总结，只有这样，教师才可以根据成功的教学经验不断完善其日后教学细节，从而朝着更加专业化的方向发展。

2. 有效反思自身在教学中的不足之处

不管是哪一专业的教师，在进行教学活动设计时都会存在疏漏。所以，教师应该正视自己在教学中的不足，并对其进行深入探究，从而找到问题产生的原因。尤其是利用过很多教学方法但是教学效果却未得到改善的教师，更应该加强自身的反思工作，征询其他教师和学生的意见，从而多层次、多角度地看待自身在教学中存在的问题并不断改进，以提高自身的教学能力。

3. 进行反思与创新设计

教师的自我反思是每一位教师提升教学水平、精进专业素养的必经之路。因此，教师应在每一节课后，主动审视并反思自己的教学过程与教学方法，思考其中是否蕴含着创新与突破。此外，对于教学过程中暴露出的不足之处，教师更应进行持续深入的分析，并在此基础上进行“再教设计”，从而不断弥补教学实践中的短板，持续提升自身的专业能力。

4. 不断增强反思意识

在教学实践中，教师往往有意识地开展各项教学活动，却常常忽略了对自己教学过程和教学手段的深入反思。然而，反思对于教师发现自身教学中的不足至关重要，这有助于他们不断提升教学水平，并朝着更加专业化的方向发展。正如古人提倡“吾日三省吾身”，现代教师同样需要具备时刻反思的意识和精神。

那些反思意识较强的教师，常常将教学工作视为一个结构不良的领域，习惯于将看似正常的情境转化为待解决的问题。通过持续的实践与探索，他们能够更深刻地理解自身的教学实践。当教师长期坚持反思自己的教学行为时，反思习惯和反思意识便会逐渐养成。如此一来，每当一节课结束后，教师便能自然而然地对其教学过程中的行为进行审视与思考。

5. 不断健全教学反思的评价制度

在评价教师的教学行为时，需要客观、公正地对其进行评价。教学活动是一种有意识、有目的地培养人的自觉活动，将教学反思纳入日常教学评价中可以帮助教师规范地开展相关教学活动。长此以往，学校内就会形成教学反思的氛围，教师的工作积极性也会得到调动。此外，在进行教师素质评价时，学校也可以将教师反思纳入评价部分，从而督促教师进行定期的自我反思。

6. 不断提高自身的理论素养

不管是哪一科的教师在进行自我反思时，都需要在教育理论的引导下进行。如果教师盲目地进行自我反思，其反思是缺乏深度的。因此，教师只有在实际教学当中不断反思自身存在的问题，才可以提升教学水平和反思能力。此外，学校也可以定期开展反思理论讲座，这样不仅可以让教师理解反思性教学的重要性，还能促使教师真正了解有效反思的内涵。教师通过自我有效反思，不仅可以反思自己在教学过程当中存在的不足之处，还可以反思自身的教学经验，从而不断加强自身专业理论素养，不断形成具有个人特色的教学风格。

7. 坚持记录教学反思札记的习惯

教学反思札记就是教师在完成每天的工作后，对自己的教学过程和教学结果进行反思，然后找出自身在教学过程当中存在的不足之处，最后将其统一记录到专门的本子上面。换句话，教学札记也是一种特殊的备课形式，其与课前备课存在着区别，也有着共同之处。教学反思札记主要内容有教学成功之处、教学效果、教学失败之处、教学效果不好之处、学生问题、教师问题等。教师通过定期书写教学反思札记可以对比不同教学环节中的改变，然后总结、消化这些有效变化之处，久而久之教师的教学水平就可以得到提升。

8. 着重把握教学细节

在实际教学当中，部分教师为了顺应学校的教学要求，会在课后进行教学后记的书写，为此，教师就要以严谨、认真的态度对待这一教学环节。但是通过实际调查可知，部分教师对于学校布置的该任务只是敷衍了事，而且通过对教学反省日志的观察可以知道，教师在进行教学反省时往往注重其成功之处的书写，对于其失败之处只是一笔带过，这也就意味着教师对其教学存在的不足缺乏深思，如果教师不及时纠正自己在教学当中的错误，那么教师的教学质量也就得不到提升，自然也不能促进自身专业素养的提升。由此可知，教师在进行自我反思时应注重教学细节的反思。只有将教学环节不断细化，才可以不断提升教学水平。

9. 注重教学反思的内容

探究和解决教学中出现的问题是教师有效反思的出发点。教学目标、内容、手段、师生互动效果等，都是教学反思的重要内容。教师只有从这些方面细致观察课堂教学，才能发现其中存在的优点与不足，从而加深对自身教学水平和技能的了解，并对存在的不足进行反思和改进。

在当前的教学实践中，一个日益受到关注的问题是，教师不仅要关注教学目标、教学内容以及考试等评价形式，还应当更加重视对学生健全人格的培养。此外，教师的有效反思往往具有情境性和不确定性等特点，这意味着它并非遵循某种固定模式。然而，无论反思模式是否固定，教师都应紧密结合教学实际，对过程中出现的问题进行具体分析。

教师有效反思的内容还应包括学生的课堂参与度、教学效果以及是否达成预设的教学目标等。只有综合考虑这些因素，教师才能持续发现并解决教学中的问题，从而不断提升教学水平，促进自身专业发展。

正如俗语所言“一千个读者心中有一千个哈姆雷特”，不同的教师对于相同的教学内容也会形成自己的独特见解。而且，对于每一位教师而言，教学永远是一门充满遗憾的艺术，很难有哪一节课能让所有参与者都感到完美无缺。正因为教学存在这种“遗憾”，教学后的反思才显得尤为必要。正如杜威所言，反思不仅是一种思考问题的方法，更是一种生活态度。通过反思，人们可以不断改进自己的行动，实现自我成长与进步。同时，反思也有助于人们更深入地理解世界和他人，从而建立更和谐的社会关系。因此，培养反思能力对于个人和社会的发展都具有深远意义。

综上所述，教师在课堂教学中肩负着重要的职责，定期进行自我反思至关重要。教师反思的主要内容涵盖教学内容、教学过程、教学方法等方面。只有持续对这些方面进行深入反思，教师才能不断调整教学策略，优化教学过程，最终朝着更加专业化的方向发展。

五、走向“自主学习”的数学教学模式的实践研究

让学生在自我学习、小组学习、全班学习的循环方式中，以学生为主体，教师全程指导和参与，解决学生真实的问题。

首先，这种模式有助于提高初中数学教学效率，提升课堂实效性，使学生能够更快、更好地掌握新知识。数学作为一门基础学科，学生的数学素养与其未来的学习能力和创新潜力息息相关。因此，通过改进教育者的教学模式来提升学生的整体素质，具有重大意义，同时也对初中数学教师提出了更高的要求。

其次，该模式强调“教”与“学”的有效结合。学校教育的核心始终在于研究如何优

化“教”，以促进更高效的“学”。传统教育往往重“教”轻“学”，而许多新型教育改革又可能走向过度重“学”轻“教”的另一极端，两者都难以达到预期效果。只有将“教”与“学”有机结合，既关注教师的引导，又重视学生的学习体验，改变其学习方式，使其乐于学习、善于学习，在兴趣中掌握知识，在愉悦中提升素养。“自主学习”数学教学模式正是针对这一需求而设计的。

现代教学观认为，教师、学生和教学内容是构成教学系统的三个基本要素，它们之间存在着特定的矛盾关系。其中，学生与教学内容之间的矛盾是根本性的，它决定了教学的性质与价值；而教师与学生之间的矛盾，则直接影响着教学的水平和质量。“自主学习”数学教学模式有助于推进数学课程改革，促使教师更新教学理念、实现角色转换，进而提升初中数学教师的专业素养，促进其专业发展，这对整体提升学生素质具有积极的参考价值。

（一）“自主学习”数学教学模式下教师应具备的专业素养

在数学教学中，教师需要对所教授的课程内容进行整合与预设，帮助学生构建对数学知识的整体认识，弥补教材可能存在的局限性，从而激发学生的学习兴趣。教师应做到精讲导学、以学促学：初中生学习自觉性相对较弱，若单纯采用灌输式教学，效果往往不佳。反之，通过引导式教学，培养学生的学习兴趣，提升其学习热情，则可能取得意想不到的良好效果。此外，教师除了具备扎实的专业功底外，还应广泛涉猎相关学科乃至跨学科的知识。这样不仅能丰富课堂教学，也能让学生在其他学科学习中获得有益的补充，从而促进其整体素质的提升。

（二）“自主学习”数学教学模式下教师应具备的人文素养

初中学生正处于身心发展的关键期，情感丰富，思想活跃，同时也较为敏感，心灵易受伤害。教师作为知识的传授者，不仅要传授知识，更肩负着引导学生健康成长的责任。要有效帮助学生，教师首先需要赢得学生的信任，尝试成为他们可以信赖的朋友，进而逐步走进他们纯真的内心世界。这要求教育者具备深厚的人文素养，因为这是教育艺术得以施展的基础。

（三）“自主学习”数学教学模式下教师素养的培养策略

随着教学理念的更新深化和课程改革的推进，对教师的专业素养提出了更高的要求。数学作为一门基础科学，其最终目的是服务于生活实践。因此，我们的数学教学不应局限于书本知识的传授，更应注重指导学生如何将知识应用于实际。具体培养策略包括：

首先，转变角色。在“自主学习”模式下，教师不再仅仅是知识的传授者，更应成为学生学习的引导者、参与者和合作者。师生之间可以建立平等交流、共同探讨的关系，这样才能真正营造活跃的课堂氛围。

其次，明确教学目标。基础教育的核心目标是培养学生的创新能力和实践能力，而非让学生死记硬背概念和公式。因此，教师需要不断更新教学方法，激发学生的学习兴趣和探索欲望，让学生因“爱”而“学”。

再次，将信息技术与教学深度融合。在信息化时代，现代信息技术为我们提供了丰富的资源。这不仅有助于拓展教师的知识储备、提高信息查询效率，节省备课时间，而且可以将信息技术作为一种有效的展示工具引入课堂。例如，利用相关软件进行演示，能够清晰地将抽象的数学知识和概念直观地呈现给学生，帮助他们更好地理解知识间的内在联系，从而加深对知识的理解和记忆。

最后，提升专业知识的应用能力。这包括：① 系统把握所教学科知识的完整体系；② 拓展知识视野，关注学科间的渗透与交叉，因为狭窄的专业知识已难以满足现代社会对人才的需求；③ 强调知识的实践价值，认识到知识源于生活并服务于生活。要学会将书本知识与现实生活联系起来，做到学以致用，避免“纸上谈兵”式的学习。

六、走向思问课堂——问题化数学课堂

义务教育阶段的数学课程旨在培养学生的创新精神与实践能力。学生能够自主发现并提出问题，这对于发展其创造性思维至关重要。《义务教育数学课程标准》始终强调应充分发挥学生的主体作用，激发学生的数学思考与讨论。“学生发现并提出真实的问题”作为一项重要的教育理念与目标，能够有效提高学生的课堂参与度，增强其责任意识，从而营造更为积极、良好的数学课堂学习环境，同时也能提升学生的学习兴趣，坚定其学习信念。因此，以学生发现和提出问题为引导的数学学习，承担着推动教育变革的时代使命。

那么，如何实现这种问题化数学学习呢？在“问题发现与提出”的研究与实践探索过程中，我们确实面临着诸多挑战。如何将这一过程有效落实，以实现培养创新型人才的教育目标，并使问题意识真正成为数学教学中不可或缺的组成部分？基于此，我提出并实践了“思问课堂”这一教学模式。

所谓“思问课堂”，是指在教师引导下，学生在学习之初利用教师提供的学习资料以及 KWL（Know-Want to know-Learned）等工具，基于自身学情产生疑惑或遇到困难，进而自主发现问题。学生能够运用数学语言，针对产生的认知冲突提出问题。随后，通过合作学习的方式，在数学课堂上掌握正确分析问题、解决问题的方法。

在这种教与学模式中，学生依据自身学习经验，从看似无关的一些现象中探寻数量关系、空间形式方面的内在联系或潜在矛盾，并将这些发现的联系或矛盾提炼、转化为数学问题，这是最为关键的一步。这与常规课堂中由教师设计问题、引导学生学习的模式不同，它强调的是学生在自己发现的问题基础上，运用数学图表、数学符号等数学语言，以“问题”的形态将问题表述出来。接着，在教师的引导下，结合所学数学知识、思想和方法，对问题进行分析、综合，寻找解决问题的途径。这一过程旨在使学生成长为具有独立精神、批判精神和合作精神的优秀学习者。

“问题化”数学学习是以学生成长为核心，教师通过特定策略激发学生发现问题、提出问题的能力。其核心在于引导学生从被动地解决教师预设的问题，转变为主动地解决自己感兴趣的真实问题。教师以常规教学为依托，通过激发学生发现问题、提出问题，帮助学生自主构建思维结构，从而突出学生的主体地位，发挥教师的主导作用。这种模式将传统的“教师提问、学生回答”的方式，变革为在教师精心设计的情境中，学生主动发现问题和提出问题的“思问课堂”模式。当学生解决自己产生的真实问题时，他们的学习积极性很可能会得到显著提升。因为，只有思考才能提出问题，而善于提问往往意味着更善于学习。

（一）问题引导数学学习，要促进学生认识问题

“问题化数学学习”的首要环节是“思”：学生需要能够思考、学会思考、乐于思考，这是产生问题的前提。“问题引导数学学习”的第二个关键环节是“问”：教师需基于对学情和教学内容的深入理解，精准把握学生可能产生的问题点，这样才能设定清晰的教学目标，并据此设计出有针对性的教学活动，从而有效激发学生的问题意识。

1. 结合年龄特点设计活动，促进学生了解什么是“思”和“问”

初中阶段的学生好奇心普遍较为强烈，这为在教学中引发认知冲突、培养学生的问题意识提供了良好契机。认知冲突，指的是个体已有的认知结构与当前面临的学习情境之间产生的暂时性矛盾，其根源在于已有知识、经验与新知识之间存在差距所导致的心理失衡。在课堂教学中巧妙设置认知冲突，能够有效激发学生的好奇心与求知欲，促使他们主动思考。

例如，通过动手操作可以引发认知冲突。在“立体图形与平面图形”的教学中，教师可以引导学生思考：沿立方体的棱边剪开并展开，观察其展开图由哪些平面图形构成；在尝试复原展开图的过程中，学生能更直观地体会什么是展开图。当有学生发现自己的展开图与同伴的不同时，很自然地会提出诸如“立方体的展开图都是互不相同的吗？”“一共有多少种不同的展开图？”等问题。

（1）在小初衔接阶段，学生普遍具有较强的求胜心。不少学生将“提出问题”等同于暴露自己“不会”的地方，担心因此被同伴嘲笑或被老师批评。部分学困生因此不敢提问，而部分优秀生则可能认为自己已经完全理解，觉得“没什么可问的”。针对这种情况，教师应积极鼓励学生，明确告知他们不仅可以就课堂上未理解的内容提问，也可以提出自己的不同见解，或是与课堂内容相关的任何疑问。这样做不仅有助于巩固所学知识，还能有效培养发散思维能力，拓宽学生的视野。同时，教师应引导学生认识到，由于个体思维存在差异，产生各种疑问是非常正常的现象，从而逐步培养学生的问题意识。

（2）此外，小初衔接阶段的学生求知欲旺盛。教师应为学生们营造一个宽松、平等、民主的学习环境，努力消除他们的紧张感、压抑感和焦虑感，使学生能够畅所欲言，毫无保留地表达自己的见解。对于学生提出的疑问，无论其难易程度如何，即使是课外的或看似不成熟的见解，教师都应耐心解答，切忌埋怨，而应首先肯定其积极思考的学习态度。为了给学生创造更多发现问题、提出问题的机会，教师可以安排学生进行课前预习。有时，还可以在课前给每位学生发一张纸，鼓励他们将课堂中不理解的问题或自己的想法写下来，在小组讨论或全班交流时提交。教师可以将这些问题进行分类整理，并据此组织更有针对性的讨论。在交流互动的过程中，学生能够更深入地了解问题的多样性和思考问题的不同角度。

2. 结合数学基础设计教学活动，促进学生了解什么是“思”和“问”

（1）教师准确把握学情，并基于此设计教育教学活动，从而创造丰富的提问机会。这种深度思考和充分互动的教学方式，更有利于引导学生了解如何发现问题和提出问题。

（2）教师要深入了解学生原有的知识基础、活动经验以及能力水平。教师应基于

学生的认知特点进行教学预设，使学习任务具有适度的挑战性。这将是学生自主学习的良好起点：难易适度的教学活动能激发学生的兴奋点，既不会因过于困难而产生畏难情绪，也不会因过于简单而感到乏味。当学生以积极的心态投入学习时，问题往往能自然产生于新旧知识的交汇之处。

（3）教师要创设真实的教学情境。教师需选择适合学生认知水平的学习材料，并精准定位学生的最近发展区，以便学生能够发现那些真正能促进其思考和学习的问题。课堂上的学习材料来源多样，既可以是教材内容，也可以是改编的学习资料，还可以是学生的课外作业或课堂练习。这些材料的呈现能够激发学生的学习兴趣和探究欲望，成为学生产生问题的宝贵资源，进而引发他们主动探寻问题的源头。

（4）教师应开展单元教学设计。单元教学立足于单元整体视角，根据单元内不同知识点的内在联系，通过一个相对完整的学习阶段，帮助学生构建系统化的知识体系。这种设计有助于小初衔接阶段的学生将碎片化的知识自然融入整体学习之中，符合该年龄段学生的学习需求，同时也能促进学生在单元学习中洞察知识的共性与差异，从而激发其问题意识。例如，可以将分数乘除法与有理数乘除法整合为一个单元进行教学。这样既能从整体上帮助学生理解运算的算理与方法，又能体现数的运算在知识体系上的统一性，引导学生认识到问题往往存在于数学知识相互关联的节点上。

（二）问题引导数学学习，要促进学生发现问题

学生的发现问题能力与其思维习惯、个人性格及自身能力密切相关。因此，在开展以提出问题为导向的数学学习活动时，首要任务是培养学生发现问题所需的基本素养。例如，可以在初中数学课程正式开始前，对学生进行系统的学习方法培训，内容可涵盖：如何绘制数学思维导图、掌握自主学习的方法、提升数学阅读的技巧，以及如何有效管理学习情绪等。

1. 基于“什么是问题”开展教学活动

（1）开展关于学生课堂提问情况的调查问卷活动，以深入了解学生对问题的认知程度。教师只有准确把握学生当前的问题意识水平，在课堂中培养学生的问题意识时才有可靠的参考依据。因此，进行此类调查，能为教师在开展“思问”教学活动前提供现实的学情基础。同时，这一过程也能增进学生对问题意识本身的认识。

（2）教师应记录学生提出的问题，观察并分析他们在提问过程中可能展现出的不同表现，并适时与学生沟通，鼓励他们主动发现问题。例如，在学习一元一次方程时，当探讨其一般形式时，不少学生对于用字母表示系数感到困惑，进而提出了“这些字母的作用有什么不同？”的问题。这个问题引发了同学们的热烈讨论。许多学生虽然理解了在学习整式时用字母表示的含义，但在方程中却难以清晰区分字母系数和未知数，这确实是初学者普遍存在的难点。学生能够针对这样的难点进行探究和解答，这对后续“方程”单元的教学大有裨益。教师应及时肯定和鼓励提出问题的学生，让他们体会到，将问题聚焦于学习难点之处，对于深化理解、促进学习具有非常重要的作用。

（3）教师应积极促进学生之间的交流与合作，收集学生提出的问题并进行分类展示。这样能让学生接触到不同角度、不同思路的问题，从而有效拓展他们的思维空间。教师可以根据问题的难易程度进行分级；也可以按问题涉及的知识内容进行分类，如代数问题、几何问题等；或者按问题的性质分为知识性提问、方法性提问、探究性提问等。同时，为了激发学生的团队合作与研讨热情，并确保每位学生都有参与机会，教师可以采用小组加分制等激励措施，对积极提问的个人和小组给予肯定与加分。这有助于促进小组成员间的思维碰撞，营造问题驱动学习的良好氛围。

2. 基于学生“什么是有价值的问题”开展教学活动

（1）通过分析典型案例，与学生共同探讨什么样的问题具有价值，为后续问题的发现与提出奠定基础。当问题被提出后，在解决问题的各个环节中，应鼓励学生随时捕捉并表达产生的疑惑或遇到的困难，并及时提出新的问题。解决这些衍生的新问题，往往能有效地推动原问题的解决。学生所提出的问题大多源于自然思考，常常聚焦于知识规律的揭示处、理解困难的瓶颈处，以及蕴含新思想、新方法的探索处。

（2）教师需及时记录并分析学生提出的有价值的问题，并给予适当反馈。对学生的问题可进行如下分类：哪些属于纯粹的数学问题，哪些涉及语文等其他学科知识，哪些是基于给定问题情境生成的数学问题，哪些是通过改编已有问题而提出的新的数学问题。通过这个过程，让学生了解问题的多样性及其分类，同时引导师生共同判断：哪些问题与即将进行的后续学习内容高度相关，哪些问题具有启发思维、拓宽视野的潜在价值。

（3）在教学实践中，教师应着力激发学生的课堂参与度，并对学生提出的优质问题给予评价。例如，教师可以组织学生利用合作学习的方式，互相启发。学生可以针对自己提出的问题，从结构合理性、难度适宜性、知识综合性等角度进行反思，然后在小组内分享汇报。随后，师生共同对各小组的汇报进行点评，以此促进学生间的相互学习与思维交流。

（三）问题引导数学学习，要促进学生提出问题

在实际教学中，不同的学生可能会提出不同的问题，而同一个学生也可能在学习过程中，连续产生多个问题。学生能够提出问题，本质上是基于他们对学习内容的观察与思考，是发现问题、探究问题的过程。提出问题并非学生单方面能够完成的行为，它需要教师提供一个开放、支持的环境，只有当教师主动给予学生提问的机会，并鼓励他们表达疑问时，学生才有可能提出有深度、有价值的问题。

1. 教师要具有问题意识，在关键处引导学生提问

教师应具备敏锐的问题意识，并在教学的关键节点上，巧妙地引导学生提问。教师可以通过设计丰富多样的学习活动，营造一个鼓励学生主动发现和提出问题的课堂氛围，从而促进学生对知识的深入探究，帮助他们真正理解所学内容。

（1）教师应精心选择和设计问题情境，不拘泥于固定模式，灵活创设能激发思考的情境。

① 聚焦教学重点：围绕核心内容组织活动，引导学生主动思考，深化他们对重点知识的理解，丰富其学习体验，并积累基础的活动经验。

② 突破教学难点：通过解决具有挑战性的问题，促进学生知识的自主迁移与应用，加深对数学知识的理解，并鼓励他们大胆提出自己的见解和疑问。

③ 厘清易混淆知识点：教师应有意识地创设让学生经历思维碰撞、产生认知冲突的机会，这恰恰是问题意识萌芽的沃土。

（2）引导学生从新视角审视问题：在教学中，应经常鼓励学生运用已有的知识，自己去发现新问题，探索新知识，并动手实践。

（3）鼓励多元化思考：组织旨在积累多种解题策略的活动，培养发散思维。教师应引导学生对同一道题目从不同角度进行观察和分析，并透过现象把握本质，以此培养学生的创新精神。例如，在“分数的乘除法”教学中，教师可以提出开放性问题，如“怎样比较两个分数的大小？可以用几种方法比较？”来组织学生讨论。在这样的启发下，学生可能会进一步提出：“当商小于 1 时，分子一定比分母小吗？”“如果商大于 1，分子就一定比分母大吗？”等有价值的问题。

（4）教师可通过提出引导性问题、适时点拨等方式，帮助学生发现值得探究的问题。引导方式应根据学生的认知水平和兴趣爱好进行调整。教师的课堂语言，尤其是引导语，至关重要。即使是相同的问题情境，不同的引导语也可能导致学生关注点的不同，进而影响他们提出问题的深度和广度。教师的引导语本身可以是问题，其目的并非直接给出答案或设定固定的教学任务，而是通过这些问题，引导学生更深入地思考问题的具体条件、情境背景或其中蕴含的关联因素。

（5）营造积极提问的课堂氛围是激发学生思维的有效途径。然而，教师设计的问题本身必须科学合理，富有启发性、层次性和针对性，能够真正激发学生的求知欲和探索欲。同时，教师更要鼓励学生自主提问，有意识地培养他们的提问能力。这可以通过设计开放性问题、开展探究性学习活动、鼓励学生对所学内容进行质疑等方式实现，这些方法不仅能有效激发学生的问题意识，也有助于培养他们的创新思维和批判性思维能力。

2. 学生要具备问题意识，找到能够提出问题的途径和方法

（1）勤于思考。应鼓励学生主动去发现问题。自主探索常被认为是学习知识最有效的途径之一，因为通过这种方式获得的理解最为深刻，也更容易掌握知识内部的规律、性质及其相互联系。在尝试提出问题之前，学生应当先进行认真思考，努力把握问题的本质及其关键所在，这有助于他们提出更为具体、明确的问题。学生所提出的问题，往往基于教师精心设计的情境或问题引导，这些情境和问题能够提供更多机会，让学生去建立不同知识点之间的联系，或是整合理解知识的不同层次，从而促进对所学内容的深刻理解。学生自主思考并尝试提出数学问题，这一过程本身就蕴含着对数学知识的深入剖析，对于培养他们的创造性思维大有裨益。

（2）敢于质疑。要引导学生勇于挑战现有认知。思维定式，特别是那些固化的不良思维模式，容易让人思维僵化，缺乏主动思考，习惯于用旧方法应对新挑战，这会削弱问题意识，阻碍创造性思维的发展。要打破思维定式，需要进行多样化的思维训练：一方面，要善于从他人的不同经验与思想中汲取新知；另一方面，要学会运用逆向思维、

换位思考等方法寻求突破，从而激发提问的欲望。应鼓励学生对教材内容、复习资料乃至教师的讲解提出疑问，并勇于表达自己的独立见解，以此锻炼他们突破思维藩篱的能力，进而增强问题意识。

（3）运用数学语言阐明问题。应鼓励学生尝试对问题进行归纳与总结。教师可以避免直接讲解概念、性质、公式等知识点，转而引导学生通过观察、分析，自主归纳并得出结论。在课堂小结环节，可以让学生独立完成或通过小组讨论来形成结论，这有助于教师及时掌握反馈信息，了解学生对新知识的掌握程度，并从中发现新的问题。在总结或表达复杂关系时，纯文字描述可能不够直观或清晰。例如，对于某些二元一次方程的整数解问题，若能将其符号化，并运用数学关系式来表达，结论往往会变得非常清晰。这恰恰是引入“不定方程初步探索”等教学内容的重要原因之一。教师应采用循序渐进的方法，着力加强学生的符号意识，为他们创造更多运用数学语言提出问题的机会。

（4）养成良好的提问习惯。在交流互动中，学生应学习运用简洁、清晰的语言来表述问题，避免使用过于复杂或模糊的措辞，确保老师或同学能够准确理解其意图。提出问题后，要耐心倾听他人的解答与建议。既要勇于提问，也要乐于接受他人的帮助和指导。对于他人的回应，应及时表达自己的看法或进一步的疑问。若问题得到解决，应适时表达感谢与肯定；若问题仍未解决，则应继续与老师或同学协作，共同探寻解决方案。

附:《不定方程初探》

第八章《方程数学活动》

【教学内容分析】“数与代数”是数学知识体系的基础之一，是义务教育阶段学生数学学习的重要领域，是学生认识数量关系、探索数学规律、建立数学模型的基石，有助于学生从数量的角度清晰、准确地认识、理解和表达现实世界。在小学阶段，“数与代数”包括“数与运算”和“数量关系”两个主题；在初中阶段，则包括“数与式”“方程与不等式”“函数”三个主题。学段之间的内容相互关联，由浅入深、层层递进、螺旋上升，构成相对系统的知识结构。

方程是第四学段（七年级至九年级）数学课程的重要内容之一。学生在前三个学段已经学习了自然数、正分数及其运算等知识。本单元是学生第一次正式学习解方程，是解方程学习的起始阶段。帮助学生树立起方程单元的大概念——即“方程是含有未知数的、表达等量关系的式子，通过运算和等式性质可以使未知量成为已知”——有利于学生整体理解单元内容，体会单元学习方法，促进方程学习内容的延续和学习方法的迁移。

本节课以探究二元一次方程的整数解为载体，旨在培养学生运用方程解决实际问题的意识，加深学生对“方程的解”及“方程的整数解”的理解，发展推理能力和抽象能力，初步建立模型意识。通过引导学生独立思考与小组合作学习相结合的方式，初步探究不定方程解的问题，发展学生的数学思维，使学生积累数学活动经验。

【学情分析】本班学生已完成小学六年级与七年级的衔接课程学习，通过衔接课程的学习，学生们已初步了解方程，能在具体情境中运用方程解决简单的实际问题。调研显示，大部分学生在前面的学习中愿意使用方程解决应用题，但仍有部分学生习惯于使用算术方法。本节课安排在学生学习了一元一次方程和二元一次方程组之后，以具体的二元一次方程为载体，探究更一般的问题。教学中将采用问题链的方式，引导学生逐步经历观察、分析、概括、应用的过程，理解方程单元的大概念。学生虽然具备通过使未知数的值满足方程左右两边相等来理解“方程的解”的能力，并且能够类比一元一次方程整数解的求法，求解具体的二元一次方程的整数解，但对于具体的二元一次方程的整数解尚未进行深入探究，且后续课程中可能不再安排相关内容。本节课的学习将为今后继续学习方程、不等式等知识做好知识和经验的铺垫。

【教学方式】在学习过程中，教师将运用问题引导学生思考与交流，营造有利于学生主动参与、主动发现问题和提出问题的课堂氛围。教师应尊重并理解学生，通过预设问题精准判断学生的“最近发展区”，设置悬念将学生引入该区域，采用多层设疑、释疑的方式帮助学生突破“最近发展区”，并引导学生在新的情境中运用所学的方法解决问题。

【教学目标】1. 能够从具体实际问题中抽象出等量关系，并用方程表示相应的等量关系，将实际问题转化为求方程解的数学问题。

2. 在一系列关于求方程整数解的问题引导下，通过积极的思维活动，促进学生发现问题、提出问题能力的发展；经历由特殊到一般、由具体到抽象的思维过程，发展符号意识；在寻找整数解的规律的过程中，积累发现问题及研究问题的活动经验。

3. 在探究不定方程解的过程中，感受合情推理和演绎推理在寻求数学问题结论过程中的价值与作用，养成理性思考的学习习惯。

【教学重点】探索求二元一次方程整数解的思路。

【教学难点】发展学生由具体到一般的探究思维能力。

【主要教学流程】如图 1－14 所示。

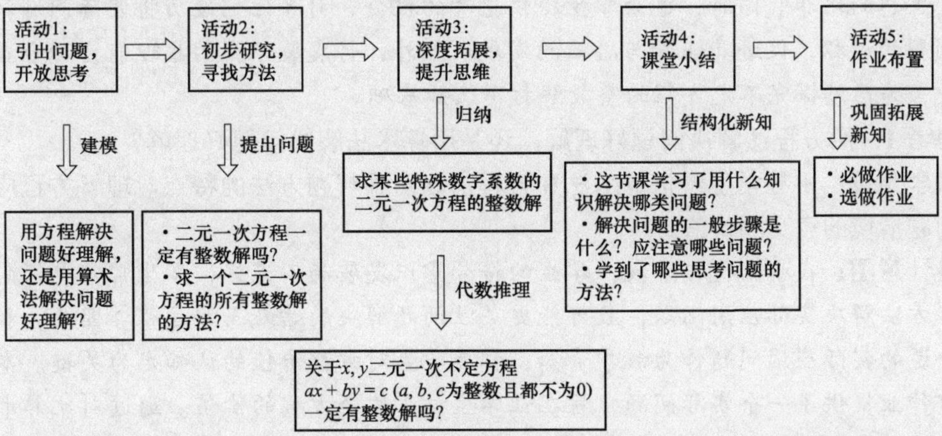

图 1－14

【教学过程】

活动 1：引出问题，开放思考。

展示课前作业题目：某中学为了表彰在书法比赛中成绩突出的同学，计划购买一些毛笔和钢笔。已知毛笔每支 50 元，钢笔每支 30 元。请问：用 4 200 元可以有几种购买方案？结合生活实际，请你给出较合理的购买方案。

师生活动：对于刚刚学完一元一次方程的学生来说，这个问题（涉及两个未知量）具有一定的挑战性。教师在本节新课前布置了此思考题，给予学生充分的时间独立思考。课堂上，教师组织学生展示课前作业，交流各自对问题的理解和解决方法。这不仅分享了学习成果、丰富了学习经验，也为引出本节课的学习主题——二元一次方程的解——奠定了基础。

- **教学预设 1**：学生可能尝试使用算术方法或枚举法求解。教师应引导学生思考如何更系统地、代数地解决问题，为引入方程方法做铺垫。
- **教师预设 2**：学生可能尝试使用方程求解。在过程中，可能会用一个未知数表示另一个未知数，并通过代入数值尝试求解。教师应关注学生是否能发现其中的规律，是否能提出新的问题（如解的个数、解的整数性等）。
- **教师预设 3**：学生可能使用方程求解，并尝试用列表法整理数据或解。教师应关注学生使用列表法的规范性，并引导他们思考列表法与代数方法的关系。
- **教师预设 4**：学生可能设出两个未知数，列出二元一次方程。教师根据学生的具体解法，可适时提醒学生先对方程进行化简，并利用等式的性质寻找未知数之间的关系。

教学提示：

（1）教师提醒学生回顾并注意方程解的定义。

（2）教师提醒学生，当方程中有两个未知数时，可以通过设定其中一个未知数的值（或范围），求出另一个未知数的对应值。

设计意图：引导学生经历将实际问题转化为数学问题的分析过程，类比已学的一元一次方程的求解方法来探索二元一次方程问题的求解方法，拓展对方程解的认识，并加强模型思想的培养。同时，也为学生提供思考的机会，引导他们经历将实际问题转化为数学问题的过程，促进其认知与思维的发展。此外，将发展学生的推理能力融合在学习过程中，为后续探究不定方程的整数解打下认知基础。

思考 1：用方程法解决问题好理解，还是用算术法解决问题好理解？

教学预设：引导学生辨析算术法和方程法这两种解题方法的特点，理解方程应用于实际问题情境的意义和价值。

设计意图：在小初衔接阶段，学生的符号意识发展尚不充分，学生常常更倾向于使用算术方法解决实际应用问题，且可能更关注问题解决的结果而非过程。因此，教学中选择合适的实际应用问题作为教学资源，拓展学生对方程价值的认知尤为关键。本节课的课前作业提供了一个实际问题，旨在让学生初步体会方程的价值。通过对比算术法和方程法的差异，帮助学生理解用方程解决问题可以直接建立已知数和未知数之间的联系，方程法是一种相对“公平”(所有量均可参与运算)且强大的数学工具。通过求解方程可以获得未知数的具体值,使学生体会方程作为数学模型在解决问题中的作用。

思考 2:在刚才的学习过程中,同学们有不理解的地方吗?你获得了什么新的经验吗?你还有不同的做法吗?

设计意图:在活动 1 完成之际,给学生留出时间和空间梳理所学内容,搭建新的思维结构,并能及时提出发现的疑问,与同学和老师一起研究,从而得以及时解决疑问。

活动 2:初步研究,寻找方法。

学生活动:课前尝试写出关于二元一次方程的“已知”和“想知”内容,初步培养问题意识。

思考 1:你能写出二元一次方程的一般表达式吗?

教学预设:进一步巩固对方程中“元”和“次”含义的理解。

思考 2:二元一次方程一定有解吗?有几个解?

教学预设 1:预计部分学生可能认为不一定有解(约占 20%),这可能与他们对一元一次方程解的认识不深入有关。教师应通过后续活动加深学生对方程解的概念的理解。可引导学生尝试用一个未知数表示另一个未知数。

教学预设 2:若大部分学生对此认识模糊,教师可利用前面学生举的实例进行归纳,通过大量实例使学生认可二元一次方程通常有无数组解。

教师明确:

(1)不定方程:通常指含有两个或多个未知数的方程(特别是整系数方程)。

(2)不定方程的求解:通常在整数集或特定数集(如正整数集)范围内进行。

(3)一般特征:当未知数的个数多于独立方程的个数时,方程组往往有无穷多解,这类问题常涉及不定方程。

思考 3:二元一次方程一定有整数解吗?整系数的二元一次方程一定有整数解吗?

教学预设 1:这个问题对大部分学生来说有一定难度。观察学生举手发言的积极程度及回答情况。教师可提示学生利用前面具体的例子进行分析,引导他们形成由特殊到一般的分析问题的路径。

教学预设 2:若学生仍感困难,可暂停片刻,让学生相互交流,以理解二元一次方程不一定有整数解,能举出反例即可。

思考 4:一个二元一次方程是否有整数解?是由哪些因素决定的?

教学预设:预计大部分学生能认识到这与方程的系数有密切关系,也可能有学生考虑由未知数之间的关系决定。若学生未考虑到两个未知数之间的关系,教师可提示他们回顾前面举出的例子。学生通过具体问题得出一般性结论,这是培养抽象(弱抽象)能力的契机。

思考 5:想研究二元一次方程是否有整数解,你需要哪些知识?你有哪些问题需要解决呢?

教学预设 1:学生可能会想到使用列表法。若未想到,教师可提示:在学习一元一次方程解决实际问题时，列表法的层次性和有序性在梳理多个对应关系的异同点时起到了优化思维的作用，列表法具有便于观察、比较、分析与综合、归纳与类比等特点，是代数学习中帮助学生构建知识体系的良好工具，便于学生自主有效地获取知识，使思辨学习走向深入。

教学预设 2：学生可能想到类比一元一次方程求整数解的方法，来探寻二元一次方程的整数解。

师生活动：教师提出问题，学生独立思考。在教学中，教师注意调动学生的学习积极性，促进学生正向思考、大胆质疑、克服困难。经过前面的问题铺垫，学生初步掌握了方程的解的定义，教师可将判断正误的机会留给学生，让学生互评。

特别注意：对于能通过说理得到结果的学生，教师应予以赞赏并推广这种做法。

学生可以回忆：求 $ax+b=0$ $(a\neq0)$ 得到 $x=-b/a$。通过类比，尝试用求解一元一次方程整数解问题的思路来探究二元一次方程整数解问题，这体现了科学的数学观念。关于 $mx=n$ $(m\neq0)$ 何时有整数解的问题是探究二元一次方程有整数解的基础。

设计意图：类比一元一次方程认识新类型的方程，进一步理解“元”和“次”的含义，这对大部分学生来说没有难度。但对于方程的解的问题，学生可能仅停留在一元一次方程的经验上，尚未掌握二元一次方程的解的特点。通过问题链逐步加深对方程解的理解。用表格法和关系式法看待方程的解是两种值得探究的方法，这为学生今后学习函数，用函数的观点看待方程打下了基础。

思考 6：在刚才的学习过程中，同学们感觉哪里有难度呢？和以前的学习有什么不同之处吗？你还有什么观点想分享吗？

设计意图：在活动 2 完成之际，给学生留出时间和空间梳理所学内容，搭建新的思维结构，并能及时提出发现的疑问，与同学和老师一起研究，从而得以及时解决。

活动 3：深度拓展，提升思维能力。

思考：关于二元一次不定方程 $ax+by=c$（a, b, c 为整数且都不为 0）的整数解。

教师提问：“同学们研究这个问题，你们有什么办法吗？”

教学预设：学生可能会遇到困难，此时可以以小组为单位开展讨论，拿出解决问题的方案。

教学预设：学生可能会提出用具体实例进行解释说明，教师应鼓励学生通过具体例子进行分析。

教师引导：如果对于求解字母系数的方程有困难，我们可以先从求数字系数方程的整数解入手。

教师提问：“同学们能举例说出几个合数系数的二元一次方程吗？”

教学预设：学生会举出丰富的例子。此时，挑选出不确定是否有整数解的、形式较为简单的方程（如系数绝对值为 1 的，或系数绝对值不为 1 的方程），并按 x、y 的系数特征进行梳理。询问学生：“想要找到规律，该如何研究？”

任务一：教师举例说明如何求解 y 系数为 -1 的二元一次方程。例如，求二元一次方

程 $2x-y=1$ 的正整数解。

（1）列表得：

x	1	2	3	4	5	6	7	8	…
y	1	3	5	7	9	11	13	15	…

（2）你能把二元一次方程 $2x-y=1$ 的正整数解表示出来吗？

教师提示：二元一次方程 $2x-y=1$ 的解具有一定的规律性。若设 $x=k$（k 为正整数），可以得到 $y=2k-1$。所以方程的解可以表示为 $\begin{cases}x=k\\y=2k-1\end{cases}$（$k$ 为正整数）。

设计意图：教师通过举例分析，使学生明确特殊字母系数（如 y 系数为±1）如何进行分析，培养学生形成从一般到特殊、再由特殊到一般的数学学习经验。在前两章的学习中，学生从小学的具体数学问题进入到一类问题的研究，初步完成了从数到代数式的飞跃。在这里，利用方程解的表示方法，将未知数 x 赋予正整数 k 的意义，用常量取代未知量的值，进一步发展数学符号意识，培养学生抽象能力，让学生体验和运用有意义的数学语言的过程。学生感悟：有些问题可以通过具体问题得出结论，然后通过一般性进行探究，体会数学带来的乐趣。在由特殊到一般的过程中，要关注具体问题中某些数的特殊性可能不具有代表性，特殊性容易在落实结论时出现片面性，为今后演绎推理的学习留下数学思考。

（3）通过研究不同的二元一次方程，你能找到一般规律吗？

归纳一下关于 x, y 的二元一次方程 $ax+y=c$ （a, b, c 为整数且都不为 0，此处应为 $ax+y=c$）当 y 系数绝对值为 1 时，有正整数解（或整数解）的情况。

教学预设 1：学生可能通过前面问题的结果，由特殊到一般进行归纳得出结论：

$\begin{cases}x=k\\y=-ak+c\end{cases}$（$k$ 为整数，需根据具体问题调整 k 的范围）。

教学预设 2：学生可能利用前面的方法进行推理得出结论，这种做法是代数推理思维的直接表现，值得表扬。若设 $x=k$ （k 为整数），可以得到 $y=-ak+c$，所以方程的解可以表示为 $\begin{cases}x=k\\y=-ak+c\end{cases}$（$k$ 为正整数），（k 为整数，需根据具体问题调整 k 的范围）。这种做法为后续学习提供了理论基础和思维起点。

设计意图：教师可以引导学生观察、对比、联想，寻找一般性的结论。学生根据前面求特殊系数（y 的系数绝对值为 1）的二元一次方程解的过程，利用列表法算出具体的整数解。学生在“整式”这一章会用字母表示数，可以利用合情推理归纳出解的一般规律，但只有通过推理论证进行检验才能说明解是正确的。教师可以引导学生把归纳得到的式子代入原式进行验证，引导学生通过计算和推理总结和发现方程整数解与二元一次方程系数的特点，归纳分析出规律，为用字母表示数提供理论基础。初一学生的符号意识作为一种意识需要通过强化学习得到发展，学生知道使用符号可以进行运算和推理，这一要求的核心是基于运算和推理的符号“操作”意识。

教师提问：根据前面的分析，你现在还能解决什么问题？

教学预设：学生会举出很多类似 y 的系数为±1 的实例，求对应的整数解，并能解释问题的结果。教师可以提示同学们思考：有没有不同的二元一次方程的正整数解（或整数解）可以求出来？如何求？

任务二：教师举例说明 x 系数为 1 的二元一次方程。例如，二元一次方程 $x-2y=300$，这个方程的整数解可表示为______（分小组活动，同学们可以选择其他同类型方程）。

（1）列表得：

x	…	296	298	300	302	304	306	…
y	…	−2	−1	0	1	2	3	…

（2）这个方程的整数解可表示为______。

教师提示：二元一次方程 $x-2y=300$ 的解具有一定的规律性，若设 $y=k$（k 为整数），可以得到 $x=2k+300$，所以方程的解可以表示为 $\begin{cases}x=2k+300\\y=k\end{cases}$（$k$是整数）。

设计意图：教师关注学生是否注意原二元一次方程未知数系数的变化，以及问题中对于解的要求（如正整数解 vs 整数解）的变化，是否注意参数 k 的取值范围也相应地有不同的变化。学生通过具体实例发现规律，从而形成初步的思考和判断，为后续的归纳和推理积累活动经验。学生也可以提出各种问题，例如：“你能写出未知数系数绝对值不是 1 的方程的整数解吗？”根据同学们对前面问题的理解提出问题，引发学生思考，体会由具体数值计算到用符号表达的过程，即由特殊到一般的过程。

（3）通过研究不同的二元一次方程，你能找到一般规律吗？

归纳关于 x，y 的二元一次方程 $x+by=c$（a，b，c 为整数且都不为 0）（x 系数为 1）有整数解的情况。

教学预设 1：学生可能通过前面问题的结果，由特殊到一般进行归纳得出结论：

$$\begin{cases}x=-bk+c\\y=k\end{cases}（k\text{ 为整数}）。$$

教学预设 2：学生可能利用前面的方法进行推理得出结果，这种做法是代数推理思维的直接表现，值得表扬。若设 $y=k$（k 为整数），可以得 $x=-bk+c$，所以方程的解可以表示为 $\begin{cases}x=-bk+c\\y=k\end{cases}$（$k$ 为整数），这种做法为后续学习提供了理论基础和思维起点。

设计意图：教师可以引导学生观察、对比、联想，寻找一般性结论。

学生利用归纳的方法分析问题、解决问题，这既是 y 的系数为±1 的方程问题的延续，是完善对二元一次方程是否有整数解的认识的过程，也是把新知识循序渐进纳入旧知识体系的过程，是结构化数学知识发展的过程。学生内化知识形成过程为认识过程，这是学会学习的表现，学生会用字母表示方程的解，进一步提升抽象思维能力。学生进一步利用归纳的方法进行分析，理解方程解的意义，提升抽象思维能力，同时利用计算的方法进行数学推理，发展对代数推理的认识，拓展代数思维。

任务三：关于 x, y 的二元一次不定方程 $ax+by=c$ （a, b, c 为整数且都不为0），当 $(a, b)=1$ （a 与 b 互质）时，一定有整数解吗？

请你判断：关于二元一次不定方程 $ax+by=c$（a，b，c 为整数且都不为0），且（a，b）=1，当有一组整数解为 $\begin{cases}x=x_0\\y=y_0\end{cases}$，则所有整数解是 $\begin{cases}x=x_0+bk\\y=y_0-ak\end{cases}$（$k$是整数），这个说法正确吗？你会证明吗？

教学预设 1：假设方程的整数解是 $\begin{cases}x=x_0+bk\\y=y_0-ak\end{cases}$（$k$是整数），学生根据方程解的意义能得到：$a(x_0+bk)+b(y_0-ak)=c$，得 $ax_0+by_0=c$。

因为（a，b）=1 且 $\begin{cases}x=x_0\\y=y_0\end{cases}$ 是 $ax+by=c$ 的解，所以 $ax_0+by_0=c$，可证得上面说法。

教学预设 2：学生对代数恒等变形可能尚未完全掌握，对以下推理过程尚有难度，教师可根据学情进行教学的调整或简化。

参考过程：因为 $\begin{cases}x=x_0\\y=y_0\end{cases}$ 是 $ax+by=c$ 的解，所以 $ax_0+by_0=c$，

可得，$ax_0+by_0=c=ax+by$，可知，$a(x-x_0)=b(y_0-y)$

又因为（a，b）=1，所以 $x-x_0=bk$，$y_0-y=ak$，得 $\begin{cases}x=x_0+bk\\y=y_0-ak\end{cases}$（$k$是整数）

验证 $a(x_0+bk)+b(y_0-ak)=c$，得 $ax_0+by_0=c$。

另外，学生可能忽略 x, y 系数的正负性，教师可以通过学生互评来完善学生的结论。

设计意图：关于系数绝对值不是1的二元一次方程的整数解的归纳，由于时间有限，本节课后续探讨对学生来说有可能存在一定困难。经历前面的问题探究，学生掌握了“从特殊到一般”的分析问题的方式。本环节的设计意图是展现代数推理在数学学习中特有的风采，使学生充分体会到用字母表示规律是用推理的方式解决数学问题，推理是对知识、技能的贯通式认识和理解，从而提升学生的思维能力。教师让学生用数学的眼光来分析问题，培养学生从数学角度出发的“问题意识”。

思考：在刚才的学习过程中，同学们还有什么疑问吗？你觉得有什么新的经验吗？你还有什么新的灵感想表达一下吗？

活动 4：课堂小结。

学生活动：（课后或课堂）写出关于二元一次方程相关知识的“新知内容”，进一步培养问题意识。

1. 分享你的新经验。

（1）本节课学习了哪些知识？哪些知识是有难度？还有疑问吗？

（2）本节课在解决问题中你学到了哪些新的思考问题的方法？

（3）本节课解决问题的一般步骤是什么？应注意哪些问题？

2. 画出“一个整系数的二元一次方程存在整数解”的知识结构图或者思维流程图。

教学预设：学生能根据本节课的经验绘制知识结构图或思维流程图，可以分组交流。如图 1－15 所示。

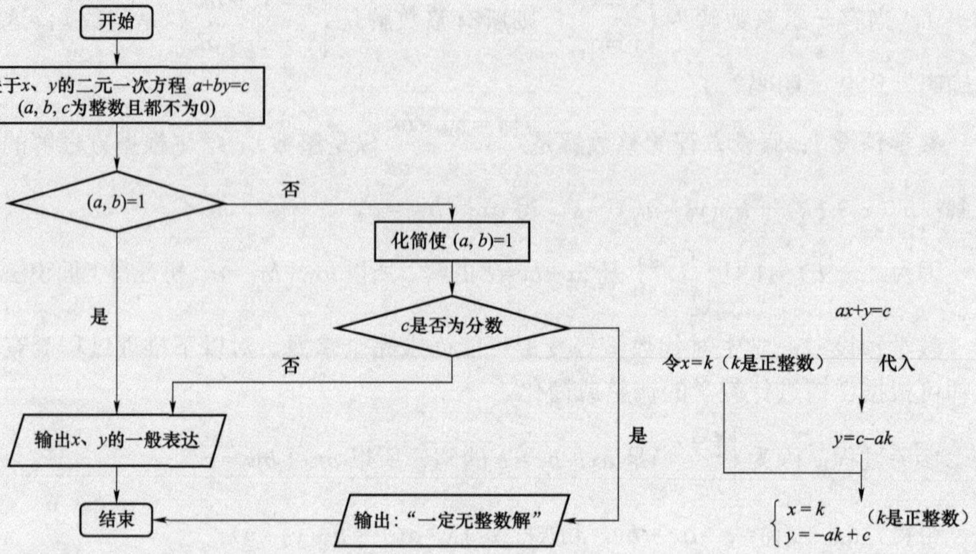

图 1－15

教学预设：从知识上看，学生能总结出二元一次方程的概念，并能用符号表示其一般形式；能关注二元一次方程的整数解问题。从方法上看，学生关注由一般到特殊，由特殊到一般的数学研究问题的方法，在具体问题中进行归纳和推理，在抽象问题中进行特殊化处理。同时，这个环节也可用来检测学生本节课的学习情况。

设计意图：概括、深化本节课内容，促进学生反思学习过程，反馈课堂学习效果，提高学生独立思考的能力、分析问题的能力和口头表达能力。学生学以致用，理解符号的使用是数学表达和进行数学思考的重要形式，能通过解决上述具体问题时采用以数学符号为媒介的语言表达，积累运用符号的数学活动经验，感悟符号所蕴含的数学思想。同时通过具有挑战性的数学问题，激发求知欲和探究精神，养成理性思考的习惯，树立实事求是和严谨求实的科学精神。

（本环节预留 5 分钟为宜）

活动 5：作业布置。

求下列二元一次方程的整数解（1）$2x+y=3$；（2）$x+4y=10$。

选做作业：求二元一次方程 $50x+30y=4\,200$ 的所有整数解。

【板书设计】

课题：不定方程初探

活动 1：引出问题，开放思考；活动 3：深度拓展，提升思维。

课前作业方案展示：探究二元一次方程 $2x-y=1$ 的正整数解。

探究二元一次方程 $x-2y=300$ 的整数解。

证明关于方程 $ax+by=c$（a，b，c 为整数且都不为 0）的所有整数解。

活动 2：初步研究，寻找方法；活动 4：课堂小结。

不定方程的定义以及本节求整数解的二元一次方程的一般形式。

【教学反思】学生在之前小学的学习过程中有过用字母表示公式的经历，初中一元一次方程的学习中学习了方程一般形式的解的表达，这是七年级学生在学习整式之后第一次用符号表示方程的解。类比一元一次方程的求解探究二元一次方程的整数解，通过分析具体情况探求一般规律，形成解决一般问题的思路和方法。学生尝试从特殊到一般，再由一般到特殊的方式进行思考，这是思维的巨大飞跃。七年级学生学习二元一次方程组后，设计以探究二元一次方程整数解的问题，以具体的问题链逐步深入问题的研究过程，促进学生对问题的多角度分析，在学习方程的起始阶段，利用方程解决实际问题以及理解方程的解，树立学生方程单元的大概念意识，有利于学生整体理解单元内容，体会单元学习方法，有利于方程学习内容的延续和学习方法的迁移。

1. 深化符号化意识，发展抽象能力

本节课立足于用符号表示二元一次方程的整数解，在求解的过程中先通过一元一次方程一般形式的解，联想到二元一次方程的整数解是否也有一般表达形式。如何找到二元一次方程的整数解的一般表达式？在探究字母系数的二元一次方程的整数解的过程，是从特殊字母系数的一元二次方程开始的，逐渐变化字母系数，从简单到复杂逐步展开。学生用类比的方法通过具体的二元一次方程寻找规律，分别对未知数的系数进行特殊化和深入探究，在这个过程中，学生体验符号既有表达的功能也是说理的工具，从形式化的角度逐渐寻找未知量之间的关系，同时明确而清晰地用通式进行数学表达，有层次地拓展数学思维。

2. 优化数学语言，精练数学思维

在课前作业环节，学生运用二元一次方程解决实际问题的过程中，发现所列方程的整数解并非唯一。进一步研究发现，对于某些特殊系数的二元一次方程，其整数解不仅一定存在，而且这些解还呈现出一定的规律性。此时，枚举法已不足以全面且完整地表达所有解，学生便开始有目的地寻找更优的整数解表达方法。学习二元一次方程整数解的过程，可以类比于一元一次方程解的参数化表达思想。在此过程中，学生的思维方向不断调整，先后尝试了文字、图表、符号三种表达方式。通过分析，学生发现用文字进行准确表述最为困难。因此，图表法和建立的符号表达式（或代数表达式）使得二元一次方程整数解的表达更为直接和全面。相较于图表表达，使用符号关系式（或代数表达式）来表示数量关系更为清晰直观，并且有助于学生深入理解二元一次方程整数解的意义。

3. 体验方程模型的价值，形成建模观念

在七年级数学从“数到代数式”的学习阶段，数学符号对学生而言具有一定的抽象性，字母能够像已知数一样参与表达和运算。对于方程的认识，学生往往既感到好奇，又觉得难以掌握。因此，在学习一元一次方程之后，当面对实际问题时，部分学生仍倾向于使用算术方法，另一部分学生则难以灵活运用方程来解决问题。学生在掌握一元一次方程后，会继续学习二元一次方程（组）。理解方程（组）的意义以及方程解的意义，是方程单元教学的核心内容。在初中阶段，学生需要经历对现实问题中量的分析过程，借助字母表示未知数来建立方程，感悟字母如何表达等量关系。理解利用方程（组）解决实际问题，相较于算术方法，通常具有逻辑更清晰、步骤更规范、适用范围更广等优势，这体现了从小学到初中知识体系的进阶。能够运用方程解决实际问题，也是学生具备数学建模意识的具体体现，同时也为今后高中数学的学习奠定了基础。

七、走向育人——优化数学学科课程

数学作为一门追求精确与逻辑的科学，不仅是知识体系的基石，更是训练和提升思维能力的重要途径。因此，数学教育肩负着培养学生综合能力的重任：既要夯实他们的数学基础素养，又要锻炼其逻辑思维与抽象思维能力，同时激发创新精神，提升解决复杂问题的能力，并培养他们探索科学真理的精神。这些能力的培养，不仅对学生当前的学习至关重要，更对其未来的学术探索、职业发展乃至日常生活产生深远影响。

在初中教育阶段，数学教师可以设计和实施多种课程类型。除了传统的常规课堂教学外，实践性课程、活动性课程以及微型课程等创新形式也日益普及。为了充分激发学生的学习兴趣，引导他们更积极地投入这些多样化的课程学习，教师首先需要深入理解每门课程所蕴含的教育意义与价值。无论采用何种课程形式，其根本目标都应是实现教与学的和谐统一，构建师生共同学习、共同进步的教育环境。在这样的环境中，教师的角色不再仅仅是知识的传授者，更应成为学生思维发展的引路人和启发者；学生也不再是被动的知识接受者，而是转变为积极的学习参与者和自主的知识探索者。

（一）开设数学实践课程，让数学课成为实践的园地

数学实践活动作为一种创新的教学模式，主要涵盖学科融合与社会实践两大方面。它突破了传统教学中单调的知识灌输和机械记忆，让学生在解决实际问题、探究数学本质的过程中，真正理解、掌握并应用数学知识，从而主动学习并获得直观经验。在这一过程中，我们充分尊重学生的兴趣、爱好和需求，秉持以学生为主体的教育理念，着重培养学生的探索精神、合作意识与实践能力，使学生在实践活动中能够自由发挥，促进其身心全面发展。

为了让学生在实践活动中进一步提升社会实践能力，教师可以结合社会生活中的常见场景或项目，引导学生通过调查等方式开展实践活动。以运用“全等三角形”知识为例，可以设计如下实践活动：

首先，明确活动任务，即利用近期学习的全等三角形知识，通过实地测量与计算，求出学校中心花坛的直径。

其次，确保活动有序进行。教师需制定详细的活动计划和实施方案。在活动开始前，教师应向学生详细讲解测量原理，并合理安排活动分工。

再次，教师需引导学生科学、有序地参与活动过程，并密切观察其表现。在活动过程中，测量、定位、记录、计算等各个环节都应有条不紊地进行，学生们分工明确、各司其职，在严谨细致的操作中也能体会到乐趣。

最后，进行活动总结与反思。通过本次实践活动，学生们不仅深化了对全等三角形的理解，激发了学习数学的兴趣，还提升了动手操作能力，充分发挥了学习的主观能动性。在研究过程中，每位学生都有机会展示自己的才能，同时也能学习他人的优点。他们学会了如何与他人合作与分工，增强了团队精神，从而圆满完成了本次实践任务。

数学源于生活，也服务于生活。在实践活动的过程中，学生们能够自觉地将所学知识与日常生活紧密联系起来，从而拓展了知识的应用领域，深刻体会到数学并非遥不可及的高深学科，而是与我们息息相关的实用工具。这种亲身体验让学生们感受到了数学的趣味、价值及其无穷魅力。

（二）上好数学活动课程，彰显数学探究的味道

数学活动课程的内容与形式极为丰富多样，能够满足学生在不同方面的学习需求。尽管前文已对活动课程有所阐述，但必须再次强调，这些活动最终的目标都是服务于整体教学，旨在激发学生的学习兴趣，并帮助他们在实践中获得宝贵的经验、技能与素养。因此，教师在选择课堂活动形式时，需审慎考量，既要充分关注学生的实际需求与兴趣点，也要立足新课程理念，从创新视角出发，综合权衡学生特点、课程内容、教学环境、教师专长及可用教学设备等多种因素，从而选择最适宜的课堂活动形式。这样做不仅能确保活动课在形式和内容上的丰富性与有效性，更能最大限度地提升学生的学习效果。

在具体实施过程中，首先，教师应依据自身的教学经验、对学生的了解，结合具体的课程内容和教学目标，精心设计多元化的课堂活动主题。其次，教师必须充分考虑学生的基本能力水平和参与兴趣，以此来规划课堂活动的具体方式，从而确保活动有序开展并达成预期的教学效果。通过这样的教学策略，我们不仅能够让学生在轻松愉悦的氛围中学习数学，还能有效提升他们的数学素养和综合能力。

（1）“找工作”活动。为了让学生更直观地理解“同类项”的概念，在“认识同类项”这节课中，我们设计了一个寓教于乐的“找工作”活动。以下是该活动的课堂实施片段：

首先，我们引导学生亲自动手制作同类项卡片。我们邀请了班级中不同层次的学生代表参与设计和制作过程，这样既能体现学生的主体性，又能促进他们之间的交流与合作。学生们使用 5 厘米×8 厘米规格的硬纸板或易加工的扑克牌作为原料，制作出与班级人数相等的卡片。每张卡片上都写有一个单项式，并且这些单项式都是成对出现的同类项。

其次，我们为学生们设定了活动的具体规则：两人一桌，座位安排与常规授课相同。在此基础上，学生们开始随意抽取一张卡片，或者由指定的学生代表统一发放。每个学生都要利用自己手中的卡片，寻找与自己卡片内容是同类项的学生。简而言之，如果活动开始前 A 与 B、C 与 D 分别坐在一桌，那么当 A 读出卡片上的单项式后，如果其与 C 的卡片内容是同类项，那么 A 和 C 就成为新的同桌，而 B 则需要离开原桌，继续寻找自己的同类项同桌。这个过程一直持续，直到班级中所有学生都找到自己的同类项同桌为止。

在活动进行过程中，我们特别安排了一些已经较好掌握本课程知识点的学生来协助教师观察活动。他们的任务是记录下错误配对的学生，以便在活动结束后进行针对性的讲解和总结。

活动结束后，我们进行了课堂总结。我们邀请了在活动中发生错误配对的学生来分享他们的体会和思考。通过这种方式，学生们不仅能够更深刻地理解同类项的概念，还能在轻松愉快的氛围中提升自己的学习能力和增强团队合作意识。

（2）“探究有理数大小”活动。数学活动课不仅应体现在学生的行为活动上，还应通过一系列活动，激发学生的思维活动，引导他们主动思考，培养和发展其创新意识与应用意识。

下面以 2019 年 11 月我所任教的七年级学生在学习完有理数运算后共同完成的一节活动课为例示，课题是《数学活动——探究有理数大小》。

【教材分析】有理数及其运算是中小学数学课程的核心内容。在前两个学段，学生已经学习了自然数、正分数及其运算等基础知识。本章作为第三学段的起始章节，在已有知识的基础上，将数的范围扩展到有理数。在学生已掌握的加减乘除运算基础上，本章引入了正整数幂的概念，使学生初步接触乘方运算和幂，从而为有理数的表示提供了新的形式。同时，本章安排了两次利用计算器进行有理数运算的活动：一次安排在加减乘除运算学习之后，另一次安排在乘方运算学习之后，旨在帮助学生完成较为复杂的计算。

【学情分析】本节课是学生在初一上学期学习了“有理数”之后的一节复习课。通过学生的独立思考和小组合作学习相结合的方式，探究比较有理数的大小，发展学生的数学思维，积累学生的活动经验。

【教学方式】在学习过程中，教师用问题引导学生思考与交流，创造有利于学生主动参与的氛围。教师要尊重学生、理解学生，通过预设问题精准判断学生思维的最近发展区，设置悬念把学生引入思维的最近发展区，采用多层设疑、释疑的方式突破思维的最近发展区，使学生在新的情境里能利用所研究的方式方法解决问题。

【教学目标】

（1）能够从具体的比较数的大小的数学问题中抽象出一般规律，并运用符号表示出相应的规律，从而解决比较有理数大小的具体问题。

（2）在比较有理数大小的一系列问题的引导下，利用计算器的媒介开展积极的思维活动，发展学生的符号感，发展学生由特殊到一般、由具体到抽象的思维，在比较大小的过程中积累发现问题以及研究问题的活动经验。

（3）在有理数比较大小的过程中，感受合情推理在寻求数学问题结论过程中的价值和作用，养成理性思考的学习习惯。

【教学重点】利用运算解决比较有理数大小的具体问题。

【教学难点】由具体到一般的规律探究思维的发展。

【教学流程】教学流程如图 1－16 所示。

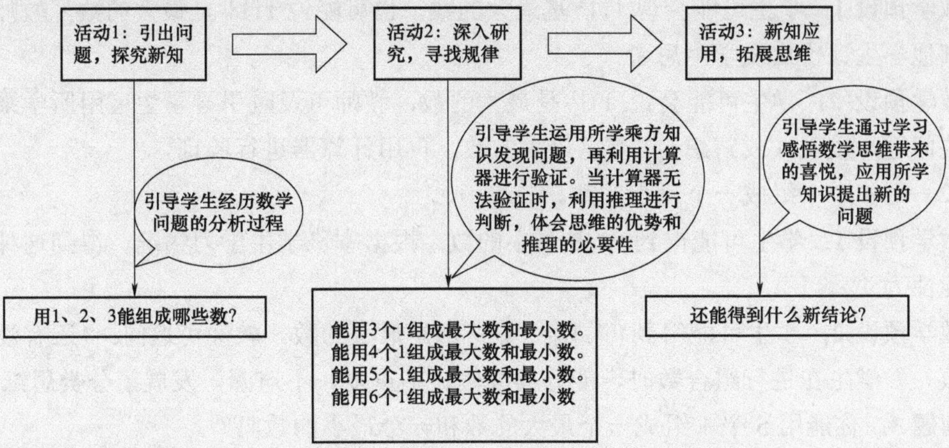

图 1－16

【教学过程】

活动 1：引出问题，探究新知。

问题：仅仅用数字 1、2、3，能组成哪些数？

师生活动：教师提出问题，学生独立思考。

教学预设 1：学生可能说出 123、132、213、231、321、312 这六个数。此时教师可启发学生思考：除了这种排列组合的方式，还有其他方式可以表示数吗？

教学预设 2：学生可能通过观察得到用幂的形式表示数，例如 3^{12}，2^{31}等。

（1）教师提醒学生注意幂的指数还可以是幂的形式，例如3^{2^1}，2^{3^1}等。

（2）教师提醒学生当底数是 1 时，无论表示的数是多少，通过乘方运算后结果都是 1 个数。

设计意图：引导学生经历分析问题的数学过程，运用所学的乘方运算及用幂表示数的方法解决问题，拓展对正整数幂的认识，发展学生的数感。给学生提供思考的机会，引导学生经历利用乘方与幂的知识解决问题的过程，促进其认知与思维的发展。同时，将发展学生推理能力，为后续探究有理数大小比较打下认知基础。

活动 2：深入研究，寻找规律。

问题 1：你能用 3 个 1 组成一个最大的数和一个最小的数吗？

教学预设：学生可能会说 111 最大，1^{11} 最小或者 1^{1^1} 最小。根据本班学生学情，出现最大数是 11^1 这种答案的可能性占 4%。教师可以引导学生比较 1^{11} 与 1^{1^1} 的意义。

问题 2：你能用 4 个 1 组成一个最大的数和一个最小的数吗？

师生活动：教师提出问题，学生独立思考。在教学中教师应注意调动学生学习的积极性，促进学生正向思考、克服困难、大胆质疑。学生经历第一个问题，初步掌握组成数的技巧后，教师可以把判断正误的机会留给学生，让学生互评。

特别注意：教师提醒学生，若能通过推理或计算得出结果，尽量不要使用计算器。

（1）用 4 个 1 组成一个最大的数。

教学预设 1： 学生可能会说 111^1 是最大的数，也可能说 1111 是最大的数，教师可以通过其他学生评价启发学生思考。

教学预设 2： 学生可能会说 11^{11} 是最大的数，教师可及时引导学生运用所学乘方知识解决问题，发现（或猜想）11^{11} 是最大的数，再用计算器进行验证。

（2）用 4 个 1 组成一个最小的数。

教学预设 1： 学生可能得到 11^{1^1} 是最小的数。根据本班学生学习情况，得到这种答案的可能性为 4%。

教学预设 2： 学生可能得到 1^{111} 或 1^{11^1} 或 $1^{1^{11}}$ 都是最小的数。教师可追问："还有没有更小的数？"学生在进行组合数时，能分类准确、不重复、不遗漏，发展了分类思维。

问题 3： 你能用 5 个 1 组成一个最大的数和一个最小的数吗？

师生活动： 教师提出问题，学生独立思考后，以小组为单位交流思考结果。然后以小组为单位把所得结果进行组间汇报。学生经历第一个问题，初步掌握组成一个数的技巧后，教师可以把判断的机会留给学生，让学生互评。

特别注意： 教师不必提醒学生在推理或计算时是否使用计算器代替思考。当一些数的运算对学生来说有困难时，可以使用计算器进行探究。在探究规律过程中，以发现规律为学习目的，学生不必沉浸在过于繁杂的运算中。在后续使用计算器算不出结果时，学生自然会运用推理进行判断，体会思维的优势和推理的必要性。

（1）用 5 个 1 组成一个最大的数。

教学预设 1： 学生可能会说 11111 最大，教师可以通过其他学生对该生的评价启发该生思考。

教学预设 2： 学生可能会说 111^{11} 最大，也可能说 11^{111} 最大。教师可以引导学生通过幂的定义进行比较，启发学生思考如何推断最大数。可得：$11^{111}>11^{100}>121^{50}>111^{11}$。

（2）用 5 个 1 组成一个最小的数。

教学预设 1： 学生的答案不会唯一，会有 1^{1111}、1^{111^1}、$1^{1^{111}}$ 等，教师可引导学生写出可能的组合并追问：还有多少种不同形式的表达？教师可以通过其他学生的评价来启发学生思考。

教学预设 2： 若学生的答案全面，可启发学生把所有找到的数按规律进行排列，根据所写结果找到规律。若教学时间不充裕，也可以把该问题留到课后探究。

设计意图： 为更多的"1 参与运算做好知识和方法的铺垫。在反复操作和相互交流的过程中"，学生逐步形成运算技能，引发"怎样算""怎样算好""为什么这样算"等一系列思考，使运算从操作层面上升到思维层面。在由简单到复杂的过程中积累数学思考经验，在从具体到抽象的过程中培养与发展学生运算思维的抽象程度，提升学生的运算技能。

问题 4： 你能用 6 个 1 组成一个最大的数和一个最小的数吗？

师生活动：教师提出问题，学生独立思考后，以小组为单位交流思考的结果。然后以小组为单位把所得的结果进行组间汇报。经历第一个问题，学生初步掌握了组成数的技巧，教师可以把判断的机会留给学生，让学生互评。

（1）用 6 个 1 组成一个最大的数。

教学预设：学生可能会说1111^{11}是最大的数，可能会说111^{111}是最大的数，可能会说11^{1111}是最大的数，可能会说$11^{11^{11}}$是最大的数。教师可及时引导学生运用所学乘方知识解决问题，发现（或猜想）$11^{11^{11}}$是最大的数，其中部分计算结果可以通过计算器进行验证。但有些结果，例如11^{1111}，学生因计算器无法得到结果，教师可以引导学生进行推理和判断。

比较 4 个数：

可先比较 $11^{11^{11}}$ 与 11^{1111}。

只比较 11^{11} 与 1111 的大小，学生没困难，可以比较出结果：$11^{11^{11}}>11^{1111}$。

比较11^{1111}与111^{111}的大小关系，可根据幂的定义得出，即$11^{1111}>11^{1000}=121^{500}>111^{111}$，同理，比较 111^{111} 与 1111^{11} 的大小关系，可根据幂的定义得出，即 $111^{111}>111^{100}=12321^{50}>1111^{11}$。

设计意图：引导学生在已有经验的基础上，再次经历用数字组成数的过程，并运用数学的乘方运算比较有理数的大小，发展学生的运算能力和推理能力。给学生提供思考的机会，提升学生提出问题和解决问题的能力，同时把发展学生的推理能力再次融入数学运算过程中。

（2）用 6 个 1 组成一个最小的数。

教学预设 1：学生的答案不会唯一，会有 11^{1111}、$1^{1111^{1}}$、$1^{1^{1111}}$等，教师可引导学生写出可能的组合并追问：究竟有多少种不同的表达形式？教师可以通过其他学生的评价来启发学生思考。

教学预设 2：若学生的答案全面，可启发学生把所有找到的数按规律进行排列，根据所写结果找到规律。若教学时间不充裕，也可以把该问题留到课后探究。

问题 5：同学们，你们现在还能解决什么问题？

追问 1：你能用 7 个 1 组成一个最大的数和一个最小的数吗？

追问 2：你能用 8 个 1 组成一个最大的数和一个最小的数吗？

设计意图：学生通过大量的具体实例，发现规律，从而形成初步的思考和判断，为后续的归纳和推理积累活动经验。

学生可提出各种问题，例如：“你能用 9（10…有限）个 1 组成一个最大的数和最小的数吗？”

教师可以引导学生思考：是否存在一般性的结论？

设计意图：引导学生通过计算和推理总结和发现组成的数的特点，归纳分析出规律，为用字母表示数提供思维基础。初一学生的符号意识作为一种意识需要通过强化学习得到发展，使学生知道使用符号可以进行运算和推理，这一要求的核心是基于运算和推理的符号“操作”意识。

追问：你能用 n 个 1 组成一个最大的数和一个最小的数吗？

教学预设：学生可能忽略 n 的奇偶性，教师可以通过学生互评完善学生的结论。

设计意图：教师在教学过程中应恰当地引导学生参与数学活动，使他们深刻认识到符号在数学表达和数学思考中的核心作用。通过解决具体问题，学生将学会利用数学符号作为沟通的工具，这不仅提升了他们的数学表达能力，还积累了运用符号的实际经验。在这样的学习过程中，学生逐渐领悟到符号背后所蕴含的数学思想的精髓。通过引入具有挑战性的数学问题，教师能够激发学生的求知欲和探究精神，培养他们在面对问题时运用理性思考的习惯。这种教学方法不仅提升了学生的数学素养，还帮助他们树立了实事求是、严谨求实的科学精神，为他们的全面发展奠定了坚实的基础。

活动 3：新知应用，拓展思维。

问题：你现在还能得出哪些结论？

教学预设：若学生在教师提出这个问题之前提出：

（1）用 n 个 2 组成的最大数和最小的数各是多少？

（2）用 n 个 m 组成最大和最小的数各是多少？教师可以放手让学生探究这些问题如何解决，研究结论是什么。

教学预设：在研究用 3 个 2 组成最小的数时很容易得到结论是 2^{2^2}，但是在研究用 3 个 2 组成最大的数时可能会出现不同的意见。对于 22^{22}、2^{22^2} 和 $22^{2^{22}}$ 的大小判断，仿照 4 个 1 的结论得到结果。教师可以提示 1 的特殊性导致计算结果的特殊性，引导学生进行分析，从而得到 $22^{2^{22}}>22^{22}$。

设计意图：根据同学们对前面问题的理解提出问题，引发学生思考，体会由具体数值计算到用符号表达的过程，即由特殊到一般的过程。可以让学生感悟，有些问题是可以通过具体问题得出结论，然后通过一般性进行探究，体会数学带来的乐趣。在由具体到一般的过程中，要关注具体问题中某些数的特殊性，特殊性不具有代表性，特殊性容易在落实结论时出现片面的情况，初步渗透合情推理的不确定性，为今后演绎推理的学习留下数学思考，使学生充分体会到用字母表示规律是用推理的方式解决数学问题，推理是对知识、技能的贯通式认识和理解，从而提升学生的思维能力。教师让学生用数学的眼光来分析问题，培养学生从数学角度出发的问题意识。

活动 4：课堂小结。

（1）这节课学习了用什么知识解决哪类问题？

（2）解决问题的一般步骤是什么？应注意哪些问题？

（3）学到了哪些思考问题的方法？

设计意图：概括、深化本节课内容，引导学生积极思考，反思深入探究过程，反馈课堂学习的效果，培养和提高学生独立思考的能力、分析问题的能力及口头表达能力，使学生养成学以致用的习惯。

教学反思：

（1）初一学生的数学学习是一个重要的跨越。从数的运算过渡到代数式的学习，数学符号对学生而言可能显得特殊且略显抽象。通过本节课的探究学习，学生将逐步体会到符号不仅是数学的语言和工具，更是学习数学的重要方法。

（2）数学符号具有抽象性，它能够帮助学生在复杂问题中，对具体情境进行概括与归纳。当运用字母符号来解决问题时，学生往往能做出更主动的反应，并产生积极、正向的心理倾向。

（3）合情推理是一种从特殊到一般的推理过程，即从范围较小的命题出发，推导出范围较大的命题。它是一种获得新结论的重要方法和途径。然而，合情推理得出的结论未必总是正确的，可能是正确的，也可能是错误的，因此还需要依靠演绎推理进行严格的证明或证伪。本节课初步向学生渗透了这一认识，旨在让他们对此有清晰的认识，为今后的深入学习打下基础。

（三）关注数学微课程，促进数学学习个性化发展

数学微课程是一种精致且高效的教学设计，它以视频为主要媒介，紧密围绕数学学科中的关键知识点或重要教学环节展开。这类微课程不仅教学目标清晰明确，而且内容精练、重点突出，非常适合学生进行自主学习和反复研习。通过数学微课程，学生能够更深入地理解和掌握数学知识，有效提升学习效率和兴趣。同时，它也为教师提供了宝贵的课堂教学补充资源，使得教学手段更加多样化和富有创新性。数学微课程还极具灵活性和可复用性。学生可以根据自身需求和时间自由安排学习，摆脱了传统课堂学习的时空限制。而且，由于微课程内容的精炼性，学生可以针对自己的知识薄弱点进行有针对性的强化学习，从而更加牢固地掌握数学知识。

在当下的教育环境中，随着对学生主体地位重视程度的提升，数学微课程正成为实现这一目标的重要手段之一。通过线上与线下相结合的教学模式，数学微课程打破了传统课堂的局限，为学生创造了一个既富有趣味性又充满合作氛围的学习环境。在线上预习环节，教师利用微课程引导学生自主探索数学知识的奥秘。微课程中包含的案例分析、视频资料等多种形式的学习任务，不仅激发了学生的学习兴趣，还优化了他们的技能学习效果。同时，这种自主学习的方式也凸显了学生在学习过程中的主体地位。在线下课堂中，教师则汇总学生在线上学习过程中遇到的疑问，鼓励他们以小组合作的形式进行讨论、分析，而数学微课程中的重点难点内容往往成为小组讨论的焦点。学生们通过深入探究，进一步巩固和拓展了自己的数学知识体系。数学微课程还为学生提供了丰富的线上资源，引导学生将课堂学习与课外拓展相结合。这种多样化的教学方式不仅提升了学生的主体地位，也让课堂教学形式变得更加灵活多样。

除了知识技能的传授，数学微课程还注重学生情感态度的发展。教师结合学生的兴趣爱好，设计具有针对性的学习主题和作业内容，让学生在轻松愉悦的氛围中掌握数学知识。这种以人为本的教育理念让数学微课程成为一种既高效又富有情感色彩的教学方式，为学生全面发展提供了有力支持。

2022 年版《义务教育数学课程标准》明确凝练了数学核心素养，包括数感、量感、符号意识、运算能力、几何直观、空间观念、推理意识、推理能力、数据意识、数据观念、模型意识、模型观念等。这些核心素养并非孤立存在，而是一个相互关联的有机整体。它们之间涉及内在逻辑联系，不直接对应具体知识点，但又分别体现在不同的数学知识内容中。在培养初中生数学核心素养的过程中，需注重基础性，为学生后续学习数学打好基础，即引导他们学会用数学的眼光观察现实世界，用数学的思维分析现实世界，用数学的语言表达现实世界。

为了全面提升初中数学课堂的教学质量和效果，我们必须深入洞察学生的个性化需求，紧密围绕个性发展、多元发展、综合发展及素养培养等核心要素，构建更加贴合学生实际、更具针对性的现代化教育课堂。微课作为这一教育理念下的创新产物，以其独特的优势为初中数学课堂注入了新的活力，成为满足学生个性化学习需求的重要工具。微课的精髓在于其短小精悍、针对性强的特点，这使得它能够根据学生不同的需求进行个性化定制。每个学生都有其独特的学习方式和节奏，微课正是基于这一点，通过精准定位学生的学习难点和兴趣点，提供量身定制的教学内容。无论是基础薄弱的学生需要重点突破的知识点，还是学有余力的学生渴望拓展的领域，微课都能提供恰到好处的教学支持。

在当前初中数学教学实践中，学生能力的差异、学习方式的多样性以及教学资源分布不均等问题依然突出。微课的应用正是解决这些问题的有效途径。通过微课，我们可以将优质的教学资源进行整合和共享，确保每个学生都能获得相对平等的学习机会。同时，微课的灵活性使得学生可以随时随地进行学习，不受时间和空间的限制，从而更好地适应不同的学习方式和生活节奏。为了充分发挥微课在初中数学教学中的优势，我们需要进一步明确其应用策略。首先，要注重微课内容的个性化设计，确保其与学生的学习需求和兴趣点紧密相连。其次，要追求微课的简约性和高效性，用简洁明了的方式呈现知识要点，帮助学生快速掌握核心概念。最后，要提升微课的观赏性和互动性，通过生动的画面和有趣的互动环节吸引学生的注意力，激发他们的学习热情。

通过这样的努力，我们相信微课将成为初中数学教学中不可或缺的一部分，为学生的个性化学习提供强有力的支持。同时，微课的广泛应用也将推动初中数学课堂向更加现代化、高效化的方向迈进，为培养具有创新精神和实践能力的新时代人才奠定坚实基础。

在探索微课与初中数学教学融合的过程中，我们始终坚守以学生为中心的教学理念，致力于从宏观到微观层面构建一个既可靠又高效的教学环境。为了确保微课内容与学生实际需求紧密相连，我们深入挖掘学生的学习难点和兴趣点，不断对微课内容进行更新和调整，使其始终与学生的学习进度和成长轨迹保持同步。同时，我们积极鼓励学生在微课学习中大胆提问、踊跃讨论，让他们的声音成为教学过程中的重要组成部分，从而更精准地满足他们的个性化需求。

为了让每个学生都能在微课中找到适合自己的学习路径，我们注重微课的多元化和层次性设计。我们提供多种类型、多个层次的微课资源，宛如为每个学生量身定制的学习菜单，让他们能够根据自己的学习风格和能力水平自由选择。在这样的学习环境中，学生不仅能够轻松愉快地掌握数学知识，更能在潜移默化中提升综合素质。在将微课应用于课程教学的实践中，我们精准把握各个教学要点，严格遵循各类教学原则。我们深知，只有以学生为中心，从宏观和微观两个层面出发，才能构建一个真正可靠且高效的教学环境。因此，在明确微课教学的具体步骤后，我们进一步打造了精细化的课程架构，旨在为学生提供更加优质、个性化的学习体验。

通过深入洞察学生需求、持续更新微课内容、鼓励学生主动参与以及精心打造多元化和层次性的微课资源，我们坚信微课将在初中数学教学中大放异彩，为学生的个性化学习和发展提供强有力的支撑。我们将继续探索微课与教学的最佳结合点，让每个学生都能在数学的海洋中畅游，享受学习的乐趣。

（四）开设数学先修课程，感知数学无限魅力

在教育领域的不断探索与深化中，我们日益认识到学生发展的连续性和一体化的重要性。这种认识催生了大中小学一体化育人模式的兴起，该模式旨在打破不同学段（如初中、高中、大学）之间的壁垒，实现教育资源的优化配置和学生潜力的持续开发。对于数学这门既基础又关键的学科而言，这种育人模式显得尤为迫切和必要。数学人才的培养并非一蹴而就，它需要一个长期、系统且连贯的培养过程。然而，现实中，初中、高中与大学数学教育之间常常存在脱节现象，这在一定程度上制约了学生数学素养的持续提升和数学人才的全面发展。为了改变这一现状，我们有必要在初中阶段就开始布局，为学有余力、数学基础扎实的学生提供先修课程。

具体而言，初中可以与高中紧密合作，针对数学基础扎实、学有余力的学生开设高中数学先修课程。这样做的好处是多方面的：首先，这能让学生提前接触并适应高中数学的知识体系与思维方式，为未来的学习奠定坚实基础；其次，这有助于激发学生的学习兴趣和探究欲望，培养其自主学习能力与解决问题的能力；最后，这也能帮助初中教师更深入地了解学生的学习状况与潜力，为后续实施个性化教学提供有力依据。当然，初中开设先修课程并非孤立行为，它应与高中乃至大学的数学教育形成一个有机整体。在这个整体中，初中、高中和大学应加强沟通与合作，共同设计和开发符合学生认知发展规律的数学课程体系。同时，初中还可以借助与高校的协同机制（如“高校与中学协同育人”），邀请大学教授为学生讲授大学数学先修课程，让学生提前感受大学数学的魅力与挑战。

在实施先修课程的过程中，我们需要注重课程内容的选择与教学方法的创新。课程内容应既具有前瞻性，又符合学生的认知水平；教学方法应既注重知识传授，又注重能力培养。同时，我们还应关注学生的全面发展，为他们提供丰富的课外活动与竞赛机会，让他们在数学领域获得更多锻炼和展示才华的平台。总之，初中开设先修课程是大中小学一体化育人模式的重要组成部分。通过这一举措，我们可以更好地发现和培养学生的数学潜质与特长，为他们未来的学术发展奠定坚实基础。这同时也是对教育资源进行优化配置、保障学生连续性发展的有效途径。

（五）开设数学拓展课题，开阔学习视野

初中数学拓展课程体系，是一套设计科学、系统且富有挑战性的课程设置。其旨在为学生提供深入探究数学的机会，培养他们的数学思维和解决问题的能力。该体系由四个紧密关联的板块构成，每个板块都有其独特的教学目标和价值。

首先，数学基础强化是整个体系的核心基石。通过“数与式的基础训练”专题，学生将全面复习和巩固数与式的基本概念与运算规则，为后续的数学学习打下坚实的基础。同时，“图形的认识与性质”专题则引导学生深入探索几何图形的本质属性，培养他们的空间想象能力和几何推理能力。这两个专题的教学注重基础知识的扎实掌握和系统性，确保学生在数学学习的道路上稳步前行。

其次，数学与生活实践板块将数学知识与日常生活紧密相连。在“生活中的数学应用”专题中，学生们将通过解决实际生活中的问题，感受数学的实用性和趣味性，培养他们运用数学知识解决实际问题的能力；而“数学与文化艺术”专题则引导学生欣赏数学在文化艺术中的独特魅力，拓宽他们的数学视野，激发他们的创造力和想象力。

再次，数学核心思维训练板块旨在培养学生的数学思维和解决问题的能力。通过“逻辑推理与问题解决”专题，学生们将学会运用逻辑思维和推理能力解决各种数学问题，进一步提升他们的数学思维品质和问题解决能力；而“数学建模与实际应用”专题则引导学生将数学知识应用于实际问题中，建立数学模型，培养他们的实践应用能力和创新意识。

最后，数学素养培养与提升板块注重培养学生的数学素养和数学眼光。在“数学欣赏与美学体验”专题中，学生们将学会欣赏数学的美，感受数学与艺术交融之美，培养他们的审美能力和数学情感；而“数学文化与历史传承”专题则带领学生了解数学的历史渊源和文化传承，感受数学在人类文明中的独特地位和价值，培养他们的数学文化素养和跨学科综合能力。

初中数学拓展课程体系的设计与实施，注重知识的系统性、思维的严谨性和能力的全面性。通过这一体系的学习，学生们不仅能够掌握扎实的数学知识和技能，更能够培养数学思维、问题解决能力和数学素养，为未来的学习和生活奠定坚实的基础。这样的课程体系不仅极大地开阔了学生的数学视野，而且激发了他们深入学习数学的兴趣和热情，为他们的全面发展提供了有力的支持。

（六）开设竞赛选修课，让每个学生在成长中得到发展

在新课程背景下，个性化学习旨在满足每位学生的独特需求，为他们的成长提供支持。对于那些在数学领域展现出特殊才能和兴趣的学生，我们设计了丰富的拓展学习活动。这些课外的学习体验，如同为他们个人能力提升和视野拓展量身定制的助力，将在他们的学术探索中发挥重要作用。

例如，我们可以将数学竞赛培训打造成一门充满挑战与乐趣的选修课程。在这门课程中，诸如数学竞赛一试教程、平面几何专题、代数思想与方法、组合数学入门、数论基础等系统性内容将悉数呈现。这套竞赛课程体系就像一位经验丰富的导师，为学生参与数学竞赛提供持续的支持和指导。

通过竞赛课程体系的学习和训练，学生们将体验到思维能力的显著提升。他们在解决复杂问题的过程中，能够不断锤炼逻辑思维、培养创造性思维，并发展批判性思维能力。同时，参与竞赛的挑战也将磨炼他们不畏艰难、勇于探索的意志品质，让他们在未来的学术道路上更加自信从容。

为了有效实施这一计划，学校整合了师资力量，并采取分块负责制。每位指导教师都能在自己擅长的领域发挥专长，为学生提供最精准的指导。此外，考虑到不同年级学生在数学竞赛水平上可能存在的差异，我们实施了跨年级的分层教学。我们组建了基础强化班和能力提升班，让不同年级、但数学能力相近的学生能够共同学习、相互启发。这种跨年级的交流与合作，为学生们带来了独特的、更广阔的学习体验。

在周末或节假日的闲暇时光，那些在数学领域表现突出的优秀学子们，有时会聚集在同一个教室或在线学习平台上，共同研讨数学竞赛的相关内容。他们共享知识的盛宴，经历思维的碰撞与融合。在这些特殊而宝贵的时刻，他们或独立思考，或热烈讨论，共同探索数学的奥秘，携手攀登知识的高峰。每一次集结，都是对他们数学知识、解题技巧以及意志品质的全方位锻炼与提升，为他们未来参与更高层次的数学竞赛和学术研究积累宝贵的经验。

（七）建立数学探究社团，体验数学研究

我们积极组织对数学充满热情的学生成立数学探究社团，并为之配备专业的指导老师。在这里，每位学生都能获得量身定制的培养方案，深入探索自己钟爱的数学问题。为促进学生间的交流与合作，我们协助他们组建讨论班，鼓励他们在交流中勇于表达自己的数学观点，共同构建一个充满活力的数学探究社群。

利用专门的拓展课程时间，我们定期举办讨论班。在这些讨论班里，学生们相互启发，共同探索数学问题的解决之道，追求本质而自然的解题方法。在思维的激烈碰撞中，他们携手攻克数学难题，积累宝贵的思维经验和思想方法。更重要的是，他们不断挖掘数学结论的深层内涵，揭示许多看似不相关的数学结论背后隐藏的本质一致性。这样的探究历程，无疑将引领学生在数学的世界里越走越远、越做越好。值得一提的是，趣味数学社团正是这样一个优秀的探究平台。在七年级时，我有幸开设了这个社团。学生们结合教材内容，利用社团时间选择自己感兴趣的问题进行深入研究，如数的规律、古代算术问题乃至冬奥会中的数学元素等。社团成员们积极承担主持、选题、答疑、解题等角色，形成了鲜明而主动的学习氛围，使数学学习变得更加生动有趣。

数学建模社团的成立，旨在引导学生运用数学建模技巧解决现实生活中的问题，从而强化他们的数学实践意识和创新思维能力。这不仅为学生未来参加全国中学生和大学生数学建模竞赛打下坚实基础，更为他们开启了一扇探索数学应用世界的大门。为了让学生更深入地理解数学建模的精髓，我们特邀大学中负责数学建模比赛的资深教授担任中学数学建模爱好者的导师。在教授的悉心指导下，学生们将逐步掌握数学建模的过程和方法，学会如何利用数学模型解析现实生活中的种种难题。在这个充满活力的社团中，数学优秀生们将在教师的引领下，自由选择研究课题，独立开展研究，并撰写学术论文。这种自主探究的学习方式不仅让他们深刻体会到数学应用的广泛性，更激发了他们勇于挑战数学难题的热情。通过一系列课题的探究，他们不仅提升了自身的数学应用能力，还培养了积极学习和广泛涉猎的良好习惯。

在八年级时，我有幸指导了这样一个数学建模社团。我们明确了社团的研究方向：从实际问题出发，构建数学模型，求解模型，并最终将结果应用于实际问题的解决。学生对此充满热情，16 名学生自发组成了四个小组，分别围绕“房屋贷款问题”“橡皮筋拉开长度与弹出位移的关系”“北京地铁 19 号线的最小达速站距”“红绿灯管理设计问题”等课题展开深入研究。在研究过程中，学生亲身体验了选题、建模、求解、分析、检验等各个环节，不仅写出了翔实的研究报告，还在社团内部进行了成果分享。经过这一系列实践活动，大部分学生对数学建模的流程有了更加清晰的认识，也更加扎实熟练地掌握了相关方法。他们开始尝试从建模的角度去思考和解决日常生活中遇到的问题，能够迅速抓住问题的本质，并利用数学工具进行分析和解决。这种能力的提升不仅体现在他们的学术成绩上，更在冬季国际中学生建模比赛中得到了充分的验证和肯定，社团取得了优异的成绩。

要培养出优秀的学生，教师的高素质密不可分。要拓宽教师的视野，提升其数学应用意识和创新意识，除了不断阅读学习，还需从实践经验中汲取养分。数学创新人才的培养，初中教育是至关重要的起点，而高中与高校的协同培育则构成了连贯的育人链条。因此，只有各阶段教育紧密衔接，才能取得最终的培育成效。面对当前初中阶段数学创新后备人才培养的困境，我们可以通过教育实践探索逐步找到出路，同时也需要大环境的支持与改善。作为指导教师，我们肩负着重要使命，只要学生展现出潜质，就应全力以赴为他们搭建成长的舞台，避免未来的杰出人才因我们的疏忽而被埋没。

在当今时代，教育的重要性日益凸显，建设教育强国已成为国家的战略目标。社会对人才的要求不断提高，这促使学校不断完善学生培养方式。《中国教育现代化 2035》为我们指明了方向，要发展具有中国特色的世界先进水平的教育，就必须充分利用现代信息技术，丰富并创新课程形式。信息技术，尤其是计算机虚拟现实技术、人工智能技术等，有望为学生提供更加真实、深入的学习体验。在数学实验中，计算机的强大功能能够将抽象的数学内容变得直观生动，为学生提供丰富的探索与模拟机会。因此，我们应积极将计算机技术融入数学教学中，使其成为学生深度学习的重要工具。

在新课程标准的指引下，初中数学教学需要创设更加优质的情境，以激发学生的学习兴趣和探究欲望。教师应结合学生的特点，积极融入信息化、生活化等元素，创设贴近学生实际的情境。通过转变情境教学理念、开展高质量的教学反思、探究不同角度的教学情境，我们可以使初中数学教学情境的创设更加完善，课堂教学更加高效，教师的教学技术应用能力得到有效提升。最终，我们致力于打造一个尊重学生主体地位、提供充分探索机会的高效数学课堂，引领学生在自主学习中不断成长与进步。

第三节　新课程理念下的数学教师

在新课程改革的浪潮下，教育教学领域正在经历一场深刻的变革。这场变革不仅涉及教学观念的更新、教学方式的创新，更关乎教育内容的丰富和教育质量的提升。新课程改革的核心理念是素质教育，它强调学生的全面发展，注重培养学生的创新精神和实践能力。这一变革对教师的专业素质和教育教学能力提出了更高的要求。然而，不可否认的是，部分教师由于长期受到传统教育思想的束缚，即使他们拥有较高的学历和丰富的教育经验，也在一定程度上难以适应新课程改革的要求。这主要表现在教学方法单一、教学内容陈旧、忽视学生个体差异等方面。这些问题不仅制约了学生的全面发展，也阻碍了教师的专业成长。

一、教师的素养

在新时代背景下，教育领域对素质教育提出了更高要求。教师素养涵盖多个层面，既广泛又深入。在教师自我发展的道路上，教师不仅要清晰认知自身素养的构成及发展方向，更要以此为基础，不断夯实并提升自身素养，积极寻求有效的提升策略与方法。

（一）塑造良好人格，培育优秀道德品质

教师需具备高尚的道德品质，包括忠诚于人民的教育事业、热爱学生、团结协作和以身作则等。这些品质是教师职业素养的核心，也是教师有效开展教育教学工作的前提。这体现了人类文明的真谛，它并非一蹴而就，而是初中数学教师在深厚道德素养积淀的基础上，于追求真、善、美的过程中，通过有意识、主动地塑造而形成的。

1. 培育爱心，塑造完美人格

爱心是教师从教的根本，教育本质上是爱心传递的过程。没有爱心，就没有真正的教育。教师只有热爱学生，才能设身处地为学生着想，才能对教育事业无私奉献。子曰：“爱之，能勿劳乎？忠焉，能勿诲乎？”罗素亦言：“凡是教师缺乏爱的地方，无论品格还是智慧都不能充分地或者自由地得到发展。”可见，离开了爱，一切教育都无从谈起。教师应当善于走进学生的情感世界，把每一位学生都当作自己的朋友，理解他们的所思所想，关注他们的情感变化。在教育教学中，应真正做到公平、公正地对待每一位学生。对于学习困难或存在心理障碍的学生，更应给予更多的关爱。有时，教师不经意的一句话、一个举动，都可能影响学生的一生。

在初中数学教师中，应倡导“爱国守法、明礼诚信、团结友善、勤俭自强、敬业奉献”的基本道德规范，同时加强师德教育。通过外部约束与内在修养的结合，促使每一位教师都怀有仁爱之心，始终将学生的全面发展放在首位。

2. 重视实践，充分发挥优秀教师的榜样作用

广博的人文知识为初中数学教师人文素养的养成奠定了坚实基础，而教育实践则是教师将人文知识内化为人文精神、实现自身生命价值的主要渠道。只有通过教育教学实践，初中数学教师才能将对教育的忠诚转化为对教育的热情与全身心投入，将对人性的理解和追求转化为对学生的尊重与关爱，将对生命的理解与诠释转化为对学生的尊重与关爱。也只有通过教育实践，教师才能深刻理解如何尊重与珍爱生命，把自身素质的提升与学生的全面发展紧密结合起来，更加清晰地把握生命的意义。

初中数学教师优良人文素养的养成，除了自身的不懈努力，还依赖于优良外部环境的熏陶，其中，优秀教师的榜样作用不可或缺。“三人行，必有我师。”优秀教师的个人魅力会潜移默化地影响周围的老师，像春雨“随风潜入夜，润物细无声”。在初中

数学教师的成长过程中，优秀教师起到了良好的示范作用，他们热爱教育、尊重学生、团结同事的优良职业操守，无时无刻不在感染着身边的教师，成为其他教师学习和效法的榜样。

优秀教师深厚的人文内涵、精益求精的治学态度、勇于开拓进取的创新精神，以及处处为学生着想的宽广胸怀，在耳濡目染中影响着身边的教师，无形中为其他教师建立了教学规范，树立了努力方向，帮助他们建立对教育的信心、培育对学生的爱心。只有体验过关爱的人，才会懂得如何去关爱别人。优秀教师的榜样作用，是其他教师学会关爱的无声向导和内在动力。

优秀教师在教育教学实践中所表现出的实践知识和智慧，往往是缄默的知识和隐性的经验，无法通过书面或授课等正规方式传递，而需要在模仿和交流中习得。建立教师学习共同体，是一种行之有效的办法。向榜样学习的过程，就是经验传递的过程。通过建立教师学习共同体，优秀教师与普通教师之间相互督促、相互帮助，经常性地进行交流，形成一种和谐、融洽的学习氛围。

爱心在教师之间传递，优秀品质在学习交流中慢慢形成。优秀教师的优良风范规范了其他教师的日常教育教学行为，在一定程度上激励着其他教师不断丰富自己的文化内涵、提升自己的道德品质，促进了初中数学教师优良人文素养的养成。

教师是学校发展的灵魂和支柱，他们的专业素养、教育理念和教学能力，直接影响着学校的整体教学质量、学生的学习成果以及学校的长远发展。正因为如此，教师的专业成长与发展，应被置于学校工作的首要位置。

（二）树立终身学习的理念，提高自身的人文素养

教师需要具备较高的人文素养，包括文化素养、审美素养和道德素养等。这些素养有助于教师更好地理解学生、尊重学生、关爱学生，形成良好的师生关系，促进学生全面发展。

1. 深刻挖掘数学中的人文因素

初中数学教师应深刻挖掘数学中的人文因素，这不仅包括加强数学史的学习以进行情感熏陶，还要善于挖掘数学中的美的因素以提升学生的审美能力。

初中数学教师在持续深化专业学习的过程中，不仅要掌握精深的数学理论知识，还要不断更新自己的专业知识结构。而在这个过程中，加强数学史的学习显得尤为重要。数学史不仅是一门学科，更是连接数学各个分支、数学与其他学科以及数学与生活的桥梁。它蕴含着浓厚的人文色彩，为初中数学教师提供了宝贵的人文教育资源。通过学习数学史，教师可以更加深刻地理解数学的演变和发展，从宏观上把握数学的脉络。这不仅有助于提高教师的数学素养，还能使他们在教学中更加注重数学与实际生活的联系，从而激发学生的学习兴趣和探究欲望。同时，数学史的学习也是教师自身进行人文教育和美育熏陶的过程。了解数学家的奋斗历程、探索精神和创新思维，可以激发教师的职业热情，培养他们的坚韧意志和良好品质。

数学史的学习有助于初中数学教师还原数学教育的本原。数学来源于生活，最终也

要回归生活。只有了解数学的历史背景和文化内涵，教师才能更好地将数学知识与现实生活相结合，让学生在掌握数学知识的同时，也能感受到数学的魅力和价值。这样，教师在教学中就能更加自如地选择最优化的教育教学方式，提高教学效果和学生的学习体验。加强数学史的学习对于初中数学教师的专业成长和教育质量的提升具有重要意义。通过数学史的学习，教师可以不断丰富自己的人文素养和数学素养，为培养具有创新思维和实践能力的学生奠定坚实的基础。同时，教师也能在数学史的熏陶中感受到数学的美妙和魅力，从而更加热爱自己的教育事业。

另外，教师要善于挖掘数学中的美的因素，提升审美能力。挖掘数学中的美的因素是初中数学教师积累人文知识的重要途径。美学知识是教师人文知识的一个重要组成部分，审美能力的提高促进了教师职业价值从生计的驱使转向生命的自由提升，提升初中数学教师的数学审美能力尤其是数学审美能力是提高教师人文素养的重要途径。数学美是一种理论的抽象美，比自然美与艺术美的层次更高，是美的高级形式，是数学文化的重要内容。数学美是构成初中数学教师的精神与外部世界相融合的基本中介，其价值不仅在于陶冶情操，而且可以激励教师积极向上、献身科学，有利于改善人的思维品质。数学美是一种发自内心的感受，初中数学教师除了要有扎实的数学专业知识，还需要有宽厚的文化背景，尤其是以人文知识作衬托。数学教师要不断提升自身对数学美的鉴赏能力，在涉猎基本的美学知识的同时，也要经常亲身体验数学创造的过程。数学创造会引导数学教师从不同的角度去观察和思考数学、对数学概念进行剖析、对数学命题进行审视，可以更好地体验数学思想方法的真谛，从而感悟数学之美。

数学美是数学教育的终极追求，数学教育实质上就是在数学活动中师生共同体验数学美的过程。数学教师要不断加强美学修养，提高自己对美的鉴赏能力，善于挖掘数学教材中的美的因素。数学之美无处不在，当我们震惊于数学应用之广泛的时候，叹服于数学家的卓越成就的时候，为数学结论的简洁、和谐而拍案叫绝的时候，对久久困惑我们的数学难题豁然开朗的时候，也就感受到了数学之美。数学中的美大致可以分为四类：简洁美、对称美、和谐统一美、奇异美。数学教师要善于挖掘数学中的美的因素，为学生创造和谐愉快的学习氛围。

挖掘与欣赏数学之美是初中数学教师提升综合素质的必然诉求，不但可以加强数学教学与生活的联系，而且可以解答学生关于“为什么学习数学？学了数学有什么用？”的疑惑。善于挖掘数学之美，有助于教师教育教学方式的优化，促进初中数学教师实现由“经师”向“人师”的转变；学会欣赏数学美，不仅有助于初中数学教师更深刻地理解数学思想、方法的实质，还有助于初中数学教师形成良好的个性心理品质，形成正确的世界观和人生观。

2. 广泛涉猎人文学科知识，丰富文化内涵

初中数学教师仅仅拥有扎实的数学专业知识是远远不够的，还必须拥有丰富的人文学科知识。知识分文理，而文化却是一体的，数学与人文学科知识相辅相成，共同构成了初中数学教师的知识内涵。数学新课程要求初中数学教师要成为“全才”，学习中应摒弃狭隘的学习观，除了要学习数学专业知识，还要大量涉猎其他学科知识。读书使人明智、明理，尤其是读经典。文化典籍在每个伟大文化的历史上都起到了至关重要的作用，是灵感的来源、思想运动的来源、话语的来源，甚至是习俗民风的来源。

初中数学教师除了学习数学以外，还要大量阅读哲学、文学、历史等方面的经典书籍。文学是美好人生的浓缩，优秀的文学作品大都拥有非凡的号召力，是智者洞察世界、体验人生的智慧结晶，给人以美，启人以智，有助于初中数学教师人格塑造与人生观的形成；历史是人类文明的发展史，除了可以了解历史进程、历史规律，读史还能使人变得厚重、从容，为初中数学教师的人生发展指明前进的方向；哲学作为人类智慧之学，以人类的自由和解放为归宿，始终把人放在中心位置，有助于初中数学教师发现和追求真理，使之活得更为自由；学习美学知识可以提升人的审美能力，使人志趣高雅，生活得更有品位。读书使人明智、明理，尤其是读好书、读经典，经典书籍中到处闪烁着人类智慧的光芒，彰显着对人性的尊重，对人、对自然、对社会的无限关爱。经典阅读不是简单地背几句名言、知道一些历史典故，而是帮助我们寻求人生的真谛，活得更自由。丰厚的文化底蕴是教师人文素养的基石，正如苏轼所言“腹有诗书气自华”，当初中数学教师有了一定的文化底蕴的时候，就会升华为高贵的气质和内在涵养。

人文知识的积累，需要初中数学教师能够以从容的心态真正静下心来读书，把日常学习制度化、规范化，教师的那种“三天打鱼，两天晒网”式的阅读，无助于教师的专业发展。“独学而无友，则孤陋而寡闻”，教师的学习离不开浓郁的校园文化，可以建立教师学习团队，通过同伴的引领、互助促进学习。教师的阅读要把握“慎读、启思、修身”的原则。书目的选择不要盲从，对书要有甄别，读那些真正感兴趣、适合自己且对自己有益的书，切忌随波逐流。读书要能引发自己的思考，子曰：“学而不思则罔，思而不学则殆。”《学记》中也说：“记问之学，不足以为人师。”那些靠死记硬背得来的知识不是真正的知识。只有把阅读和教育教学实践紧密结合起来，才能更深层次地领悟，才能保持知识的生命力，也只有经过实践，知识才能内化为教师的优秀气质和完美人格。

人文知识的积累促进了数学与其他学科的融合，初中数学教师将人文等科学融入专业课程中，有助于提升教师对知识的共通能力，也给数学教育营造了一种和谐的氛围，给数学教学带来了生机和活力。初中数学教师的学习有利于挖掘数学的精髓，也促进了数学与其他学科的整合，可以实现数学与其他学科的优势互补，真正实现以人为本的教育真谛。时代的发展需要跨学科的初中数学教师，在对知识融会贯通的同时，也感受到了学习的快乐，情感得到了熏陶，品格得以升华。知识广博、能言善辩、多才多艺、长于教学、一专多能的教师更易于为学生所接受、所钦佩，在此基础上的教师的工作，也往往更易于达到预期的效果。

教师的终身学习在丰富初中数学教师文化内涵、优化知识结构的同时，也有助于教师对自身角色进行重新定位，促进教师教育观念与角色的转变。教师通过终身学习，不但要拥有丰足的知识，还要注意保持知识的生命力，把教师比喻为“生生不息的奔河”“长青的果树”更为合适，在保持知识生命力的同时，还能保证知识源源不断地供给。

（三）提高身心素养，以昂扬的姿态面对生活和工作

健康的身体和良好的心理素质是教师素养的坚实基石。教师需要具备较高的身体素质，才能够承受工作压力并保持良好的工作状态。同时，教师还需要具备积极、乐观、坚韧的心理素质，以应对教育教学过程中的各种挑战和困难。扎实的专业知识、健康的身体和良好的心理素质都是教师素养中不可或缺的重要组成部分，它们相互支持、相互补充，共同构成了教师坚不可摧的职业基石。

1. 教师的身体健康是承载教育使命的坚实基础

教师的身体健康状况直接影响到教育教学工作的质量和效果。一位身体健康的教师，能够保持充沛的精力，高效地完成教学任务。同时也有更多的机会与学生进行互动和交流，深入了解他们的需求和困惑，从而提供更为精准和有效的指导。

教师的身体健康是应对工作压力的保障，教师的工作压力不容小觑。备课、上课、批改作业、与学生沟通、参与教研活动……这些看似日常的工作，却需要消耗大量的体力和精力。特别是在面对繁重的教学任务和学生管理工作时，一个健康的身体能够帮助教师更好地应对这些压力，保持平和的心态，避免因为身体原因而影响教学质量。例如，一位身体强健的数学老师，在面对紧张的期末复习阶段时，能够连续数小时站立讲课而不感疲惫，依然保持清晰的思路和洪亮的声音。这样的身体状态不仅有助于提升学生的学习效果，也能够在无形中感染学生，激发他们学习的热情和毅力。

教师的身体健康是其展现良好教育形象的需要，其身体健康状况也是其教育形象的重要组成部分。一位面色红润、精神饱满的教师，更容易赢得学生的尊敬和喜爱，从而建立起良好的师生关系。相反，如果教师经常因为身体原因而请假或在课堂上表现出疲惫不堪的状态，那么不仅会影响到学生的学习效果，还会影响教师在学生心目中的形象。

2. 良好的心理素质：应对教育挑战的内在力量

如果说健康的身体是教师素养的“硬件”基础，那么良好的心理素质则是其“软件”核心。在教育教学过程中，教师会遇到各种各样的挑战和困难，如学生的学习困难、家长的误解、同事的竞争等。这些都需要教师具备强大的心理素质来应对。

良好的心理素质是保持积极乐观心态的前提条件。积极乐观的心态能够帮助教师更好地面对工作中的挫折和困难。当遇到问题时，一个心态积极的教师会主动寻找解决问题的方法，而不是被问题所困扰。例如，在面对一个特别顽皮的学生时，一位心态积极的教师会从中看到学生的潜力和可塑性，通过耐心引导和鼓励来帮助他走上正轨；而心态消极的教师则可能只看到学生的缺点和问题，从而陷入无尽的抱怨和指责中。

坚韧不拔的毅力是良好心理素质的表现。教育是一个长期而艰巨的过程，需要教师具备坚韧不拔的毅力。在面对学生的反复无常、家长的质疑和同事的竞争时，教师需要坚定自己的教育信念，坚持自己的教育原则，不断调整和完善自己的教育方法。只有这样，教师才能够在教育的道路上走得更远、更稳。例如，一位小学语文老师在推行阅读教学改革时遇到了很大的阻力。部分学生因为不适应新的教学方式而成绩下滑，家长也开始质疑老师的教学能力。但这位老师并没有放弃，而是通过不断学习和实践来完善自己的教学方法。最终，她的努力得到了回报，学生的阅读能力和语文成绩都有了显著的提升。

健康的身体和良好的心理素质不仅是教师胜任教育教学工作的基础，也是其职业发展的重要保障。一位身心健康的教师，更有可能在教育的道路上走得更远、飞得更高。一方面，健康的身体能够为教师提供持续的动力和支持。无论是在日常的教学工作中，还是在参与各种教育培训和学术研讨中，一个健康的身体都能够帮助教师保持最佳的状态，充分展现自己的才华和能力。另一方面，良好的心理素质则能够为教师提供内在的力量和信念。在面对职业发展的瓶颈和困境时，一个心态良好的教师能够保持冷静和理智，积极寻找突破的方法和途径。同时，他们也更有可能在教育的道路上坚持自己的信念和追求，不断探索和创新。

（四）拥有专业知识和能力素养是教师教育教学的根本

教师需要具备扎实的学科专业知识和广博的教育理论知识，专业知识和能力素养是教师从事教育教学工作的根本。教科书所呈现的数学，尽管表达精准，但常给人一种“晦涩难懂”的印象。因此，数学教师的责任在于将数学的学术形态巧妙地转化为教育形态，使学生既能深入进行活跃的思考，又能更为容易地领悟潜藏在生涩且有难度的知识背后的数学原理。这样的转化过程旨在提高学生的学习效率，同时帮助他们揭开数学神秘的面纱，真正感受到数学的魅力与内涵。学科专业知识是教师进行教学的基础，而教育理论知识则有助于教师更好地理解和把握教育规律，从而提高教育教学效果。教师需要具备多种能力，包括教育教学能力、组织管理能力、沟通交流能力、科研能力等。这些能力有助于教师更好地完成教育教学任务，提高教育教学质量。

1. 拥有专业知识是教师进行教育教学的基石

教师的专业知识是其教育教学工作的基础。一位拥有深厚专业知识的教师，能够准确把握学科的本质和规律，为学生提供精准、高效的教学服务。例如，一位数学老师在教授几何知识时，不仅需要对几何的基本概念、定理和公式了如指掌，还需要对几何的历史背景、发展脉络以及与其他学科的联系有深入的了解。这样，他才能在课堂上将几何知识讲解得深入浅出、生动有趣，引导学生逐步揭开几何的神秘面纱，感受其内在的逻辑美和实用价值。这样的教师能够更好地理解并解读教材，从而为学生提供更为贴近实际、符合认知规律的教学内容。一位对语文学科有深入研究的语文教师，在解读一篇课文时，能够透过文字表面，深入挖掘其背后的思想情感、文化内涵和艺术价值，从而引导学生从多个角度欣赏和理解课文，提升学生的文学素养和审美能力。在教育的广阔天地中，教师如同播种者，用知识的种子在学生的心田播撒希望，而这希望的种子能否生根发芽、茁壮成长，很大程度上取决于教师是否拥有扎实的专业知识和卓越的能力素养。专业知识和能力素养是教师从事教育教学工作的根本。它们如同教育大厦的基石，稳固而坚实。

2. 能力素养是教师教育教学的关键

如果专业知识是教师教育教学工作的基石，那么能力素养则是其关键。教师的能力素养包括教育教学能力、组织管理能力、沟通交流能力等。

（1）教育教学能力是教师最基本的能力素养之一。一位具备良好教育教学能力的教师，能够根据学生的认知特点和学科特点，设计合理的教学目标、教学内容和教学方法，有效地组织教学活动，引导学生主动参与、积极思考，从而达到预期的教学效果。例如，一位英语老师在教授一篇阅读理解文章时，会根据学生的英语水平和阅读能力，制定合适的教学目标，如理解文章主旨、掌握关键词汇和句型等。同时，他会采用多种教学方法，如提问、讨论、角色扮演等，激发学生的学习兴趣和参与度，帮助学生更好地理解文章内容，从而提升英语阅读能力。

（2）教师的组织管理能力对于维持教学秩序、提高教学质量具有重要作用。一位具备良好组织管理能力的教师，能够合理地安排教学进度、分配教学任务，有效地管理课堂纪律、调动学生的学习积极性，使教学活动得以顺利进行。例如，一位班主任在面对一个纪律松散的班级时，通过制定明确的班级规则、建立合理的奖惩机制、开展丰富多彩的班级活动等方式，逐渐改变了班级的纪律状况。在她的引导下，学生们逐渐养成了良好的学习习惯和行为习惯，班级的整体学习氛围也得到了显著改善。

（3）教师的沟通交流能力对于建立良好的师生关系、促进家校合作具有重要意义。一位具备良好沟通交流能力的教师，善于倾听学生的心声，理解学生的需求，与家长保持良好沟通和合作，共同促进学生成长和发展。比如，一位语文老师在发现学生近期成绩下滑、情绪低落时，主动与学生进行谈心交流。通过耐心倾听和深入了解，她发现学生因为家庭变故而产生了心理压力。于是及时与家长取得联系，共同商讨解决方案，并为学生提供心理疏导和学习辅导。在她的关心和帮助下，学生逐渐走出了心理阴影，学习成绩也得到了稳步提高。

（4）专业知识与能力素养的融合是提升教育教学质量的保障。专业知识和能力素养并非孤立存在的，而是相互融合、相互支撑的。一位优秀的教师，必然是将专业知识和能力素养紧密结合的典范。例如，一位历史老师在教授一堂关于中国古代科技成就的课时，不仅需要对中国古代的科技史有深入的研究和了解，还需要具备良好的教育教学能力和组织管理能力。他通过精心设计的教学环节、生动有趣的历史故事和富有启发性的问题设置，引导学生主动探究、积极思考，感受中国古代科技的辉煌成就和智慧光芒。同时，他还通过与学生互动交流、分享彼此的看法和感受，进一步激发学生的学习兴趣和探究欲望，使课堂教学质量得到了显著提升。

（5）拥有专业知识和能力素养是教师进行教育教学的根本要求。只有具备扎实的专业知识和卓越的能力素养，教师才能更好地履行教育教学职责，为学生的成长和发展贡献力量。在未来的教育发展中，我们应该更加重视教师专业知识和能力素养的培养和提升，为教育事业的繁荣发展注入源源不断的活力和动力。

二、教师的行为

教师不仅是知识的传授者，更是学生成长的引导者和未来社会的塑造者。他们的言行举止、价值观念在学生心中播下希望的种子，激发学生对知识和生活的热爱。教师的尊重与理解滋养学生的心灵，引领他们在社会舞台上自信地成长。每一次教导不仅关乎学生的未来，更关乎社会的新一代。教师的智慧与爱心，不仅影响学生个体，更深远地影响社会的未来。因此，教师应持续书写育人的美好篇章，为社会播撒希望，贡献力量。

子曰："其身正，不令而行；其身不正，虽令不从。"这句话深刻地揭示了教师为人师表的重要性。教师要做到为人师表，要求学生做到的，教师首先要率先垂范，注重言传身教，用自己的师德魅力去感染学生，以理服人、以德服人，让学生感受到教师的人文关怀，从而促进学生综合素质的全面发展。

（一）教师一言一行对学生潜移默化的影响

若教师言行不当，不仅会影响教师的形象，也会给学生带来不良影响，甚至让学生厌烦学科课程的学习。因此，我们在教学过程中，可做好以下十个方面的工作：一是要有端正的教学态度，严肃认真地对待教学工作中的每一项内容，全心全意地做好教学工作；二是要激发学生的求知欲，避免进行灌输式教学，既教知识，又教方法，培养学生自学能力；三是既要严格要求学生又要尊重学生，肯定学生的优点，尊重学生的特点，避免学生对教师产生疏远情绪；四是要钻研业务，认真备课，熟悉教案，不断学习新的业务知识，充实教学内容，提高教学水平；五是要组织好课堂教学，营造生动活泼的课堂气氛，训练学生思维，向 40 分钟要质量；六是要精心指导学生学习，认真批改作业，及时纠正错误，把握教学过程的每一个环节；七是要定期做好教学质量检查工作，及时查缺补漏，把握教学质量关；八是要按时上下课，组织好课堂教学，在规定时间内完成教学任务，不拖堂；九是要仪表端正，语言要清晰流畅，板书要整洁规范，内容要简练精确，不哗众取宠；十是要观察与记录学生和自己在课堂中的表现，并反思自身言行，弥补自身不足。

（二）教师在自我更新方面也要起到示范作用

教学反思是教师专业能力的重要组成部分。当前，我国关于教学反思的研究日益丰富。例如，申继亮、辛涛教授结合"教师教学监控能力"的研究指出，教学反思能力在教学监控能力中占据着极其重要的位置。吴卫东提出，教师反思能力是指教师在教学中主动检查、评价和调节自身教学活动的能力，其反思对象可以是教学活动本身，也可以是教师自身。学者张帆认为，教学反思能力表现为教师在组织课堂教学活动时，回顾、分析、思考自身教学行为、计划、效果的能力，并强调教学反思应融入教学实践过程和各个教学环节，形成独立思考教学问题与现象的良好习惯。学者高莹则认为，教学反思能力是教师在教学中反思理论知识、认知知识、操作技能等能力的总和，并指出反思动力是教学反思的基础，操作性是实现教学反思的重点，教师需掌握操作性反思才能真正实现教学反思。总而言之，教学反思能力是教师在教学中以自身、学生、教材等为反思对象，反思学生具体表现、教学设计、教学实施的能力，在教师专业能力中占据着重要地位。

（三）教师更要关注情感教育

教师与学生之间良好的关系是学生在学校顺利接受良好教育的前提。专家俞霞在《情感教育》一书中指出："情感教育在推动学生德智体美劳全面发展方面发挥着不可替代的作用。"朱小蔓教授在《情感教育论纲》中提出："情感教育指的是在实际教学中，以人的情感为教育对象，重视其发展以及它和生理、理智之间的相互联系的教育。"英国沃里克大学于2000年召开的情感教育研讨会也探讨了情感教育的多种定义，最终达成共识：情感教育是教育过程的重要部分，其重视教育教学中学生的情绪、情感、态度、信念等，旨在推动学生个性的综合发展以及社会的和谐健康发展。

（四）教师应该关注学生主体地位

学生主体地位体现了"以生为本"的理念，要求关注学生的全面发展，不仅要关注知识的掌握，还要在重视结果性目标的基础上，给予过程性目标更多的关注，既注重知识与技能的积累，也注重学生情感的发展。"育人"是教育的出发点和落脚点，教育要求"全面育人，以德育为先"。将情感、态度作为教学目标，必然与"育人"紧密联系。关注情感教育，将其作为对学生进行综合培养的关键目标之一。同时，情感教育不仅作用于学生对数学知识的学习，更与人的全面发展紧密相关，其影响力持久，例如影响人的职业发展、在学习过程中培养协作精神、对问题的思考探索、对科学的求真务实、面临选择时的取舍、对待事物的态度等，这些都会成为人的品格而伴随终身。

数学教师最关键的是关注学生数学素养的发展。营造主动学习的氛围，在初中数学教学中，学生是课堂学习的主人。营造主动学习的氛围，可以激发学生的学习欲望，当学生具有主动学习的欲望时，能最大限度地发挥其学习潜能，这是初中数学课堂教学的灵魂，也是培养学生核心素养的途径。把课堂还给学生，在初中生学习数学知识时，教师应发挥教学引导作用，指导学生探究学习知识，侧重于学生思维拓展，让学生明确主动探究学习的重要性。因此，教师应将课堂学习的主导权交给学生，使他们在自主学习的过程中不断积累丰富的学习经验，并逐渐构建属于自己的知识体系。同时，教师还可以依据初中数学核心素养培养的需求，采取合作探究式教学策略，让学生在小组合作的学习形式中，在明确学习任务的前提下，获得充分的合作学习空间，确保学生在相互合作、相互促进的合作学习模式中，学习的积极性、思考的深刻性、探索的自觉性等都得以进一步增强和提高。按照以学生为主体的教育理念组织课堂教学流程，通过转变课堂教学的思维方法，突出学生的主体地位，有助于学生在学习的道路上终身受益。

以往数学课堂中固定的教学形式和陈旧的思想观念，应当予以摒弃。在追求全新教学理念时，教师应促使学生由被动学习转为主动学习，逐步提高学生的主动学习能力。营造自主学习的氛围，让学生置身于轻松愉悦的教育环境中，这将带给学生不一样的学习体验。尤其在教师教授学生获取新知识的方法时，学生利用自己独特的学习方法理解并运用知识，从而促进学生形成自主学习的习惯。

（五）教师要创新数学学习的内容

在初中数学课程体系中，数学习题不仅是教学的重要载体，更是培养学生思维能力的关键环节。因此，为了有效提升初中生的思维能力并增强其课堂参与度，教师应依据学科核心素养培养的具体要求，精心设计数学习题的内容。以此为起点，引导学生深入分析问题，探索并形成多样化的解题思路，这对于提升学生的思维品质至关重要。通过创新数学习题的内容与形式，鼓励学生从不同视角审视问题，激发举一反三的思考，进而丰富其数学思想，提升数学核心素养。

教学的创新性是教师个人教学风格的独特体现，它闪耀着教师的智慧与创意。在教学中，有的教师编创口诀帮助学生记忆公式定理，有的教师巧妙融入个人特长于教学之中，有的教师则对试题进行创意改编……这些实践都展现了教师独特的创新风格。教学风格的形成，是教师在实践中不断反思、总结经验教训，在学习中不断吸收最新教学理论，经过深入思考与持续创新，将理论与实践融会贯通、灵活运用的结果，是一个循序渐进、水到渠成的过程。教师若要形成自己独特的风格，需要长期不懈的努力：从最初模仿名师、专家，到独立探索，再到寻求突破与超越，最终形成自己的教育认识体系，这本身就是一个不断突破自我的过程。正所谓“教无定法”，每位教师的教学风格都与其个人学习经历、教育工作经验、对教育的理解以及自我认知等因素紧密相关。教学风格是一个包含教学语言、教学行为、教育观念在内的复杂系统，是教师自我认知的外显。作为教学的组织者和引导者，教师的教学风格深刻地影响着学生，学生的思维习惯甚至能隐约映照出教师风格的影子。为此，教师更应注重教学风格的定位与塑造，始终保持对教育的热爱与热情，关爱学生，持续学习，用自己的学识、认知和创意，锤炼出学生喜爱的教学风格，从而有效培养学生的思维品质，让学生感受到数学课堂的魅力，实现轻松、愉悦的学习。

（六）注重数学实践活动

数学知识源于生活，也应用于生活。因此，教学应从更贴近学生现实生活的视角入手，确保数学课程与日常生活实际紧密结合，推动数学教学向生活化、实践化方向发展。这不仅有助于学生认识到数学的真正价值，还能在亲身体验生活的过程中，帮助他们获得独特的数学学习感受。通过开展丰富多彩的数学实践活动，鼓励学生在实践中自主思考，运用所学数学知识解决实际问题，从而真正将数学知识内化为具有实用价值的技能，为培养学生的数学思维奠定坚实基础。注重数学实践活动，有助于学生从多维度掌握数学常规方法的应用原则，并有效提升初中生的数理逻辑能力及核心素养。

（七）更新数学评价的方法

在初中数学教学实践中，长期以来主要依赖固定的作业批改和试卷评分模式。这种单一的评价方式往往难以全面反映学生的学习过程、学习态度以及解决问题的能力，导致对学生技能水平、知识应用能力等综合性培养目标的关注不足，使得评价失去了应有的教育引导价值。为了更好地适应新课程改革的要求，初中数学教育评价方式的革新必须立足于综合性评估的理念，构建一个能够全面反映学生数学核心素养发展的多元评价体系。该体系应强调过程性评价与终结性评价的有机结合，关注学生在知识掌握、能力提升、思维发展、情感态度等方面的全面进步。在设计评价方案时，应从学生掌握基础知识和基本技能入手，逐步深入到对其数学思考能力、问题解决能力、数学交流能力以及核心素养发展水平的评估，从而全面提升初中数学教学的质量与效益。

三、教师的文化

教师文化，是指教师群体在长期的教育教学实践中形成和发展起来的一种独特文化形态，它涵盖了教师们共同的价值观念、行为规范、职业信仰、态度倾向以及群体特征。作为学校文化的重要组成部分，教师文化具体体现在教师的职业道德、职业素养、教育理念、教学态度和行为准则等多个维度。它不仅反映了教师在教育实践中的职业形象、职业精神和职业道德水准，也集中体现了教师群体的整体文化素养与职业素养。同时，由于教师个体的资历背景、社会经历、社会化过程以及价值观念、行为特征和教育方式的差异，教师文化也呈现出丰富多样的形态。

（一）教师文化的精髓与多元特质

教师文化作为一种独特的职业文化，其精髓集中体现在道德性、学术性、人文性、创新性、协同性和反思性等核心特质上。这些特性共同构筑了教师文化的内核，深刻影响着教师的思维方式、行为模式和价值取向。

1. 道德典范的教师

道德性是教师文化的首要特质，它是教师职业操守的基石，也是学生道德成长的引路人。教师的言行具有强大的示范作用，因此，教师必须具备崇高的责任感和使命感，致力于为学生营造积极健康的道德环境，以自身的行为规范成为学生心中的道德楷模。这种道德性强调师德师风和职业操守，是教师文化的灵魂所在。

2. 学术水平卓越的教师

学术性是教师文化的重要支柱，如同引领知识航程的灯塔。教师不仅是知识的传授者，更是学术研究的探索者。他们持续深化专业知识、追踪学术前沿，并将最新研究成果融入教学实践，从而激发学生的智慧潜能，培养创新人才。值得注意的是，不同学科的教师在知识背景、思维方式、教学方法等方面存在差异，这也形成了各具特色的学科教师文化。

3. 人文涵养丰富的教师

人文性是教师文化中不可或缺的组成部分，它使教师文化成为传承文明与启迪智慧的家园。教师不仅传授知识，更致力于人类文明的传承与创新。他们拥有广博的人文知识和深刻的文化底蕴，能够以多元、跨学科的视角解读世界，启迪学生的人文情怀和全球视野。同时，教师关注每个学生的独特性，通过个性化的教育滋养学生的心灵，引领他们走向全面而富有意义的人生。

4. 勇于创新的教师

创新性是教师文化面向未来的动力源泉，也是教育变革的引擎。面对日新月异的教育环境和学生需求，教师要勇于突破传统束缚，积极探索创新的教学模式和方法。他们以前瞻性的教育理念为指引，不断实践、反思、再创新，为教育的未来开辟更加广阔的道路。这种创新性使教师文化充满活力和创造力。

5. 擅长协同合作的教师

协同性体现了教师文化中团队协作与共赢的价值追求。在教育这个复杂的生态系统中，教师需要与同事、学生、家长等各方形成紧密的互动网络。通过有效的沟通、协作和资源共享，他们共同解决问题、促进成长，营造出和谐、高效的教育环境。这种协同精神不仅提升了团队的整体效能，也增强了每个教师的归属感和成就感。

6. 善于反思的教师

反思性是教师文化促进个体成长的核心机制。教师的自我反思与持续成长是教师文化的内在要求。通过深入剖析自己的教学实践和经验，教师能够不断发现盲点、突破自我，实现教育理念和技能的迭代升级。学校应营造开放、包容的学习氛围，提供丰富多样的培训资源和发展平台，并建立科学、公正的评价体系，以激发教师的内在潜力。这样的教师文化推动着教育教学实践不断迈向新的高度。

7. 多元特质性的教师

教师文化因其地域性、学科性、时代性、个体性等因素而呈现出多样特质。例如，不同地区的教师文化受到当地历史、文化、经济等因素的影响，呈现出不同的地域特色；不同学科的教师在知识背景、思维方式、教学方法等方面存在差异，形成各具特色的学科教师文化；随着时代的发展，教师文化也在不断更新和演变，反映出不同时代的教育理念和价值观；每位教师独特的个性、经历和教育理念，使得教师文化更加丰富多彩。

（二）教师的文化底蕴是一种综合性的发展成果

教师文化底蕴的形成与提升，并非一蹴而就，而是一个需要多种因素协同作用、全方位支持的综合发展过程。实现这一目标，需要从师德建设、教育理念更新、专业发展、人文精神融入、关注学生体验、创新思维培育以及教师学习共同体构建等多个维度入手。

1. 师德建设：奠定文化底蕴的基石

学校通过深化职业道德教育，引导教师树立正确的职业观和价值观，明确教师的责任与使命。例如，某学校定期举办师德讲座和研讨会，邀请教育专家和优秀教师分享经验，让教师们深入理解教育的意义和价值。同时，该校还建立了完善的师德评价体系，将师德表现作为教师评价的重要指标，并通过表彰优秀师德教师等活动，激励全体教师不断提升自身的师德修养。这样，教师们在日常教学工作中更加注重自身的言行举止，为学生树立了良好的榜样。

2. 教育理念更新与专业发展：提升文化底蕴的核心

学校通过引导教师深入理解和认同核心素养等先进的教育理念，帮助教师更好地适应教育发展的要求。例如，某学校组织教师参加专业培训，学习最新的教育教学理论和方法，提升教师的专业素养和创新能力。同时，该校还与高校和研究机构建立合作关系，邀请专家学者为教师提供长期、有针对性的指导。在专家的帮助下，教师们解决了教育教学中的实际问题，改善了理论匮乏的现状。这样，教师们在教学过程中更加注重培养学生的核心素养，从而提高了学生的综合素质。

3. 创新思维培育与人才培养：丰富文化底蕴的动力

学校通过营造良好的创新氛围，鼓励教师敢于尝试新的教学方法和手段。例如，某学校设立创新教学实验室，为教师提供尝试新教学方法的场所和资源。在该实验室的支持下，一位物理教师尝试将虚拟现实技术应用于物理教学中，让学生在虚拟环境中进行物理实验，以培养学生的创新思维和实践能力。同时，学校还通过组织创新竞赛、科技活动等形式，激发学生的创新热情和创造力。比如，学校定期举办科技创新大赛，鼓励学生自主选题、自主设计、自主完成科技创新项目，培养学生的团队合作精神和创新能力。

4. 构建教师学习共同体与实现自我价值，保障文化底蕴的持续发展

学校通过鼓励教师之间合作交流，共同探讨教育教学问题，分享教学经验和资源，来构建教师学习共同体。例如，某学校建立教师学习共同体，定期举办教学研讨会和经验分享会，让教师们有机会交流彼此的教学经验和心得。通过构建教师学习共同体，打破了传统的权威界限，实现了教师之间的共生性发展。同时，学校还建立了完善的团队合作机制，为教师之间的合作提供必要的支持和保障。比如，学校鼓励教师跨学科合作，共同开展教学研究项目，提高了教师的教学水平和研究能力。此外，当家长和社会成为教师的合作伙伴时，教师的发展将更加顺利。学校通过与家长和社会的沟通与联系，共同关注学生的成长和发展。比如，学校定期举办家长会和社会实践活动，让家长和社会更加了解学校的教育理念和教师的辛勤付出，增强了家校合作和社会支持。这为教师的发展创造了更大的空间和可能性，有助于教师实现自我价值的最大化。同时，教师也应不断提升自身的专业素养和综合能力，以适应不断变化的教育环境和学生的需求。

四、教师的角色

在新课程改革的浪潮推动下，教育教学领域正经历着深刻的变革。这场变革不仅涉及教学观念的更新与教学方式的创新，更关乎教育内容的丰富和教育质量的提升。新课程改革的核心理念是素质教育，它强调学生的全面发展，注重培养其创新精神和实践能力。这一变革对教师的专业素养和教育教学能力提出了更高的要求。

以下是对新课程理念下数学教师角色定位的进一步阐释。

（一）教师是学生全面发展的引领者

在新课程理念的指引下，初中数学教师已从单纯的知识传授者转变为学生全面发展的引领者。他们不仅关注学生对初中数学基础知识和技能的掌握，更重视培养其逻辑思维、空间想象、数据分析能力，以及创新和实践能力。教师是学生学习的引导者与组织者，其言行是激发学生学习兴趣的重要因素。因此，如果教师缺乏个性化的教学风格和独到的见解，学生也难以形成自己的价值观和对数学的深刻理解。

为了促进学生的全面发展，初中数学教师需要深入了解每位学生的数学基础、学习风格和兴趣点。对于数学基础较好的学生，教师可以鼓励他们提前接触更高级的数学理论与应用，如参与数学竞赛、研究数学难题，以此进一步激发他们的探索精神和求知欲。对于数学基础较薄弱的学生，教师则会采用更为直观、生动的教学方法，如使用实物模型、图形化表示等，帮助他们更好地理解和掌握数学知识。

同时，初中数学教师还需注重将抽象的数学知识与学生的实际生活相结合。例如，在讲解几何图形时，教师可以引导学生观察身边的建筑物、家具等，让他们从实际生活中发现数学的存在与应用。这种情境化的教学方式不仅增强了学生的学习兴趣，还有助于培养他们的观察力和空间想象力。

此外，初中数学教师还需注重培养学生的自主学习能力和合作精神。他们鼓励学生通过小组讨论、合作学习等方式共同解决数学问题，分享学习心得。这种学习方式不仅提高了学生的学习效率，还有助于培养他们的团队协作能力和沟通能力。

在这个过程中，初中数学教师不仅传授数学知识，更重要的是培养学生的数学思维和学习方法，为他们未来的学习和生活奠定坚实的基础。通过教师的引领和指导，学生能够在初中数学的学习过程中实现全面发展，不仅成为数学知识的掌握者，更成为具有创新精神和实践能力的栋梁之才。

教师的语言是激发学生思维的语言，课堂中的每一句话都需经得起学生的审视。首先，教师的言语要体现知识的本质，做到精练，抓住要点，启发学生思维走向深度发展。其次，要准确使用数学语言。由于部分教师专业知识不够扎实或经验不足等原因，学生可能对数学用语的使用比较含糊，因此教师要在教学中养成准确使用数学用语的习惯，潜移默化地影响学生。

（二）教师是学生心灵的引路人

教师是学生心灵的守护者，作为学生心理健康的关注者和引导者，他们承担着促进学生全面发展的责任。在日常教学和生活中，教师需要细心观察学生的情绪变化和行为表现，及时发现学生在学习和生活中遇到的问题和困惑。这些问题可能源于学习压力、人际关系、家庭环境等多个方面，若不及时得到关注和解决，就可能对学生的心理健康产生不良影响。

教师需要具备一定的心理辅导知识和技能，能够与学生建立良好的沟通和信任关系，倾听他们的心声，理解他们的感受。通过耐心细致的交流和引导，教师可以帮助学生找到问题的症结所在，提出有效的解决方案，从而帮助学生走出困境，重拾信心和勇气。

同时，教师还需注重培养学生的积极心态和健全的人格。他们可以通过课堂教学、主题班会、心理辅导等多种形式，向学生传递正能量，引导他们树立正确的人生观和价值观，培养学生积极向上的生活态度和健康的心理品质。在这个过程中，教师不仅是学生心理健康的守护者，更是他们成长道路上的引路人。他们的关爱和支持将伴随着学生走过每一个重要的时刻，为他们的未来发展奠定坚实的基础。

（三）教师是专业素养与教学技能的践行者

新课程理念下的数学教师需要具备扎实的数学专业知识和广泛的教育教学知识。他们应能灵活运用不同的教学方法和手段，如探究式教学、合作学习、情境教学等，以激发学生的学习兴趣和积极性。同时，数学教师还需具备较高的教学组织和管理能力，能够有效地组织和管理课堂教学，确保教学质量和效果。此外，他们还应注重自身专业素养的持续提升，通过参加培训、研讨等活动不断更新教育观念和改进教学方法。

1. 教师是分析学生的研究者

（1）教师需要以研究学生学习为起点。从心理学角度看，影响学习的最重要因素是学生已经知道了什么，教师应依据学生原有的知识情况来设计教学。数学核心素养导向下的教学是以学生学习为中心展开的，教师的教学活动要与学生个体的认知过程相匹配，顺应学生的发展，其教学起点应是学生而非教材。从教育学角度讲，人天生存在差异，因此要因材施教。教师要避免以自身经验和教材为中心来设计教学，需要在深入钻研学生及其特点的基础上开展教学，学生的“已有”和“已知”都是宝贵的教学资源。因此，在课前全方位了解学生学习的基本情况，是开展培育数学核心素养教学的先决条件。教师要在课前对学生有深度的了解，必须准确把握学生对即将学习内容的已知水平，明确学生的学习起点，基于学情确定教学目标、处理教材、选择教学方法，才能合理实施和调控教学活动。对学生的研究，教师应“避免陷入三种状态：一是教师对学生自以为是的经验主义；二是以教材分析取代学情分析的本本主义；三是学情描述与整体教学内容和教学设计相互割裂的‘两张皮’的形式主义”。教师根据学生层次有针对性地设定教学目标，才能充分发挥每个学生学习的积极性和学习潜能。

（2）教师需要研究学生学习发展的可能性。学生的背景和自身素质的差异造就了学生的独特性，在教学中，教师要认识到自己面对的不仅是一个班集体，更是几十个独立的个体，他们每个人都是一个独立的世界。教师的教学要实现为每位学生的发展服务，只了解学生的起点远远不够。维果茨基曾说过：“教与学不应当以儿童发展的昨天，而应当以儿童发展的明天作为方向。”我们还要思考教学能将每个学生引向何方。因此，教学要明确学生的最近发展区，了解学生的发展潜力，明确学生的学习期待，提高教学的针对性，分析学生已知水平与通过教学能达到的水平之间的差距，使每个学生都能在自身的知识经验储备基础上获得个性化发展。教师还应认识到学生是时刻变化的主体，具有无限的发展可能性，因而学生的最近发展区是随着学生的成长而不断发生变化的，教师要时刻保持对学生发展的敏锐洞察力。只有正确分析学生的发展可能性，找到其最近发展区，教师的教学才能让每个学生获得应有的发展。

（3）教师需要研究学生的学习过程。课堂是学生对所学知识的兴趣、接受度、学习习惯、学习态度等方面的综合反映的场所。因此，了解学生最重要的途径就是在教学中对学生学习过程的观察和分析。

在初中阶段，部分学生可能仍将教师视为全知者，因此对教师怀有畏惧心理。学生在这种紧张的氛围下，其思维往往是顺着教师的思路，不敢多言且不敢独立思考。要在教学过程中做到对学生准确的研究，就要让学生将其思维状态充分展示。首先，学生主动积极地学习需要一个让其心理安全的环境，在一种舒适的环境下，学生的心理紧张状态才会得到缓解。在学生认为安全的环境中，学生表达更自然，思维更灵活，更能展现出学生最真实的学习状态。其次，要让学生获得足够的时间去探究与思考。教师和学生都是课堂中的主体，在有限的课堂时间与空间里，如果教师占据了主导地位，学生展示自身的时间与空间就会受到限制。教师要学会合理地等待，给孩子更多的思考时间，让他理顺思路。最后，要实现课堂机会的公平分配。课堂中老师抛出问题时，有的学生能很快反应并迅速举手，老师常常就将机会给了这些学生，这样课堂中的表达机会就分配得不公平。教师要认识到不同的学生在面对相同的问题时会有不同的反应速度，课堂教学的目的不是仅仅获得正确答案，而是让学生思维获得发展。要更充分地了解学生，就要公平地给予每位学生机会。当学生在一个舒适的学习氛围中，获得充分的表达空间与思考时间时，他们的学习思路才能更充分地展示出来，教师才能获得最真实的学生学习状态信息。

（4）教师需要研究学生在课外的学习状态。学生的学习成长不仅仅表现在课堂内，更多的发展是在课堂外形成的，因此教师要多渠道研究学生发展。一方面，数学教师要经常与家长互通有无。学生的天性在家中得到了最充分的展示，父母通常最了解孩子，因此要深入了解学生的学习背景与学习行为，就要与家长保持沟通。另一方面，作业、试卷、练习本是学生学习习惯与学习掌握情况最直观的体现，教师要珍惜每一次作业、考试与练习，把它们当作深入认识学生的重要资料，对这些资料进行分析整理，这有利于教师全面了解学生的学习情况。教师要善于利用多种途径收集学生信息，并且分析整理形成学生档案，便于学生今后的学习和自身发展。

2. 教师是数学情境的缔造者

新课程标准强调，初中数学教学不应仅仅局限于知识的传授，更应注重对学生综合学习能力的培养。因此，数学教师应积极创设优质的学习环境。

情境是素养形成的重要因素。为了发展学生数学抽象能力，基于数学核心素养的教学要在一定的数学情境中展开。教师要成为数学情境的缔造者，即在教学中要创造出既合乎教学目标，又具有真实性、生活性与趣味性的数学情境，将现实世界与数学世界结合起来，并缔造问题情境，指引学生对情境进行思考，不断实现现实世界数学化，发展学生数学抽象能力。

（1）教师创设的数学情境需要符合教学目标。任何教学活动都服务于一定的教学目标，数学课堂中的情境是以数学知识为载体创建的，知识模块的差异决定了其教学目标的不同，因而情境设置要具有差异性与针对性。数学核心素养是蕴藏在不同的知识模块中的，教师应根据知识特点、学生需求和数学核心素养的要求来设计情境，充分发挥不同类型知识在数学核心素养培养中的作用。

教师还要注意情境不是数学本身，要认识到情境的局限性，防止“负情境”（即可能干扰或误导学生的情境）。要对情境进行精细的数学认知分析，使情境与教学目标紧密联系起来，以保证情境课堂的完整性，使教学活动不至于沦为过场，始终让学生处于情境之中获得应有的发展。

（2）教师创设的数学情境需要兼具真实性、生活性与趣味性。从心理学角度来看，奥苏贝尔的有意义学习理论认为，只有找到新知识与学生认知结构中已有知识间的联系，才能产生意义。要使情境中的知识与学生认知结构联系起来，使知识成为素养形成的养料，情境设置就要贴近学生的生活，能引发学生的兴趣与共鸣。因此，数学情境设置要兼具真实性、生活性与趣味性。

首先，课堂情境不能脱离学生现有的社会经验，必须与实际相符并贴合学生的实际，才能让学生有身临其境之感，从而引起学生的共鸣，激发他们的学习热情。其次，教师要将数学知识与现实世界结合起来，创造具有生活性的情境。生活化的情境能帮助学生掌握数学知识与生活的关系，更好地调动学生的知识经验，使情境与学生之间产生联系，学生才能更好地理解情境。最后，要营造趣味性情境，吸引学生对情境的注意力。从心理学角度来看，赫尔巴特认为，当个人对某一活动产生兴趣时，其意识上的观念处于高度活跃状态，兴趣更易唤醒原有观念并产生新的观念。为调动初中阶段学生的学习兴趣，数学情境的设置既要富含思考性，又要增强趣味性，才能吸引学生的兴趣，维持初中生的思维注意力，保持他们对课堂的专注力。但教师要注意现实情境与数学情境的区别，现实情境应具有一定的数学对象，这就需要教师对现实情境进行数学化的加工，从现实情境中抽象出数学情境。

（3）教师创设情境需要以问题为导向。情境应能激发学生深度学习，让学生在情境中发现问题，探寻情境中问题与目标之间的联系，使学生的数学思维在这个过程中走向深度，数学抽象能力获得发展。因而，教师要创设问题指向的情境。

一方面，问题情境的关键因素在于问题的设计，问题与知识点的结合使情境不再漂浮于课堂之上。数学问题情境的创设，需要教师对知识的深度理解与灵活处理。首先，问题设置要贴合学生的学习层次，问题的难易程度决定了学生对问题思考的深浅。其次，问题情境的设置要能引起学生学习的兴趣，调动学生的思维。只有吸引学生参与的教学，其教学情境的价值才能得以凸显。

另一方面，教师在教学中要发挥价值引领的作用。学生的学习不应是盲目的，要让学生分清与知识点密切相关的主要问题，以及与课堂主题关联度较低或者学生能独立解决的次要问题。主要问题是课堂教学的重心，次要问题可留待学生课后自主探究。教师在教学中的引领让学生的学习更具方向性，学生的主动探究也能获得更强的主动性和责任感。在解决问题的过程中学生获得的成就感，将成为其不断学习的动力源泉，使学生成为真正的学习者。

（4）在新课程标准的背景下，数学教师还应积极创设优质的学习情境。情境教学法在初中数学课堂教学中已经显示出其巨大的价值，并且其应用需求正在迅速增长。从广义的角度来看，教学情境的创设应充分考虑学生的主体地位，使学生能够将自己的情感融入课堂环境。而从狭义的角度来看，数学教师可以利用特定的情感来开展教学活动，通过多样化的教学方式和差异化的教学模式来激发学生的求知欲，使他们积极地探索教学内容，深入地挖掘数学知识。教学情境应具有高度的灵活性，能够贯穿整个教学过程，并适用于课程的各个环节。

（四）教师是创新与实践的推动者

新课程理念鼓励教师积极探索和创新教学方法和手段。数学教师需要具备创新意识和实践能力，能够引导学生参与数学实践活动，如数学建模、数学实验等，培养学生的实践能力和创新精神。同时，数学教师还需要关注数学教育的最新动态和发展趋势，及时将新的教学理念和方法融入自己的教学中。

1. 教师是基于问题解决能力的培养者

信息技术发展带来知识的爆炸性增长，我们既要看到其为人类认识和发展带来的无限可能，也要意识到公民正经历由信息膨胀和过载引起的信息焦虑与信息疲劳。在纷繁的世界里学会筛选信息，解决不同情境中的问题成为个人发展的必备技能。在传统教学中，教师将教学任务的重心放在“数学知识积累”上，因此教学侧重于提升做题技能与做题速度，导致学生学习压力过大，而且学生在面对相似问题时仍缺乏较好的迁移解决能力，数学思维能力难以提升。

数学核心素养培育的教学要摒弃传统的题海战术，发挥数学学科在学生发展中的独特作用，用数学的魅力激发学生的学习动机，以问题解决为中心开展教学，致力于帮助学生学会分析现实问题，从多角度思考并解决问题。问题解决能力是数学推理能力与数学运算能力的综合体现，是学生数学思维能力的外在表现。因此教师要以问题解决为中心开展教学，成为学生问题解决能力的培养者，通过对学生信息筛选意识与能力、数学问题图式与思维多样性的培养，引导数学教学走向深度，实现从“量”的积累到“类”的归纳，帮助学生获得数学思维的发展。

2. 教师要培养学生分析问题的能力

相较于数学情境，现实情境更具综合性与复杂性，现实问题类型多样，其表征形式也不唯一，需要人们透过信息的表象看到其本质属性。因此在教学中提升学生分析问题的能力，才能做到抓住关键信息辨别问题的本质，从而提升数学思维能力。第一，在教学中提供复杂的情境，进行信息筛选训练，培养信息筛选意识，掌握筛选信息的有效方法。传统教学中，问题的表征形式单一，问题的解决都是运用题目中的全部数学信息，学生缺乏对信息筛选能力的训练的机会，因此教师要为学生提供符合其水平的复杂情境，带领学生对情境中的信息进行数学化分析与筛选，并锻炼学生用数学语言表述问题的能力，实现生活问题的数学化表征。第二，锻炼学生获取有效信息、关键信息的能力。在教学中，教师要引导学生分析问题中的已知与未知，思考数学信息间的联系，从而把握问题的本质。

3. 教师要培养学生数学问题的图式

学生在应对课堂问题时游刃有余，面对现实情境中的问题时表现却都不尽如人意，这种高分低能的现象屡见不鲜。究其根本，是学生并未获得问题解决中的数学算理。要帮助学生获得问题的本质算理，教师要丰富问题设计，训练学生的问题图式，数学问题图式的获得能帮助学生在面对不同情境时，快速分析和筛选信息，选择适合当下情境的解决策略，是发展学生数学核心素养的重要方法。

初中课堂里常见的是例题教学，通过对一道例题的讲解与记忆，然后让学生进行大量的巩固训练，帮助学生牢记数学公式，这样的教学消耗了学生学习的时间，教学效益却不显著。而通过设计问题串，提供变式训练，将题目难度进行梯级加深或者向外辐射，在这个过程中，学生逐渐消除共同特征对解题的影响，通过算理的总结探究数学公式的来源，把握相似题目的本质属性，从中提炼出数学问题图式。

4. 教师培养学生思维的深度与多样化发展

数学能力的差异，不仅表现在能否解决数学问题上，而且表现在解决问题的过程能否科学、灵活地运用数学思维解决问题。但课堂教学和数学练习被当成寻找标准答案的过程，学生的数学思维都是在统一标准下接受训练，所以我们常说中国的教育就是在同一个模板下复制学生，教学过程中不见学生的发展，反而成了没有个人思维参与的机械的“物化教育”。这样的教育中出现了“人的空场”，教学总是遵循固有的套路与模式展开，教学过程中教师忽视了学生思维模式的多样性，数学问题的解答也都围绕着“标准答案”进行。在这种模式化的教学活动中，教学活动缺乏创新，学生的思维被浅层化，学生缺乏多层次、多角度处理问题的能力。这样的教学导致学生丧失了发现问题的眼睛，磨灭了学生探索知识的热情，学生个性思维的丧失也就是素养的丧失。因此，在教学过程中，教师要认识到，作为个体的学生具有独特的思维方式，教学活动不是“求同”的过程，而是“求异”的全面发展过程。教师要允许学生差异的存在，鼓励其思维向多样化发展。

一方面，提供开放性问题训练学生思维。建构主义根据问题结构的完整性将问题分为结构良好问题与结构不良问题两类。结构良好问题有明确的目标和准确的结果，学生只需找到准确的方法就可从已知走向未知。在结构良好问题的过程中，学生遵循的是“手段—目的”的解题模式，这类问题大量存在于初中数学课堂中，这类问题在新课初授时能起到巩固作用，但过于重视对学生所学数学知识的检验而忽视了对学生问题策略意识的培养，因此学生在面对结构相似但解决途径不同的问题时常常感到为难。反之，结构不良问题中条件和目标的不明确决定了问题的不唯一性，因而这种问题具有开放性，解决问题的方法呈现出多样性特征，需要高认知水平的参与，不仅调动了学生的程序性知识，在多次尝试中选择最佳方案实现问题的解决还需要学生策略意识的参与。通过开放性问题的训练，学生的问题策略意识得到提升，获得更易迁移的数学经验，数学思维也走向深度。

另一方面，课堂解决问题的教学，应鼓励学生算法的多样性，这样的教学不以解决问题为唯一目标，要让学生体会解决问题过程中的思维多样性，在发展学生创新思维的同时还让学生深切感受到自己解决问题的意义和价值。在鼓励算法多样性的同时，教师还要引导学生获取最优方案。在面对实际问题时，不仅要考虑问题的解决，更应该考虑如何在最省时省力的情况下快速解决问题，这种思维的锻炼更能促进学生策略意识的发展。因此教师在教学中要展示多个学生的思路并进行分析，让学生感受每种思路的优缺点，从而帮助学生在面对实际问题时能更快速有效地找出最佳解决方案。

（五）教师是师德与职业道德的楷模

新课程理念下的数学教师不仅需要具备扎实的专业素养和教学技能，还需要具备良好的师德和职业道德。他们应该热爱教育事业，关心学生成长，注重自身修养和职业道德建设。在日常教学中，数学教师应该以身作则，为学生树立良好的榜样。同时，他们还需要关注学生的心理健康和成长需求，积极与学生沟通交流，帮助学生解决学习和生活中的问题。

1. 敬业精神是师德的重要体现

敬业的教师会全身心地投入教育教学工作中，不断探索教育规律，研究教学方法，努力提高教学质量。他们以教书育人为己任，对每一位学生负责，用自己的知识和智慧启迪学生的心灵，帮助他们成长成才。敬业的教师还会时刻保持学习状态，不断更新自己的知识和技能，以适应教育发展的需求。

2. 爱生情感是师德的灵魂

一个真正爱学生的教师，会把学生当作自己的孩子一样去关心和呵护。他们会关注学生的成长过程，了解他们的思想动态，倾听他们的心声，给予他们必要的帮助和支持。在爱生情感的驱使下，教师会用心去发现学生的优点和闪光点，鼓励他们发挥自己的特长和潜能，让他们感受到成功的喜悦和自信的力量。

3. 公平公正是师德的基本要求

教师在对待学生时要做到一视同仁、不偏不倚，不因学生的家庭背景、学习成绩等因素而产生偏见或歧视。他们要公正地评价学生的表现，给予他们应有的奖惩，让学生在公平的环境中健康成长。同时，教师还要以身作则，遵守社会公德和职业道德，为学生树立良好的榜样。

除了以上几个方面，教师的专业素养和自我修养也是师德的重要组成部分。专业素养是指教师在所教学科领域的知识和能力水平，只有具备扎实的专业素养，才能够胜任教育教学工作，为学生提供优质的教育服务。自我修养则是指教师在道德品质、文化素养和心理素质等方面的自我提升和完善。只有具备良好的自我修养，才能够更好地履行自己的职责和使命。

（六）教师是终身学习与自我更新的追求者

面对不断更新的教育理念和快速发展的科技环境，数学教师需要具备终身学习和自我更新的意识。他们应该持续关注数学教育领域的新知识、新技术和新方法，并主动学习和掌握这些新的教学工具和资源。通过不断学习和实践，数学教师可以更好地适应新课程理念下的教学要求，提高自己的教学水平和专业水平。

首先，教师要在和学生的互动中积累学习经验。“以生为本”是教育的核心观念，教学目标指向教好学生，教师就要站在学习者的角度，提升自身能力，教学过程体现学生的学习过程，发展学生能力，读懂学生比读懂教材更重要，和学生互动比教授知识更重要。所以，教师不仅要具备扎实的专业技能和素养，还应熟悉现代教育学、心理学的一些基本原理，知晓学生在学习中会有哪些认知偏差和思维困难。在教学中我们要创造条件让学生主动提问，形成教师与学生共同探究的教学氛围。

其次，教师要在教学中做好观察与优化，组织和编辑学习材料。数学知识本身是为解决数学问题而发展起来的，数学问题是数学的心脏，培养学生解决数学问题的能力是数学教学的根本目标之一。数学学习是一个通过长期训练将数学知识和能力内化为数学素养的过程。基于此，教师应做好观察员的角色，观察学生不足，并从优化员的角度引导其主动完善自身、提升自身。教师要站在教材编著者的立场纵观教材，针对学生实际和教学要求，对教材内容进行重编加工；教师要成为研究员与指导员，要研究更加符合教学形式与规律的教学模式，或结合学生实际发展需求，给予更多指导，让学生了解知识脉络关系。教师要整合课程与教学，在课程中发挥主体引导作用，即成为教材的编辑。基于此，教师要根据教学大纲的要求和学生的实际情况，合理选取和重组教学内容，以适应学生自主学习的需要。

第二章
数学教研

苏格拉底曾言："最有希望的成功者，并不是那些才干出众的人，而是那些善于利用每一时机去开拓的人。"教师教研，正是一种深度的挖掘与不懈的开拓。它不仅是教师专业成长的必由之路，更是提升教育质量、推动教育创新的重要引擎。在教研的过程中，教师如同探险家一般，深入教育的矿藏，探寻知识的瑰宝。他们不断研究学生需求，反思教学实践，探索教学方法的改进与创新。每一次教研，都是一次对教育的深度挖掘，一次对教学潜力的开拓。

教师教研在提升教育质量和教师专业素养方面扮演着至关重要的角色。通过深入研究和探索教学方法、策略及手段，教师能够不断更新教育理念，从而提升教学效果，更好地满足学生多样化的学习需求。这种创新不仅体现在知识的传授上，更体现在如何引导学生主动思考、积极探索，培养他们的创新精神和实践能力。

同时，教师教研也是教师专业成长的重要途径。在教研过程中，教师需要系统学习教育教学理论，不断反思和总结自身的教学实践。通过与同行交流与合作，教师能够拓宽视野，吸收新的教学理念和方法，从而提升自身的专业素养和研究能力。这种成长不仅有助于教师个人的职业发展，更能为学生提供更优质的教育服务。

此外，教师教研还具有很强的针对性和实用性。针对教学中实际遇到的问题和困难，教师可以开展有针对性的研究，探索切实可行的解决方案。这种以问题为导向的教研方式，能够确保研究成果直接应用于教学实践，提升教育的实效性。

在基础教育改革的大背景下，初中数学作为一门基础性、工具性极强的学科，其教学质量直接影响学生的逻辑思维能力与数学素养。因此，加强初中数学教研组建设，对于提高数学课程教学质量、提升初中数学教师的专业能力、促进教师个体主动实践具有重要意义。教育研修不应仅仅是中小学教师被动地按照教育专家的理论和模式进行教学实践和研究，而应是教育专家与学校和教师共同协作，提供科学且有意义的方案与措施，共同探索优质、高效的教育教学之道。

第一节 教师应该是合作者

教学不是一个人的事，而是一群人的事，教师和教师之间不是对立关系，我们常说："文理不分家。"不同的学科之间也存在衔接和融合的可能，而要实现学科之间的融合，首先，教师之间要形成紧密的合作关系，成为默契的配合者，在彼此的学科之中建立互助关系，这样才能让教学质量得到提高。教师和家长之间也是合作关系，学生沟通了教师和家长的关系，他们都是孩子的引导者和支持者，只有教师和家长之间建立起亲密的合作关系，才更有利于孩子成长。

一、教师与教师之间的合作

教师之间的合作不仅能够促进教学资源的有效共享、教育教学经验的深入交流以及教学方法的持续创新，从而显著提升教学质量与教学效率；同时，这种合作还能够更好地识别并满足学生的个性化学习需求，为他们提供更为全面、细致且优质的教育服务。

（一）资源共享与经验交流

在现代教育中，教师之间的合作已经变得至关重要。他们不再孤立地工作，而是形成一个团队，共同致力于提升教学质量和效率。通过合作，教师能够共享教学资源，如教案、习题和多媒体材料，从而避免重复劳动，节省备课时间。更为重要的是，教师之间的合作促进了经验交流。每位教师都有自己独特的教学方法和经验，通过分享这些经验，教师可以相互学习、相互启发，不断完善自己的教学实践。这种经验交流不仅有助于教师个人的专业成长，更能提升整个教师团队的教学水平。

1. 教师合作有利于资源共享与效率提升

从资源整合与优化的角度来看，每位教师都拥有独一无二的教学资源和宝贵经验。当教师们选择合作时，这些分散的资源和经验得以汇聚和融合，形成了一个更加丰富、多元的教学资源库。这种整合不仅避免了教师各自为战时的重复劳动，还极大地提升了教学准备的效率和课堂教学的质量。以习题集为例，一位教师的精心编纂可以迅速惠及整个教师团队，每人都能从中受益，最终共同提高教学水平。

2. 教师合作有利于经验交流与互助成长

在教育教学的路途上，每位教师都不可避免地会遇到难题和挑战，然而，正是这些困境促使他们更加需要合作，也会因此而紧密交流。通过相互借鉴成功的实践经验、倾听同仁的有益建议和接受无私帮助，他们不仅能够迅速找到解决教学困境的方法，还能够不断提升个人的专业素养和教学能力。这种互助互学的良好氛围，已然成为推动教师团队持续成长、共同进步的强大动力。

3. 教师合作有利于培养多元视角与创新思维

教师间的合作远非知识和技能的简单相加，它更深层次地体现了多元视角与创新思维的完美融合。在合作的过程中，每位教师都带来了自己独特的教学理念和方法，这些不同的元素在相互碰撞和启发中，如同璀璨的火花，激发出全新的教学灵感和策略。这种由合作引发的创新思维，不仅为教育改革注入了强大的动力，更在教学质量上发挥了不可替代的重要作用，成为推动教育进步的关键力量。

4. 教师合作有利于以学生为中心的个性化教学

以学生为中心，致力于个性化教学，始终是教师合作的核心追求和终极目标。通过紧密的团队协作与深入的交流，教师们能够细致地洞察每位学生的学习需求、兴趣点以及独特的学习风格，进而为他们量身打造更加贴合个人发展轨迹的教学方案。这种围绕学生个体展开的教学方式，既充分激发了学生的学习热情与探索欲望，又深入挖掘了他们的内在潜力，从而显著提升了学生的学习效果，为其未来的全面发展奠定了坚实基础。

5. 教师合作有利于情感支持与团队凝聚力

情感支持与团队凝聚力是教师合作不可或缺的要素。面对工作中的情感压力和挑战，教师们通过深入的合作与真挚的交流，能够彼此倾诉、互相扶持，这不仅有效缓解了他们的工作压力，更大大增强了团队的凝聚力。一个团结一心、和谐共进的教师团队，不仅为教育事业注入了更多的正能量，而且在营造积极向上、富有成效的教育环境方面发挥着举足轻重的作用。

（二）协同教学与互补优势

在教育的交响乐团中，同一学科的教师们如同手持同一种乐器的乐手。他们深谙该乐器的音色与演奏技巧，能够演奏出最纯正的旋律。他们彼此间的合作，就像是同一种乐器的合奏，和谐而统一，共同演绎出学科的深度和广度。然而，一个完整的交响乐团不仅仅需要同一种乐器的合奏，更需要不同乐器之间的协作与配合。同样地，在教育领域中，不同学科的教师们就如同手持不同乐器的乐手。他们各自擅长不同的领域，拥有独特的教学方法和视角。只有当这些不同学科的教师们真正携手合作，相互倾听、相互尊重，才能共同创造出最富有层次感和立体感的教育乐章。

1. 同学科教师的合作

教师与教师的配合分为两种：一种是同科配合，另一种是异科配合。这里先谈同科配合。同科配合就是同一学科的教师配合，同科教师之间的配合以“齐头并进”为主，彼此主要围绕数学教学中的个人经验、教学方法进行交流和总结，提炼其中的精华之处，形成健全的教学认知，最终彼此都能获得知识的丰富、经验的增长。

同学科教师之间的合作方式较多，有助于促进教师之间的专业交流、知识共享和相互学习，从而提升整个学科的教学质量。同科合作鼓励教师持续反思自己的教学实践，保持开放的心态，不断寻求改进和创新的机会。

从核心特征角度看，同学科教师之间的合作可以分为以下几类。

（1）个人反思与共享。个人反思与集体共享的结合，也就是教师先进行个人教学反思，随后将心得与经验通过集体形式进行共享。个体反思与共享因为它增强了教师间的互动灵活性，为教师提供了更广阔的施展空间而便于教育教学。以初中数学为例，每位教师在制作几何画板时都有独特的方法，但面对学生理解二次函数的困境，他们选择通过反思和共享经验来共同解决问题。在分享过程中，教师们互相借鉴、取长补短，成功引入了动态几何软件作为教学辅助工具，从而显著提高了学生的学习效率。

这种合作方式简单易行，无须高度默契即可开展，教师只需关注自己的教学任务并做好记录。它注重教师间的经验交流，使合作更加灵活多变。在这个过程中，反思性配合不仅激发了教师的创新思维，还促进了他们之间的相互学习，共同提升了教学质量。总之，这种合作方式为教师在有限资源下提供了有效的教学策略，有力地推动了同步教学的发展。

（2）结构化的团队协作。结构化团队也就是教师在团队中，按照明确的角色和分工，共同制订计划、设计活动并评估进展。例如，初中数学备课组在期末复习阶段采用了结构化的协作方式。备课组长将复习内容划分为若干个模块，每个模块都指定了负责教师。这些教师分别负责梳理知识点、设计练习题、制作课件等任务。在完成各自任务后，备课组进行集体讨论和整合，形成了一份全面、系统的复习方案。这种结构化的协作方式确保了每位教师都能发挥自己的专长，同时也提高了备课效率和质量。

（3）对比研讨与改进。通过对比和研讨寻找最佳实践和改进方向，也就是教师比较不同教学策略，通过研讨确定优势和改进点，旨在提高教学质量。例如，初中数学教研组针对“如何提高学生的数学运算能力”这一问题进行了一次专题研讨。在研讨会上，教师们分享了自己在教学中遇到的问题和创新的教学方法。其中，一位教师介绍了一种通过数学游戏来提高学生运算兴趣的做法，引起了大家的关注。经过讨论和改进，教研组决定将这种游戏化的教学方法融入日常教学中，以激发学生的学习动力和提高运算能力。

（4）课堂观摩与反馈。课堂观摩与即时反馈的循环过程，也就是教师间相互观摩课堂，并提供及时的反馈和建议，以促进教学策略优化。例如，初中数学教研组开展了“课堂观摩周”活动，每位教师都有机会观摩其他教师的数学课。观摩后，观摩者会就课堂组织、教学方法、学生互动等方面给出具体的反馈建议。比如，某位教师在观摩中发现同事采用的小组合作学习方式非常有效，于是决定在自己的课堂上也尝试引入这种学习方式。

（5）记录与交流。通过教学日记进行非实时的深入交流，也就是教师记录教学关键事件和反思，随后与其他教师进行教学日记的交流。例如，初中数学教师坚持每天撰写教学日志，记录自己在教学中的点滴感悟和反思。一次，教师在日志中提到了自己在处理一个复杂的数学问题时的困惑和解决方法。这篇日志被另一位教师看到后，引发了一场关于如何引导学生解决复杂数学问题的讨论。通过这次交流，教师不仅解决了自己的困惑，还学到了其他教师的有效教学方法和经验。

（6）课程开发与协作。教师间的协作体现在课程材料的开发和设计上，也就是教师共同设计教学计划、教材和教学资源，整合专业知识和经验。例如，初中数学教研组决定共同开发一套校本教材。教师们根据课程标准和学生实际情况，分工合作，共同设计教材框架、编写章节内容、制作配套课件等。在这个过程中，教师们不仅整合了各自的专业知识和教学经验，还形成了更为紧密的团队合作关系。最终开发出的校本教材更符合学生的实际需求，得到了师生的广泛好评。

（7）评价与指导。系统的同行评价和相互指导机制，也就是教师间进行相互评价，提供具体反馈，旨在促进专业成长和教学水平的提升。例如，初中数学教研组建立了完善的同行评价机制。每位教师都会定期接受其他教师的课堂评价，评价内容包括教学目标设定、教学内容选择、教学方法运用和学生互动情况等。评价后，评价者会给出具体的改进建议和指导方向。这种评价方式不仅促进了教师间的相互学习和专业成长，而且有助于形成更为科学、有效的数学教学策略。

2. 不同学科教师之间的合作

随着知识经济时代的到来，学科之间的交叉与融合已成为科学研究的重要趋势。跨学科合作在推动科技创新、解决复杂问题以及培养复合型人才方面具有深远意义。同科合作的主题是“并进”，这是因为学科性质相同；不同学科的合作，也就是跨学科合作中，不同学科的性质是不同的，故异科合作的主题便是“互补”。

在跨学科合作中，合作者间互为补充，不同学科在跨学科中的应用更接近于辅助的性质。横向跨学科合作是指同一层次的不同学科之间的合作，例如生物学与化学、物理学与社会学等，这种合作有助于拓宽视野，提高研究质量。纵向跨学科合作是指不同层次不同学科之间的合作，例如基础科学研究与应用技术开发等，这种合作可以实现知识的向下传递和向上反馈，推动整个知识体系的发展。多维跨学科合作是指多个学科之间的合作，例如自然科学、社会科学和人文科学等。这种合作可以促进知识的综合和创新，为复杂问题的解决提供新的思路和方法。

不同学科的互补合作，是利用该学科的长处去弥补另一学科的短处，例如，美术的具象能力较强，数学中的抽象概念表述难度较大，就可以利用美术的具象能力将数学中的抽象概念具象化地表现出来。再比如数学和语文学科的合作。教师可以利用几何知识的形体优势，将独体字的横竖结构以数学维度进行归类，方便学生理解，加快学生对知识的吸收速度，如“干”“于”等独体字，教师可以按照形体的结构设置 1:1、1:2 的维度，将形体分类到这些维度中，学生在学习时只要根据教师给出的维度，就可以进行规律化的形体练习，掌握书法作品的线条搭配规律。在该例子中，数学成为学生学习语文的辅助工具，依靠数学提供的几何概念知识，学生能跳出语文学科，从另一学科来剖析和掌握该学科的知识内容，这种互补性有利于降低学生的学习难度，使学生更快速地完成对本门学科知识的学习。再比如，数学和物理是密切相关的学科，因为物理中有许多概念需要使用数学进行描述和计算，像力学、电磁学等领域都需要使用数学来建立模型和解决问题。

数学是一门基础学科，它可以与许多其他学科融合，为这些学科提供必要的工具和基础。同时，数学也是一种思考方式，它可以帮助人们更好地理解和解决各种问题。

跨学科合作为学生提供了广阔的学习和实践平台，让他们能够接触到不同的学科知识和思维模式，培养其综合素质和创新能力。跨学科合作教育有助于培养出能够适应复杂环境、具备解决实际问题能力的复合型人才。

由此可见，合作是提高教学成效的有效方法，但根据合作者的专业不同，合作的性质也会发生变化。同科合作的目的是“并进”，以共同提升教学成效为目的；异科合作的目的是“互补”，以降低教学难度和学习难度。根据合作性质的不同，合作者要采取的合作方式和合作目标也要适当调整，如此才能确保自己的教学方法可靠有效，让学生的学习成效稳步提升。

（三）专业发展与持续学习：提高初中数学教师专业素养的相关措施

过去，初中数学教学常采用题海战术，虽能增加学生对题型的熟悉度，但忽略了对题目背后深层含义的挖掘，无法真正提升学生的数学素养。因此，初中数学教学面临迫切改革需求，以克服题海战术、忽视个体差异和教研组功能弱化等弊端。

1. 个性化教学与优化评估方式

随着教育理念的不断进步，我们越来越认识到每个学生都是独一无二的个体，他们有着不同的学习风格、兴趣和能力。因此，在初中数学教学中，倡导个性化教学和优化评估机制变得至关重要。

（1）设计差异化的教学方案。差异化教学是一种以学生为中心的教学方法，它根据每个学生的学习需求、能力和兴趣来定制教学方案。在初中数学教学中，教师可以通过以下方式实施差异化教学。

① 了解学生，因材施教。通过与学生交流，观察他们的学习行为和作业表现，教师可以了解每个学生的学习风格、能力和兴趣。这些信息有助于教师为每个学生制定个性化的学习计划。

② 小组合作，互助共进。根据学生的能力和需求，教师可以将学生分成不同的小组，为每组学生提供适合他们的教学内容和方法。例如，对于基础薄弱的学生，教师可以采用更直观、生动的教学方式，帮助他们建立稳固的数学基础；而对于基础较好的学生，教师可以引导他们深入探究更高级的数学概念和问题。

③ 掌握学情，精准施教。教师应根据学生的实际情况灵活调整教学进度，确保每个学生都能跟上教学进度。对于学习速度较快的学生，教师可以提供额外的挑战和拓展内容；而对于学习速度较慢的学生，教师应给予更多的指导和帮助。

（2）引入多元评价方式。传统的教学评估方式往往只注重笔试成绩，忽视了学生的其他能力和表现。为了更全面地评价学生的学习成果，教师应引入多元评价方式，包括实践性评价、学习成果评价和小组讨论、座谈等。

① 实践性评价。实践性评价关注学生的实际操作与问题解决能力，旨在全面评估其实践、应用及创新能力。这种评价方式通过观察学生在具体任务或活动中的实际表现来进行，不仅有助于提升学生的自信心和表达能力，还能使教师对学生的学习态度、合作精神和交流能力进行更为深入和准确的评价。

② 学习成果的评价。学习成果评价是全面衡量学生在特定阶段所掌握的知识、技能和综合能力的评价方式。它运用多种评估工具和方法，旨在客观反映学生的学习效果，并为教师提供学生学习进展的反馈，而教师可以调整教学策略以满足学生的个性化需求。此外，这种评价还能促进学生自我反思和提升。

③ 小组讨论。通过小组讨论、座谈的形式，鼓励学生针对特定的数学主题进行深入探究并准备相应的口头陈述。这种活动不仅能够有效锻炼学生的独立研究能力和逻辑思维能力，使他们能够更深入地理解和掌握数学知识，同时还能够提升学生的演讲技巧，增强他们的自信心和表达能力。

（3）利用技术手段提供定制化学习路径。随着科技的发展，越来越多的智能教学平台为个性化教学提供了有力支持。利用这些技术手段，教师可以为每个学生提供定制化的学习路径和反馈。

① 智能个性化学习。利用智能教学平台的推荐功能，可以针对每个学生的学习风格和进度，精准地为他们推送适宜的学习资源，包括生动有趣的视频教程、实用的在线练习题以及寓教于乐的互动游戏等。这些多样化且高效的学习资源，旨在充分激发学生的学习热情，促使他们更主动地投入学习。

② 实时反馈与调整。智能教学平台支持下的实时响应与个性化调整，使得教师能够及时掌握学生的学习动态并给予针对性反馈。此外，平台依托先进的数据分析技术，能够自动优化教学方案，确保每位学生均能获得量身定制的教学支持，从而有效提升学习效果。

2. *教研组制度管理*

重塑教研组角色，促进教师专业成长是提升教育质量的关键。强化教研组的引领作用，定期组织研讨与分享，更新教育观念；系统培训与专业课程助力教师提升能力；鼓励教师参与教育研究，激发创新潜能，共同推动教育教学不断进步。通过营造良好的学习氛围，激发学习者的创造性思维及学习动机，构建起一种高度柔性的、人性化的、多层次的、立体的、可持续发展的组织模式。

（1）教研组长的引领与同伴互助。教研组长在新时期应转变角色，从传统的知识传授者变为知识交流与讨论的引领者，营造组内成员平等对话、合作共享的氛围。同时，初中数学教研组应注重个体与团体的协同发展，鼓励教师主动参与、积极合作，在互相学习中丰富自身知识，实现合作共赢。部分学校已涌现出具有特色的教师工作室及名师工作室，成为教研组振兴与教师专业发展的重要力量。

（2）教研资源共享的特点。在学习型组织理论下，初中数学教研组注重资源共享，教师在教研活动中分享课件、教案和教学经验，以互助合作促进教研组建设。同时，教研组强调持续学习和反思，通过引导教师不断学习、反思教学实践、优化教学设计，推动初中数学教学更符合学生认知发展特点，进而促进教师的专业发展。

（3）优化数学教研组人力资源配置。为推进新型初中数学教研组建设，学校应优化人力资源配置，重视教研组长的选拔与培养。教研组长需具备较强的组织性、主动性、责任感及丰富的教学经验。同时，学校应通过培训等方式提升其业务能力，使其更好地引领组内成员进行知识交流与讨论。此外，学校应优化教研组人员结构，考虑教师个性、教龄、职称等因素，尝试“老带新”等管理方式，促进教师间的合理衔接。持续引进优秀教师是教研组可持续发展的关键，学校可加强校际交流，实施教师轮岗制度，为教研组注入新活力，推动教研活动的创新与发展。

（4）强化以集体备课为主的教研活动组织形式。初中数学教研组通过集体备课深化课程研究，以课程和学生为中心，分析数学学科内涵、教学内容及学生认知规律，优化教学设计。新课程改革下，教研组应关注数学思想与方法的渗透，针对初中生空间观念及建模能力的薄弱点，利用多媒体演示等手段，引导学生将数学知识应用于实际，培养学生的学科核心素养。备课过程中出现的问题应及时通过教研组讨论解决，确保教学计划有效实施，提升教学质量。

（5）完善教研组知识共享机制。知识共享是初中数学教研组建设的核心，旨在提升整体教研水平，有效指导教学实践。组内应形成乐于分享的氛围，教师需认识到个人力量的有限性，通过交流学习促进专业发展。学校及教研组应组织多样的教研活动，如听课、评课等，帮助教师发现问题、吸取建议，从而提升教学质量。教师的积极参与和共同学习是教研组建设的关键。

（6）制定可行的教研组发展规划。教研组应基于可持续发展和教学改革的需求，制定具体的发展规划。宏观上，学校需明确教研组的发展目标和管理制度，引导教研活动，鼓励教师持续学习、自我评价和不断改进。微观上，教研组应明确教师作为学习共同体的短期目标与责任，建立规范化制度，为教师学习和教学反思提供有力支持。通过这些措施，推动教研组建设的深入发展，提升教师的教学水平和专业素养。

3. 做好教学反思工作

做好教学反思工作对于提升教师教学水平、促进专业发展、增强创新意识、优化学生学习效果以及构建良好的教育生态至关重要，它是教师持续成长和教育质量不断提升的关键环节。

（1）教师开展教学反思活动的最终目的是提高学生数学学习的能力。教学反思旨在提升学生的数学学习能力。为此，教师应鼓励学生参与教学反思，通过多元互动促进反思效果。建立良好的师生关系是基础，多途径互动交流是关键，如课堂讨论、征求学生意见等。同时，参与课题研究能深化反思，提升科研与教学能力。学校应建立制度保障，确保反思工作规范化、日常化，从而取得良好成效。

（2）制定教学反思制度，促进教师反思。为确保教学反思工作持续有效，学校应建立具体的反思制度，明确时间、频次、内容及质量标准，并营造全校性的反思氛围。例如，规定每周固定时间的集体反思、每月的反思案例或反思日记提交，同时加强制度执行与监督，从而推动教师养成主动反思的习惯，提升教学反思效果。

（3）做好教学反思保障，支持教师反思。为确保教学反思工作的有效进行，学校应提供必要的物资、设备及环境支持，包括提供便利的反思场所、丰富的图书资料和教学视频，以及现代化的电脑和多媒体设备。同时，学校应构建广泛的交流平台，促进校内外的教学反思交流，从而提升教师的教学反思效果和质量。

（4）加强教学反思评价，激励教师反思。为提高数学教师教学反思的主动性和积极性，学校应建立有效的评价与考核机制，定期检查教师的教学反思成果、态度和存在的问题，并通过激励措施强化教师的自我反思意识。学校领导应引导教师总结反思中的成功经验，加大对突出教师的激励力度，使教学反思成为每个教师的自觉行为，从而真正发挥其在教学中的作用。

（5）重视课堂导入，激发学生学习兴趣，优化教学环节。现阶段数学教学常因知识复杂、烦琐和逻辑性强而导致学生兴趣丧失，加之教师偏重课本讲解，缺乏趣味性，使得课堂教学效率下降。因此，教师需及时反思教学方式，注重教学趣味性，全面激发学生的学习兴趣，构建高效、有活力的课堂。例如，在教授“有理数的混合运算”时，教师可通过扑克牌 24 点游戏导入课程，激发学生的学习热情，提升教学效果。同时，教师应重视并优化课堂导入环节，有效构建情感底色，调动学生的主观能动性，从而提升教学效率和质量。

4. 加强教师专业素养培养

数学是富含历史文化知识的学科，对数学教师的专业素养提出了很高的要求。为加强数学专业素养，教师应深化数学文化学习，通过阅读、研究等方式探索数学的演变与挑战，为教学奠定坚实基础。在教学中融入数学文化教育至关重要，它能引导学生感受数学的魅力，理解学者们的探索精神，从而培养学生自信与科学的精神。同时，教师应以数学文化为基石，开展跨学科实践课程，通过主题或项目式教学激发学生的创新思维。为提高教师的专业素养，学校需完善培训体系，为教师提供持续学习与成长的环境。这样，数学教师就能不断提升自身能力，更好地肩负起培养学生数学素养的使命。

（1）实施分层次培养策略。为加强教师专业素养培养，实施分层次培养策略是关键。针对新入职教师，培训应聚焦于职业道德、学科知识与教学创新等方面，助其快速适应工作环境。针对青年教师，需注重思想引导与业务提升，鼓励其创设真实教学情境、创新教学方法，并推动信息技术与数学教育的融合。骨干教师则应发挥引领作用，助力新教师成长，同时探索教育教学改革，创新教学手段。此外，对有潜力的教师应给予重点支持和强化培养，如提供专家指导，以促进教师素养全面提升。

（2）推进校本研修机制。义务教育数学课程标准修订组明确指出，校本研修是确保新课标有效实施的关键。教师主要通过备课组交流和课题组交流两种方式来提升数学素养。备课组交流聚焦教学内容，采用集体备课或同课异构等方式，促进团队协作和共同成长。新课标强调以大概念为引领的教学，要求教师深入理解数学本质，而课题组交流则针对具体研究课题，对教师个人素质和专业素养提出了更高要求，课题组通过阅读大量文献、深入调查研究，积极推动教师数学素养的提升。因此，推进校本研修机制有助于全面提升教师的专业素养和教育教学能力。

（3）拓展网络研修平台。在信息时代，加强教师专业素养的培养需积极拓展网络研修平台。数学教师应打破传统观念，充分利用互联网优质资源进行学习，如通过教师专业发展平台参与在线课程、研讨会，提升教学能力和素养。同时，利用综合性网络平台举办教师假期培训，汲取数学领域专家讲座、教学案例等宝贵资源。网络研修平台的拓展，有助于数学教师适应教育信息化趋势，高效整合各类资源，制定个性化学习计划，保持持续学习热情，进而全面提升自身数学素养和教育教学能力。这样的举措不仅促进了教师的专业发展，也为学生的全面发展提供了有力支持，实现了教育与技术的有机融合。

5. 采用教学比赛机制，促进教师数学素养的提升

教师教学技能比赛为数学教师的专业成长提供了坚实而广阔的平台，有效促进其数学素养全面提升。通过举办形式多样的技能比赛，可以引导数学教师形成互相学习、努力拼搏、勇于创新的良好氛围。结合学校实际情况，我们开展多元化的技能比赛，如数学文化知识竞赛等，以此激发教师的学习热情，营造积极向上的学术氛围。同时，针对 2022 年版新课标，我们组织数学课程教学设计比赛，要求参赛作品紧密围绕新课标要求进行设计。在新课标的指导下，数学各领域主体进行了结构化调整，学段划分更为科学，部分小学知识延伸至初中学段。因此，教师在教学设计中需精准把握知识间的联系，做好学段间的知识衔接。此外，教学设计还应注重发挥学生的主体作用，倡导合作探究的教学方式，以实现教学活动的有效开展。

6. 开展教学实践，理论与实际相结合

独木难成林，数学教师想要提升自身的数学素养，要依托教师群体的共同发展。前文主要论述了通过理论学习和培训来提升数学教师素养的重要性，理论与实际相结合才能将所学到的知识应用到实际的教学工作中，在教学实践中教师不断发现问题并予以解决。初中数学教师的教学实践主要有说课、试讲、评课和观摩课等。初中数学教师要积极参与各级教育部门组织的教学实践活动，这是进行自我数学素质培养和提升的有利途径。通过与其他教师交流合作、自我反思和总结，可以及时发现自己专业知识及数学素养的不足。一个人的成功不是由他的优势决定的，而是由其短板决定的。只有不断地找“短板”、补“短板”，才能促进自身数学素养不断得以提升。

7. 在新课程改革的背景下，有效反思对于教师的专业发展具有深远的意义

它不仅可以提升教师的教学水平和教育质量，还可以促进教师的个人成长和职业满足感。因此，我们应该高度重视教师的自我反思和专业成长，为学校的持续发展注入不竭的动力。通过加强教师的自我反思和专业成长，我们可以期待一个更加美好的教育未来。在未来，教师将成为学生成长的引路人和伙伴，学校将成为学生全面发展的摇篮。

二、教师与家长的合作

家校合作是促进学生全面发展、提升教育质量、加强教育与社会联系的关键途径，具有多方面的优势和价值。为了与家长建立理想的合作关系，共同促进孩子的全面发展，

应遵循以下基本原则：充分尊重家长、秉持正确的家庭教育理念以及确保家校之间的紧密沟通等。

（一）尊重家长，建立信任

尊重家长独特的教育观念和方法，以开放和尊重的态度倾听他们的声音，是建立信任和合作关系的基础。每个家庭都有其独特的教育方式和价值观，这是家长根据自身的文化、经验和信仰为孩子精心设计的。教师应理解并尊重这些差异，避免将自己的教育观点强加于家长，更不应干涉家庭内部的教育决策。这种态度能让家长感受到教师的包容和理解，使家长更愿意分享孩子的成长点滴，与教师共同关注孩子的发展。

（二）树立正确的家庭教育理念

树立正确的家庭教育理念，强调亲子关系的和谐、孩子个性的尊重以及全面发展的重要性，鼓励家长积极参与共育活动，共同解决孩子在成长中遇到的问题。家庭教育是学校教育的重要延伸和补充，对学生的成长发展具有不可替代的作用。应鼓励家长认识到自己在孩子教育中的责任和角色。教师可通过家长会、家访等方式，与家长共同探讨和解决孩子在成长过程中遇到的问题，特别是数学教育方面的挑战。通过共同制定和实施有效的解决方案，使家庭教育在数学教育中发挥更大作用，促进孩子全面发展。

（三）确保紧密沟通

利用现代信息技术确保家校之间的即时、便捷联系，打破时空限制，增强互动与合作，为孩子的未来发展奠定坚实基础。良好的家校沟通方式是合作的基石，也是保障学生健康成长与全面发展的关键。有效的沟通有助于教师及时掌握学生的学习进度和问题，提供精准指导，关注学生的情感与心理健康，帮助学生共同应对成长挑战。通过开放坦诚的沟通，双方可增进理解，形成教育合力。应建立并保持多种沟通渠道畅通，注重沟通方式与语气，共同营造良好的教育环境。教师还可以利用这些平台分享家庭教育指导策略、教育资源和孩子学习进展等方面的信息。引导家长为学生创造应用数学知识的机会，将课堂学习与日常生活紧密结合起来，让孩子在实践中检验所学知识，提升应用能力并实现个人成长。

（四）教师与家长建立共同的育人目标

教师和家长作为学生成长过程中的两大支柱，必须确立共同的教育目标。这不仅包括学业上的成功，更涵盖了学生的品德培养、情感发展、社交技能等多个方面。只有双方在教育目标上达成一致，才能形成合力，共同推动学生全面发展。

1. 学业发展目标

教师和家长可以共同制订学习计划，确保学生在各个学科上都能得到均衡发展。家长可以在家中监督孩子的学习进度，鼓励他们独立完成作业，而教师则可以提供额外的辅导和支持。这种合作方式能够帮助学生更好地掌握知识，提高学习效率和成绩。

2. 品德培养目标

教师和家长都希望学生能够具备良好的道德品质，如诚实、善良、尊重他人等。这些品质是学生成为合格社会成员的基础，也是其未来人生道路上不可或缺的财富。为了实现这一目标，教师和家长需要在日常生活中以身作则，为学生树立良好的榜样，并通过各种教育活动和实践机会来培养学生的道德品质。

3. 情感发展目标

教师和家长需要给予学生足够的关爱和支持，帮助他们建立健康的自我认知和情感态度。教师可以通过课堂活动和个别谈话来了解学生的情感需求，提供情感疏导和支持；家长则可以在家庭中营造温馨、和谐的氛围，让孩子感受到家的温暖和爱的力量。这种合作方式有助于学生形成积极的情感态度，更好地应对生活中的挑战和困难。

4. 社交技能目标

教师和家长可以通过组织各种团队活动和社会实践活动来提高学生的社交能力。教师可以安排学生分组合作完成任务，培养他们的团队协作能力和沟通能力；家长也可以鼓励孩子参加社区活动、课外兴趣班等，让他们接触更多的人和领域，拓展社交圈子。这种合作方式有助于学生更好地融入社会，提高其人际交往能力。

教师和家长确立共同的教育目标后，他们之间的合作将更加紧密和有效。这种合作不仅有助于学生全面发展，更能够为他们未来的成功和幸福奠定坚实的基础。同时，这种合作方式也能够促进教师和家长之间的互相理解和尊重，形成良性的互动关系，共同为学生的成长和发展贡献力量。

（五）教师与家长共享教育资源

家长和教师是教育领域中不可或缺的资源提供者。家长作为孩子的第一位教育者，他们深厚的文化底蕴、丰富的社区经验以及独特的职业知识，为学生打开了一扇扇探索世界的窗口。这些宝贵的资源不仅拓宽了学生的学习视野，更为他们提供了将所学知识与实际生活相结合的实践机会，从而加深他们对知识的理解与应用。而教师，则是专业教育资源的守护者。他们凭借深厚的学科知识和丰富的教育教学经验，为学生量身定制了一套套科学、系统的学习策略。这些策略旨在帮助学生更高效地掌握知识、提升技能，为他们的未来发展奠定坚实的基础。

当这两种资源得到有机整合时，学生的学习体验将得到前所未有的丰富和提升。家长和教师的合作不仅实现了资源共享，更在无形中推动了学生全面发展的进程。这种全方位、多角度的教育合力，有助于学生在知识、能力、情感等各个层面都取得显著进步。这种资源共享的模式还极大地促进了家校之间的紧密联系与深度合作。家长和教师之间的沟通与合作更加频繁、深入，共同为学生的发展出谋划策。这不仅有助于教育资源的优化配置，更提高了教育资源的利用效率，为学生的成长创造了一个更加和谐、高效的教育环境。

三、教师与学生合作

在教师与学生的合作中，这种关系不仅是教育过程中的基本要素，更是推动学生全面发展的关键力量。合作不仅意味着教师和学生在知识传递上的互动，还涵盖了情感交流、价值观塑造以及生活技能的培养。教育是师生间心灵的交响乐，是知识与情感的双向流淌的过程。当我们踏上教学的舞台，就应该像指挥家一样，与学生们紧密配合，聆听他们内心的旋律。通过与学生的深入交流，我们能捕捉到他们独特的个性光芒和潜在的学习渴望，因势利导，点燃他们智慧的火花。

（一）教师尊重和信任学生是与学生平等交流的基础

1. 以平等的心态与学生携手共进

在现代教育理念下，以合作为核心的教学模式正在逐渐兴起。在这种模式下，学生的个体差异和独特性应得到充分尊重和重视。合作教学的关键在于培养学生的自主性。在课前，学生应主动预习，自主探究未知领域，为课堂学习做好准备；在课堂中，学生应积极思考，主动参与讨论，将知识内化为自己的认知结构；在课后，学生应继续探索，勇于实践，将课堂所学应用于实际生活中。

在师生合作的过程中，教师的角色发生了转变，从单纯的知识传授者变为学生的引导者、合作者和支持者。教师需要深入挖掘学生的潜能，注重培养学生的独立思考能力和自我学习能力。同时，教师还应构建互助学习的机制，让学生在相互合作、共同探究的氛围中不断成长。数学作为一门逻辑性和思辨性极强的学科，对教师的教学引导能力提出了更高的要求。在合作教学中，教师应注重引导学生从不同角度思考问题，深入分析问题本质，培养学生的逻辑思维和解决问题的能力。同时，教师还应关注学生的学习状态，及时给予指导和帮助，确保学生能够全面、深入地掌握数学知识。

在师生合作的教学模式中，教师应始终尊重学生的主体地位，注重培养学生的自主性，提高学生的综合素质。合作教学旨在激发学生的学习热情，提升他们的数学能力，培养他们的自主学习和探索精神。只有这样，才能实现数学课堂的提质增效，为学生全面发展奠定坚实基础。

2. 教师能和学生共情，是促进师生良好关系的前提

学生的成长是一个受多方面因素影响的复杂过程，其中包括家庭、社会、学校等诸多因素。教育过程中，学生的主观能动性是决定其成长轨迹的关键因素。

中学时代是学生情绪波动大、自我意识迅速发展的时期。他们可能经历忧郁、恐惧等“成长之痛”，情绪易爆发且冲动，也易快速转变，显露出两极性。同时，中学生的情绪既外露又内隐，他们随着年龄增长逐渐学会调控情绪。此外，他们情绪的心境化（即情绪的持续性、稳定性或情绪状态的持续表现）特点使其易受成功经历等影响，能长时间保持良好心境，对学习和生活产生深远影响。作为教师，我们需要深入了解学生的情绪特点和发展规律，与他们建立深厚的情感联系。通过共情，我们能够更好地理解学生的内心世界，感受他们的喜怒哀乐。这种共情不仅是合作的诚意和基本素养，更是我们助力学生健康成长的重要力量。

（1）师长的鼓励和支持能激发其积极的学习态度。心理学家奥苏泊尔认为，学生的成就动机包括认知内驱力、自我提高内驱力和附属内驱力。附属内驱力尤为关键，它体现了学生为获得师长认可而努力学习的渴望。马斯洛的需求层次理论也强调了尊重需求的重要性，青春期学生的学习动机往往与这一需求的满足密切相关。若感受到师长的信

任和尊重，学生会产生强烈的学习动机，制定目标并为之努力。反之，若遭遇挫折时只受到批评，其情绪将受到重创，斗志难以重燃。因此，师长应与学生沟通，分析失败原因，给予鼓励和支持，以满足学生的情感需求，激发其积极的学习态度。

（2）良好师生关系的基础是教师细致入微的观察。教师只有更好地理解学生的内心世界，感受他们的情感波动，才能对学生的进步给予及时而恰当的评价。当学生取得进步时，教师应该用共情的心态来欣赏他们的成就，体会他们内心的喜悦和自豪。通过肯定和鼓励，教师能够增强学生的自我效能感，让他们感受到自己的能力和价值得到了认可。这样的情感共鸣能够激发学生的学习积极性，促使他们更加努力地追求进步。因此，在学生发展的过程中，教师不仅要关注学生的知识掌握和技能提升，更要关注学生的情感需求和情感体验，用共情的心态来陪伴他们成长。

（3）教师要耐心地接纳学生的错误。根据新课程改革背景下的学生观，学生是发展中的人，在遗传、环境和学校教育等因素的影响下，学生的身体和心理等方面在质和量上得到发展。学生的发展具有顺序性、阶段性和不平衡性等特点，所以教师和家长要遵循学生发展的规律，抓住发展的关键期，及时对学生进行教育。教师更应该有先进的教育理念和良好的职业修养，用欣赏的眼光看待学生，把学生的错误也当成一种教育资源，因势利导，抓住时机对学生进行正确的教育。学生作为一个具有独立个性的个体，有自己的主观意识、思维判断，他们的遗传素质和成长环境等各有差异，因此每一个个体也就与众不同，所以在学生的发展上也各有特点，老师和家长就要客观公正地看待学生，不能拿统一的标准或某一项条件来衡量学生优劣，有的学生特长是体育，有的学生特长是音乐，有的学生性格活泼，有的学生性格内敛……我们要善于发现学生的闪光点，因材施教，使不同的学生通过教育得到不同的发展。

（4）提升个人素养是教育工作者应该有的情怀。韩愈在《师说》中深刻阐述了教师的角色：“师者，所以传道受业解惑也。”这不仅指出了教师知识传授的职责，更强调了其品德教育的使命。教师不仅要教书，更要以身作则，引导学生形成良好品质和高尚情操。他们被誉为人类灵魂的工程师，因为他们的工作是塑造人的灵魂，帮助每个人成为一个更完整、更有品格的人。

在教学活动中，教师发挥着至关重要的作用，对整个过程进行调控。然而，情感、态度等教学目标因其内隐性和难以量化的特点而常被忽视。这就要求教师更加关注学生的情感需求，加强情感教育。正如“学高为师，身正为范”所言，教师应成为学生的榜样，通过自己的言行影响学生。教师职业要求极高，教师不仅要具备丰富的知识，还要有多种角色，如示范者、管理者、朋友和研究者等。面对个性迥异的学生和复杂的教育环境，教师需要适应并预测社会发展趋势，做到未雨绸缪。

优秀的教师始终秉持着学习的态度，永不满足于既有的知识，坚持终身学习。他们深知，只有不断进步，才能更好地培育学生，引领他们走向成功。在此过程中，“师者如泉，学者如杯”的哲理激励着教师持续自我提升。同时，教师需建立深厚的“情感银行”，存入鼓励、信任、支持与关爱，以丰富的情感资源赢得学生的内心认同，确保教学活动顺利进行。在情感交流中，教师应审慎管理情感支出，避免过度消耗，确保情感交流的良性循环。面对学生的错误或不足，教师应避免严厉指责，以防情感"透支"，导致信任破裂。尊重、信任与关爱学生是教育的基石，教师应积极关注学生的情感状态，为他们的全面发展奠定坚实基础。

（二）教师与学生合作学习应该是双向的

在教育的过程中，师生合作的双向性显得尤为关键。教师不仅是知识的传递者，更应成为学生学习旅程中的引路人和合作伙伴。为了充分发挥学生的主动性，教师应积极营造开放、包容的学习氛围，鼓励学生勇于表达观点、提出问题，并与他们一起探索、讨论。学生主动学习的态度在很大程度上是教师引导和促进的结果。当教师给予学生足够的信任和支持时，学生会更自信地参与学习，主动地寻求知识、解决问题。这种互动式学习不仅激发了学生的学习兴趣，而且培养了他们的批判性思维、问题解决能力以及自主学习能力。

因此，教育的成功不仅仅取决于教师单方面的努力，更在于教师能否有效地激发学生的主动性，使他们真正成为学习的主人。只有学生和教师共同努力、相互合作，才能构建一个充满活力、高效互动的学习环境，从而促进学生全面发展。

1. 建立平等的沟通氛围是教师和学生合作学习的基石

营造平等的沟通氛围对于激发学生的学习热情、培养他们的自信心和批判性思维至关重要。在平等的沟通氛围中，学生会愿意参与到课堂讨论中，分享他们的想法和见解。这种氛围需要教师对学生的问题和疑惑给予认真和耐心的回应，而不是轻率地忽略或驳回。另外，教师还要鼓励学生表达自己的看法，这是培养他们自信和独立思考能力的关键。在传统的教学模式中，学生往往习惯于被动地接受知识，而很少有机会表达自己的观点。平等的沟通氛围，也是鼓励多样性和创新思维的环境，教师会主动邀请学生发表意见，进而鼓励他们提出与教师不同的见解。这种做法不仅有助于培养学生的自信心，还能激发他们的创造力和批判性思维。

设置开放性问题也是营造平等沟通氛围的重要手段。开放性问题没有固定的答案，它们鼓励学生从不同的角度思考问题，寻找多种可能的解决方案。这种类型的问题不仅有助于培养学生的发散性思维，还能激发他们对知识的好奇心和探索欲。在回答开放性问题时，学生需要运用自己的知识和经验进行分析和推理，这个过程本身就是对他们批判性思维能力的锻炼。

2. 教师关注学生的学习态度是合作学习的关键因素

学生是自己学习的真正执行者，所以必须使学生自身的能动性得到很好的发挥才能促进学习。教师关注学生的学习态度确实是合作学习的关键因素之一。学习态度不仅影响学生的学习效果，还直接关系到合作学习的氛围和成效。在合作学习中，学生需要积极参与、充分交流、相互协作，而这些都建立在良好的学习态度基础之上。如果教师能够关注学生的学习态度，及时发现并纠正学生的消极情绪、被动参与等问题，就能够有效地提高合作学习的效果。同时，教师关注学生的学习态度还有助于培养学生的自主学习能力和终身学习习惯。当学生意识到自己的学习态度被教师重视时，他们会更加注重自己的学习方式和方法，从而逐渐形成良好的学习习惯和自主学习能力。

在实际教学中，教师可以通过观察、交流、反馈等方式来关注学生的学习态度，并及时调整教学策略，以激发学生的学习热情和参与度，从而提高合作学习的效果。学生自身要端正自己的学习态度，改进学习方法，更高效地学习，比如在学习一节新课之前，学生要做到预习，预习有助于知识的迁移，将自己已有的知识与新知识建立联系，给上课打下知识基础与心理基础，也可以对新知识的学习更有针对性，把自己不能理解的点做好记录，在老师讲授时集中精力听老师的讲解，或者自己的思想与老师不一致时，及时提出问题及时得到老师的帮助从而解决疑难问题。在课堂上要将注意力放在学习上，紧跟老师的步伐，积极参与老师布置的讨论与思考，大胆跟老师和同学们分享自己的想法和感悟；和同学们讨论时要发扬团结合作的精神，积极建言献策，培养自己的合作意识和人际交往能力。在课后强化学习，做好总结反思，将知识点进行延伸拓展，灵活运用，遇到问题不存在侥幸心理，不解决不罢休，通过查阅资料或寻求同学和老师帮助等途径攻克难点。

3. 协助学生建立和谐的关系网络

学生的学习离不开老师的指导，同时也离不开同样为学生的伙伴。学生和教师是教学的合作者，是共同的参与者，所以学生要尊师重道，把老师当成自己成长道路上的伙伴，大胆质疑，虚心向老师请教，主动适应老师的教学方法，配合老师的教学安排。同时注重同学之间的友好交往，能够有一群能共同进步的伙伴。学生之间的友好交往也是促进学习的重要因素。同伴作为学习伙伴，可以提供实时的互助和合作；同伴作为情感的支持者，可以给予彼此鼓励和支持；同伴之间的思维碰撞也是促进学习的重要因素；同伴还是学生成长的共同见证者。同学间的互相帮助、讨论和分享不仅可以加深对知识的理解，还能培养团队合作精神和社交能力。一个积极向上的学习氛围能够激发学生的学习动力，促使他们在学术和个人素养上都能得到全面发展。

4. 教师帮助学生正确认识自己，塑造成功的自我

在学生成长的旅途中，可能会遭遇来自家长或老师的不经意否定，这种否定可能转化为内心的阴影，影响学生的情绪和自我认知。因此，学生应正确看待自己，不被一时的失败所定义，而是积极向前看，从榜样中汲取力量，以顽强的毅力战胜困难，逐步迈向成功。榜样的力量如同心中的灯塔，照亮前行的道路，激发学生的内在潜能，点燃希望之火，成为他们成长路上的守护神。

（1）教师在学生的自我认知过程中发挥着关键作用。通过日常的教学互动和观察，教师能够深入了解学生性格特点、兴趣爱好、优势与不足等。基于这些信息，教师可以为学生提供有针对性的反馈和建议，帮助他们更加全面地认识自己。例如，对于某个在数学方面表现出色的学生，教师可以鼓励他进一步探索数学领域，同时提醒他注意发展其他方面的能力，以实现全面发展。

（2）教师支持学生的个性发展。每个学生都是独一无二的个体，具有不同的潜能和

天赋。教师应该尊重并欣赏这种多样性，为学生提供个性化学习和发展的机会。例如，教师可以根据学生的兴趣和特长设计不同的课程项目或活动，让学生在自己热爱的领域中发光发热。这样的教育方式不仅能够激发学生的学习兴趣和动力，还能培养他们的自信心和成就感。

（3）教师在学生未来规划方面也发挥着重要作用。通过与学生的深入交流和了解，教师可以帮助学生明确自己的职业目标和发展方向。在此基础上，教师可以为学生提供有针对性的指导和建议，帮助他们制定切实可行的计划和策略。例如，对于想要成为科学家的学生，教师可以鼓励他们参加科学竞赛或研究项目，以提升他们的实践能力和科研素养。

由此可见，教师在帮助学生正确认识自己、塑造成功的自我方面发挥着至关重要的作用。通过引导学生自我认知、支持个性发展以及指导未来规划，教师能够帮助学生建立积极的自我形象，实现自我价值。

（三）教师与学生合作还应该延伸到课堂之外

教师可以通过精心策划和组织各种课外活动、社会实践等形式，为学生打开一扇通往现实社会的大门，提供更多实际应用知识和锻炼技能的机会。这些活动不仅是对课堂教学的有力补充，更是培养学生全面素质和社会适应能力的重要途径。

1. 课外活动

课外活动具有多样性和灵活性的特点，能够满足不同学生的个性化需求。教师可以根据学生的年龄、兴趣和特长，设计诸如科技竞赛、文艺表演、体育比赛、社会服务等活动。在这些活动中，学生可以将课堂上学到的理论知识付诸实践。例如，通过科技竞赛应用物理、化学等原理，或在文艺表演中锻炼语言表达和团队协作能力。这种知识与技能的融合，有助于加深学生对学科知识的理解，同时培养其实践操作能力和创新思维。

2. 社会实践

社会实践是学生接触和了解社会的重要窗口。通过参与社会实践，学生可以走出校园，深入社区、企业、农村等广阔天地，亲身体验社会的运作和发展。在这些实践中，学生不仅能够观察和了解到社会的多样性和复杂性，还能在解决实际问题中锻炼自己的分析、判断和解决问题的能力。例如，在社区服务活动中，学生可以与社区居民互动交流，了解他们的需求和期望，同时通过自己的服务为社区发展贡献力量。这种亲社会的体验，有助于培养学生的社会责任感和公民意识。

教师通过组织课外活动、社会实践等形式，可以为学生提供更加丰富多彩的学习体验和发展平台。这些活动可以让学生获得更多的指导和帮助，与同学合作可以培养团队精神和协作能力，而与社会人士接触则可以让学生拓宽人脉和视野。学生既能够实际应用知识和技能，还能在交流和合作中拓宽视野，增强社会适应能力。这些交流和合作不仅有助于提升学生的综合素质，还能为其未来的学习和职业发展打下坚实的基础。这种教育方式符合现代教育理念和学生发展需求，值得在教育教学实践中广泛推广和应用。

第二节 教师应该是学习者

教师的工作虽然以教育为主，但不能仅仅是“教”，教师更要“学”。教师既是施教者，也是学习者；既要帮助学生成长，自己也要在施教过程中不断成长。然而，在实际工作中，许多教师缺乏主动学习和积极学习的意识，大部分学习活动往往是在学校组织或要求下才被动进行的。这种被动式的学习状态，显然难以满足成为一名优秀教师的内在要求。被动学习容易导致教师的思想认知长期停留在浅层，缺乏深度和广度，进而影响其教学能力的提升。随着教育形势的不断变化和教学要求的持续提高，这种不注重自我学习、自我提升的状况，必然会使教师难以适应新时期的教学环境，无法有效完成新时期的教学任务。因此，教师不仅要做到教书育人，还应当像学生一样，成为一名持续的学习者，不断学习，不断进步，才能为学生带来更理想、更有效的课堂学习体验。

一、教师要关心国家大事

教师不仅要关心教育领域的事务，也要关心国家的发展大局。

（一）教育事业与国家发展的紧密联系

教育事业是国家发展和社会进步的基石。国家和社会的持续发展，离不开教育工作者的辛勤付出和优质人才的培养与输送。教师的宏观视野，既是对教育事业的宏观把握，也是对国家发展的深刻理解。一名优秀的教师应当关心国家大事，善于了解国家大事，并理解国家大事与教育工作的内在联系，学会将二者有机结合，最终推动教育事业的进步。教师还需要将国家大事与教育实践相结合，不断调整和优化教学策略，以培养出更多符合国家需要和社会发展要求的高素质人才。

（二）构建适应社会发展需求的教育体系

教育是生活的需要，是社会建设的需要。随着我国社会结构与资源的日益复杂，生活、工作、产业、行政等领域中的问题日益复杂。面对复杂多变的未来，构建更具普遍使命、结构合理且富有活力的教育体系，传承并创新教学经验，助力社会发展和人类文明进步，成为时代赋予教育工作者的必然使命。这要求教师时刻关注国家政策和社会方针，了解社会需求和变革方向，从而确保教育与社会需求的有效对接。

（三）教育强国在实现国家发展中的重要作用

党的十九大报告明确指出：“建设教育强国是中华民族伟大复兴的基础工程……要培养德智体美劳全面发展的社会主义建设者和接班人。”这一重要论述，一方面强调了教育强国在实现中华民族伟大复兴的中国梦中的重要作用和战略地位，提出了教育优先发展的战略；另一方面，教育的根本目的在于培养德智体美劳全面发展的社会主义建设者和接班人。培养什么人是教育的首要问题，怎样培养人是教育者必须深入研究的课题，为谁培养人是教育的根本问题。同时，如何通过教育方式使学生充分吸收知识，实现自我成长，也是教育工作者急需探索的问题。通过关心国家大事，教师可以更好地理解教育方针和政策背后的意图和期望，从而更好地履行自己的职责和使命。

（四）创新理想的教育环境需要教师关心国家大事

一个理想的教育环境，应当具备先进、完善的课堂条件，系统的课程体系，丰富多彩的教学活动，科学全面的评价机制，为学生身心发展、思想碰撞、陶冶情操提供必要的物质基础与广阔平台。要实现这一目标，教师需要时刻关注国家政策，联系社会方针，顺应时代潮流，做好对国家发展形势的配合工作，为国家战略的落实和社会经济的腾飞贡献自己的力量。同时，教师还应鼓励学生关心国家大事，培养他们的公民意识和社会责任感。通过师生的共同努力，我们可以构建一个更加理想的教育环境，为国家的发展和社会的进步贡献力量。

教师作为教育事业的中坚力量，肩负着培养未来一代的重要使命。为了更好地履行这一职责，他们需要时刻关注国家政策和社会方针，深入理解其背后的意图和期望。同时，教师还应顺应时代潮流，不断更新教育理念和教学方法，以配合国家的发展形势。通过这样的努力，教师不仅可以为国家战略的落实提供有力支持，还能为社会经济的腾飞贡献自己的力量。这种紧密的结合将确保教育与国家发展同频共振，共同推动社会进步与繁荣。

二、教师要掌握教育大形势

教育事业是国家发展的重要支柱，教师作为教育事业的中坚力量，需要时刻关注教育方针和教育形势，以确保自身的教学实践与国家政策和社会发展需求相契合。

（一）教师需要从宏观角度出发，了解国家的教育方针和政策

教师需要从宏观角度出发，了解国家的教育方针和政策，把握教育发展的总体趋势和方向。这可以通过关注教育部文件、参加教育研讨会、与同行交流等方式实现。只有了解大局，教师才能更好地定位自己的角色，明确自己的职责和使命。例如，近年来我国推行的新课标改革，就是一次重大的教育改革。新课标注重学生的全面发展，强调核心素养的培养，提倡以学生为中心、以活动为主的教学方式。教师需要深入理解新课标的理念和要求，将其贯彻到日常教学中。比如，在数学课堂上，教师可以设计更多基于真实情境的任务，让学生在完成任务的过程中提升思维能力。

（二）教师需要将教育方针和政策转化为具体教学实践

教师需要将教育方针和政策转化为具体教学实践。这需要教师具备全局意识和自我提升的意识。全局意识意味着教师需要从整体上考虑教育问题，关注学生的全面发展，而不仅仅局限于自己的学科或课堂。自我提升则要求教师不断学习和进修，提高自己的专业素养和教育教学能力，以更好地适应教育形势的变化。

立德树人是教育的根本任务，也是教师应秉持的教育理念。在日常教学中，教师不仅要传授知识，更要注重培养学生的品德和价值观。例如，在数学课上，教师可以通过讲述历史上数学家的故事，引导学生理解并践行爱国主义精神。

同时，“双减”政策的实施也对教师提出了新的挑战。“双减”政策要求减轻学生的课业负担和校外培训负担，这意味着教师需要更高效地进行课堂教学，同时也要关注学生的课后生活。教师可以利用跨学科学习的方式，将不同学科的知识和技能进行整合，设计综合性、实践性的课后作业，让学生在完成作业的过程中巩固知识、提升能力。

（三）教师需要注重与学生的沟通和交流

与学生的沟通和交流不仅是了解学生需求和反馈的重要途径，也是培养学生表达能力和社交能力的重要方式。教师应关注学生的需求和反馈，积极解决学生的问题。这体现了教师的服务意识和奉献精神，也是教师职业的重要特征。通过这样的互动，教师可以更好地了解学生的实际情况，调整自己的教学策略，提高教学效果。例如，在数学课上，教师可以鼓励学生提出自己的解题思路和方法，然后组织学生进行讨论和评价，让学生在交流的过程中提升数学思维和表达能力。

（四）教师需要时刻保持对教育事业的热情和投入

教师需要时刻保持对教育事业的热情，以更饱满的精神状态投入到教育事业中。这意味着教师需要具备高度的责任感和使命感，把工作当作自己的事业来追求。只有这样，教师才能在工作中不断追求卓越，为学生的成长和未来奠定坚实的基础。只有真正热爱教育事业，才能把工作做到最好。在追求卓越的过程中，教师需要不断学习和进修，提升自己的专业素养和教育教学能力。例如，教师可以利用假期参加专业研讨会或培训课程，学习最新的教育理念和教学方法；也可以积极参与教育科研项目或课题研究，提升自己的研究能力和创新能力。

综上所述，教师需要时刻关注教育方针和教育形势的变化，将宏观政策转化为具体的教学实践；需要注重与学生沟通和交流，培养学生的综合素质；需要保持对教育事业的热情和投入，不断追求卓越和创新。这样的教师才能符合“好教师”的要求和标准，为国家的教育事业做出更大的贡献。

三、教师要厚积理论知识

教师需要具备多方面的知识和素养，包括理论知识、教学能力、教学态度、教学方法以及人文素养等。

（一）教师深厚的理论知识是其有效开展教育工作的基础保障

过硬的教学能力、勤勉的教学态度、科学的教学方法是教师的基本素养。学生可以容忍老师的严厉，但绝不能原谅老师的知识浅薄。作为与学生接触时间最长的人，教师需要用更巧妙的方法引导学生，这就对教师的学识提出了更高的要求。

（二）既授人以鱼，又授人以渔

一位有智慧的数学教师、一位合格的数学教师，不仅要在课堂上传授知识，更要在生活和学习的各个方面指导和帮助学生。现代社会知识日新月异，学生见多识广，甚至有部分学生在初中阶段就开始学习编程算法等高级知识。如果教师不学习，就难以掌控课堂，无法适应学生的需求，就会成为教育工作的门外汉，不能令学生信服。因此，教师要自主学习，主动充电，与时俱进，并用新的理念武装自己，不断提升自己的专业素养和教学能力。

（三）教师专业发展的长期性与学习要求

学生往往将教师视为知识、智慧和理想人格的化身，因此作为教育工作者，我们的言行举止要做到合理合规，以身作则，从仪表、行动、言语等方面进行规范，保证自己的一言一行都符合一名好教师的标准。通过充实自己，提升自身教学能力，为学生带去理想的学习体验。

（四）人文素养是教师必备的基本素质

人文素养是人类社会发展中，人认识与改造自身、客观世界取得的成果累积产生的跨学科复合型概念。作为教师，我们需要注重人格修养和价值境界的提升，涉及完善自我、尊重他人、关爱社会、保护环境等相关心理品质。人文素养作为人类精神文化的主要构成部分之一，是教师必备的基本素质。我们需要通过学习人类优秀文化，将其转化成自由思想、独立人格、积极向上的精神状态，准确认识自我和他人，并外化为关爱自我、包容他人，进而回馈自然和社会。这样的人文素养是为人最为基础的修养，也是教师职业发展的重要支撑。

教师要不断积累理论知识，锤炼教学能力，掌握科学方法，同时注重提升人文素养，以身作则，引导学生全面发展，以适应现代社会的需求。

四、教师要关注学生需求

教师学习和掌握与学生相关的理论是关注学生需求的重要前提。通过学习和应用发展心理学、教育心理学、社会学和文化学等理论，教师可以更深入地了解学生，更准确地把握学生需求，从而为学生提供更有针对性的教育服务。这将有助于促进学生全面发展，提高教育质量，实现教育的根本目的。

（一）学习发展心理学理论

为了更好地关注学生需求，教师首先需要学习发展心理学理论。这些理论可以帮助教师了解学生在不同年龄段的心理特点和发展规律，从而更准确地把握学生的需求。例如，皮亚杰的认知发展理论揭示了儿童在不同阶段的思维方式和认知特点，为教师提供了针对不同年龄段学生的教学策略。通过了解学生心理发展的阶段，教师可以更好地设计符合学生认知特点的教学活动，从而提高教学效果。

（二）学习教育心理学理论

教师需要学习教育心理学理论，以深入了解学生的学习动机、学习风格和学习困难等方面。教育心理学理论可以帮助教师识别学生的学习需求，并为他们提供个性化的教学支持。例如，了解多元智能理论的教师可以根据学生的智能类型和兴趣特长，设计多样化的教学活动，充分发挥学生的潜能。同时，教师还可以通过学习成功教育理论，关注学生的成功体验，培养学生的自信心和学习兴趣。

（三）学习社会学和文化学理论

教师还需要学习社会学和文化学理论，以了解学生社会背景和文化差异对学习的影响。在多元文化社会中，学生来自不同的家庭、社区和文化背景，他们的需求和价值观可能存在差异。通过学习社会学和文化学理论，教师可以更加敏锐地关注学生的多元需求，尊重他们的文化背景，为他们提供包容和平等的教育环境。

学习和掌握社会学和文化学的理论，不仅为教师提供了科学的理论依据，还为他们提供了实用的教育方法和策略。学习和应用这些理论也需要教师具备批判性思维和反思能力。教师需要在实践中不断检验和修正理论，根据学生的反馈和需求调整教学策略。这种反思和实践的过程有助于教师不断提高自己的专业素养和教育能力，更好地满足学生的需求。

五、教师要注重实践与应用学习

教师作为教育工作的主体，其实践与应用能力对于教育教学质量具有至关重要的作用。然而，这种实践与应用能力并非凭空而来，而是需要教师通过不断学习和钻研来获得。

（一）注重实践与应用是教育教学工作的本质要求

教育教学工作是一项实践性极强的工作，它需要教师将理论知识与实际情况相结合，通过实践不断探索和总结经验，以提高教学效果。同时，教育教学工作也是一项应用性极强的工作，它需要教师根据学生的实际情况和需求，灵活应用各种教学方法和手段，以满足学生的学习需要。因此，注重实践与应用是教师必备的基本素质之一。

（二）注重实践与应用是教师专业成长的重要途径

教师的专业成长离不开实践和应用的积累。只有通过实践，教师才能更深入地理解教学理论和教学方法，更准确地把握学生的学习特点和需求，更有效地解决教学中的问题。同时，通过实践，教师也能不断发现自己的不足，从而有针对性地加强学习和钻研，提升自己的专业素养和教学能力。

（三）实践与应用能力的提升需要持续努力和学习

实践与应用能力的提升并不是一蹴而就的，它需要教师付出持续的努力和不断的学习。一方面，教师需要学习先进的教育教学理论，了解最新的教育教学动态和趋势，以保持自己的教学理念和教学方法的先进性。另一方面，教师还需要学习各种实践性的知识和技能，如教学设计、教学实施和教学评价等，以提高自己的教学实践能力和应用水平。

（四）学习和钻研需要注重实效性

教师需要根据自己的实际情况和教学需求，有针对性地选择学习内容和学习方式，以确保学习的效果和提高学习的质量。此外，教师还需要将学习成果及时应用到教学实践中，通过实践来检验学习的效果。这种学以致用的学习方式不仅能够提高教师的教学效果，还能够增强教师的学习动力和学习兴趣。

（五）注重与同事、学生和家长的交流与合作

教育教学工作是一项需要多方合作的工作，教师需要与同事、学生和家长保持良好

的沟通和合作关系，以共同推动教育教学工作的顺利开展。通过与同事交流和合作，教师可以相互学习和借鉴教学经验；通过与学生交流和合作，教师可以更好地了解学生的学习情况和需求；通过与家长的交流和合作，教师可以更好地了解学生的生活环境和成长背景。这些交流和合作都能够为教师实践与应用能力的提升提供有力的支持。

由此可见，教师注重实践与应用能力的提升是教育教学工作的本质要求，也是教师专业成长的重要途径。教师需要不断学习和钻研先进的教育教学理论和实践性的知识与技能，以提高自己的实践能力和应用水平；同时还需要注重实效性，并将学习成果及时应用到教学实践中；最后还需要注重与同事、学生和家长的交流与合作，以共同推动教育教学工作的顺利开展。

六、教师要持续关注自我更新

教师作为教育行业的核心力量，其个人素质和专业能力的提升对于教育教学质量具有至关重要的作用。在快速发展的现代社会中，教师需要不断地进行自我更新，以适应时代的需求和教育变革。

（一）持续自我更新是教师职业发展的必然要求

随着社会的进步和科技的发展，教育领域也在不断地发生变革。新的教育理念、教学方法和技术手段层出不穷，要求教师不断地学习新知识、新技能，以跟上时代步伐。只有通过持续的自我更新，教师才能保持自己的专业素养和教学能力，不被时代淘汰。

（二）持续自我更新有助于提高教师的教学质量

教师是学生学习的引导者和促进者，其教学质量直接影响学生的学习效果。通过持续自我更新，教师可以不断地完善自己的知识结构，提高自己的教学水平和能力，从而为学生提供更优质的教育服务。同时，持续自我更新能够激发教师的教学热情和创新精神，使教学更加生动有趣、富有创造性。

（三）持续自我更新有助于教师适应学生需求的变化

学生是教育教学的主体，其需求和特点随着时代的发展也在不断地发生变化。通过持续自我更新，教师可以更好地了解学生的需求和特点，从而有针对性地调整教学策略和方法，满足学生的学习需求。这种以学生为中心的教学理念有助于建立和谐的师生关系，提高学生的学习兴趣和积极性。

（四）持续自我更新有助于教师拓展职业发展空间

在教育领域，教师的职业发展不仅局限于教学岗位，还可以向教育管理、教育研究等方向拓展。通过持续自我更新，教师可以不断提升自己的综合素质和能力水平，为未来的职业发展打下坚实的基础。同时，持续自我更新也能够增强教师的竞争力和适应力，使他们在激烈的职场竞争中立于不败之地。

（五）持续自我更新需要教师具备自主学习和终身学习的意识

自主学习是指学生能够主动地、有计划地、有效地进行学习活动；终身学习是指教师将学习贯彻于整个职业生涯，不断地更新自己的知识和技能。教师需要树立正确的学习观念，将学习视为一种习惯和责任，而不是一种负担和压力。而是，教师还需要掌握有效的学习方法和策略，如阅读、反思、实践、合作等，以提高学习的效率和质量。

教师持续关注自我更新是教育发展的必然要求，也是教师个人成长的重要途径。通过持续自我更新，教师可以不断提升自己的专业素养和教学能力，为学生提供更优质的教育服务；同时也可以拓展自己的职业发展空间，增强竞争力和适应能力。因此，教师应该将自我持续更新作为职业生涯的重要任务之一，不断地追求进步和发展。

第三节　教师应该是科研者

科研者身份是教师多重身份中不可或缺的一部分。教师不仅是教育的主要实施者，也是教育的主要研究者和改进者。因此，教师不仅是教育者，也应是科研者。每一堂课都可以被视为一次科学实验，教师在施教时应当注意检验教育成效，总结育人效果，不断地进行调查、研究和分析，以推动教学质量的提高，确保育人效果持续优化。

一、教师开展课题研究

课题研究源于实践中的问题，是对特定问题进行有目的、系统性探究。将课题任务融入日常教学，并将理论应用于教育教学实践，是中小学课题研究的核心。中小学课题研究通常是以学校为基础的研究，旨在改进学校实践、解决学校所面临的具体问题。教师不应将课题研究视为教学之外的附加任务，而应认识到学校的资源是教师开展课题研究的重要支持。

（一）教师如何开展大课题研究

大课题研究通常着眼于教育整体性或关键领域的问题。例如，教师可以立足于学生的认知水平和知识经验，系统分析如何设计作业布置、课堂小结、拓展训练、知识巩固、合作学习、预习自测、预习探究、教学目标设计等教学模块，以提升整体教学效果。在设计大课题时，需将学生的情感、态度与价值观，学习能力，知识与技能以及教学目标的重点和难点纳入考量范围。具体实施步骤如下：

1. 明确课题研究方向

（1）立足教学实际问题：从日常教学中的困惑出发，关注学生典型错误或学习障碍。

（2）结合新课标与学科热点，研究核心素养导向的教学设计（如数学建模、跨学科融合等）。

示例：《义务教育数学课程标准（2022 年版）》对“数与代数”部分内容的要求进行了修订，提出了“代数推理”的新要求，并将原来的主题凝练为“数学运算”和“数量关系”两个主题，凸显了数学内容的结构化特征。在“数与代数”内容学习中，对于具体的研究对象（有理数、实数、整式、分式、方程等），纵向上大致研究概念、运算（包括运算法则、运算规律或公式等）和应用三个方面；横向上则研究从一个对象到另一个对象的拓广（如从有理数到实数的延拓、从数到式的延拓、从式到函数、方程、不等式等“式与式之间关系”的延拓），即从现实背景出发，按纵、横两个方向生长，其生长过程中蕴含着丰富的数学推理内容。

基于以上分析，可确定研究主题：“培养初中生推理能力的教学实践研究——以数与代数为例。”

（3）参考已有研究空白：通过阅读文献（如《数学教育学报》《中学数学教学参考》等）发现未被深入研究的领域。

2. 规范课题研究流程

（1）选题与立项。

选题原则：切口宜小，具有可操作性，有创新性。

示例主题“培养初中生推理能力的教学实践研究——以数与代数为例”契合新课标理念，研究范围限定在“数与代数”领域，核心素养聚焦于“推理能力”，操作性强，且具有一定的创新性。

课题立项申报：撰写规范的课题申请书，明确研究背景、目标、方法和预期成果。

（2）文献综述。

查阅资源：中国知网、万方数据、数学教育类期刊、教育部门政策文件等。

整理分析：梳理国内外研究现状，明确自己的研究创新点。

示例课题相关文献挖掘可能发现的空白点：

① 代数推理在“数与代数”领域中的具体体现有哪些？

② 教学实践中缺少培养学生代数推理能力的可行性策略；

③ 在代数推理教学实践中评价学生推理能力的方法。

基于以上分析，确定研究目标、研究内容，提炼研究的创新点。

研究目标：

① 通过文献、问卷及访谈等方式，发现初中生在代数推理能力方面存在的问题，为学校教师进行有针对性的教学实践提供依据；

② 通过本研究，提升学生数学代数推理能力，提升教师对代数推理相关内容教学的认知与理解；

③ 借助教学实践，形成提升学生代数推理能力的一些可行性策略。

研究的主要内容：

① 以代数推理为核心，整合教材内容，进行系统性的教学。对“数与代数”领域内容进行分层划分，制定分年级、分阶段的教学目标，在各个年级逐步落实学生代数推理能力的培养任务。

② 以常规教学为依托进行教学实践对比：根据选定的代数推理课程内容，分别对实验班和非实验班进行对比教学。在非实验班的教学实践中发现学生代数推理能力的具体问题，针对具体问题制定可行性教学策略，并在实验班中应用。

研究创新点：

① 思维工具。将推理流程图、思维导图融入教学设计，使学生的思维过程外显。例如，

在解方程、解不等式等其他数式运算课程中，培养学生自主形成运算的程序图及推理图谱的能力。在章节学习及单元学习结束时，培养学生建立章节知识图谱的能力，建构知识体系。

② 基于教学实践，立足教学评一致性，形成双向评价方式。对教学效果的评价，采用定性和定量相结合的方式。利用学生访谈、问卷调查等具体手段对学生的学习效果进行评价，从而评价教学效果，具有很强的针对性和对比性，为课题的开展提供数据支撑，从而进一步明确研究方向。

针对代数推理能力的培养，自主设计了“符号操作—逻辑表述—迁移应用”三维评价量表，如表 2－1 所示。

表 2－1　三维评价量表

维度	5分	4分	3分	2分	1分
符号操作	能灵活处理复杂代数式（如含多重括号、高次项），精准识别结构特征并选择最优变形策略	能正确完成常规代数变形（如展开、合并同类项），但对复杂结构需提示策略	能完成简单代数运算（如单项式乘法），但易忽略符号或系数错误	仅能模仿例题步骤，变形过程常出现机械性错误	无法独立操作符号，需依赖数值计算代替
逻辑表述	完整阐述每一步推理依据，并能批判性反思解的限制条件（如分式方程检验）	能写出主要步骤及依据，但对隐含条件（如二次根式非负性）解释不足	仅列出基本步骤（如“移项”“合并”），缺乏变形依据说明	步骤跳跃、逻辑混乱，关键环节缺失或错误	无明确步骤，直接写出答案或答非所问
迁移应用	自主构建复杂模型来解决跨学科问题并提出创新性验证方案	能迁移至相似情境问题（如从“利润问题”类推“资源分配问题”），但需少量提示	能解决课本例题类问题，但无法适应条件微调（如改变未知量个数）	仅在直接套用公式时成功，无法理解模型的意义	无法识别问题中的代数关系，依赖猜测作答

（3）研究过程与方法。

① 选择研究方法。

行动研究法（适用于改进教学实践）：如通过“设计—实施—反思—改进”循环优化教学策略。

基于以上循环的教学设计如下。

<table>
<tr><td>课题</td><td></td><td>所属代数领域</td><td></td></tr>
<tr><td>课型</td><td colspan="3"></td></tr>
<tr><td colspan="4">1. 内容和内容解析
（1）内容
（2）内容解析——哪些知识载体可以渗透培养学生的推理能力，包括合情推理和演绎推理。
基于以上分析，本节课的重点是：</td></tr>
<tr><td colspan="4">2. 目标和目标解析——目标书写过程中体现核心关键词，推理能力
（1）目标
1）
2）
3）
（2）目标解析
目标 1）达成的标志是：
目标 2）达成的标志是：
目标 3）达成的标志是：</td></tr>
</table>

3. 教学问题诊断分析
课前测题目：设计相关推理前测题目，明确学生在具体推理过程中的难点。
基于以上分析，本节课的难点是：

4. 教学过程设计

环节一：**数据呈现**，明确目标
课前测**题目**：
1.
2.
……
前测数据呈现

环节二：

活动意图说明：

环节三：

活动意图说明：

环节四：

活动意图说明：

学习效果课后反馈
测试题目：（代数推理类）
1.
2.
……
与前测数据分析与对比，同类型题目的推理能力具体体现在题目的准确率，书写的规范程度。

5 教学反思——指出学生在具体教学活动中推理过程中的问题，解决方案和策略。
问题 1：
解决方法：

问题 2：
解决方法：

总结：

● 案例研究法（针对典型问题）：基于代数推理中出现的典型问题，进行系统性授课，形成教学案例集。

数与代数领域	
演绎推理：运算性质的应用	数的整除
	有理数混合运算
	巧算
合情推理： 类比，归纳	单项式的概念
	分式的概念
	二次根式的概念
演绎推理：运算性质——等价变形	一元一次方程解法
	二元一次方程（组）解法
	一元二次方程解法
	分式方程解法
合情推理：类比，归纳 演绎推理：函数性质的证明	一次函数
	二次函数
	反比例函数

● 问卷调查法、教师访谈法（收集量化数据）：如学生在数学学习中的代数推理困难点，教师在教学实践中的困惑等。

② 制定计划。明确时间节点、分工（可组建教研组团队）、数据收集方式（课堂观察记录、学生作业分析、测试成绩对比等）。

③ 实施与调整。

实施过程	行动目标	具体任务
第一阶段	基线调查（如学生前测、课堂现状观察）	记录学生前测数据，课堂表现：比如错题积累、笔记规范
第二阶段	干预实践（如尝试新的教学方法并记录效果）	学生答题规范，测试题目准确率、思维框图的呈现
第三阶段	效果评估	对比分析数据，验证假设
第四阶段	动态调整（根据中期发现的问题修正研究方向）	发现原定方法效果不佳时及时更换策略

（4）成果总结。

形成报告：结构需包含问题提出、研究方法、数据分析、结论与建议。

提炼成果：

显性成果：教学案例集、校本教材、论文。

隐性成果：学生能力提升数据、教师教学反思日志。

（二）教师如何开展小课题研究

小课题研究着眼于微观层面，以学生学习情况和教师施教情况为研究目标，着重探寻学生个人的学习情况，教师可以通过发放问卷的方式调查学生当前的学习状态、学习意见，以及教师当前的教学状态、教学意见，根据意见进行现状总结，从总结中获知当前数学教育的主要问题，并提出相应的解决办法，以实现教育成效的提高。

本研究通过对学校初中学生的问卷调查、教师课堂实践、课堂实录编码分析等，剖析当前常态下数学新授课、活动课、试卷讲评课中师生言语互动情况，并反思、调整一些教学策略，进行教学实验。将实验前后的相关数据进行对比，分析调整的教学策略是否有助于提高师生言语互动的有效性，据此总结出提高师生言语互动有效性的教学方法，为数学教学实践提供一定的参考。本研究的主要过程如下。

（1）了解学生参与数学新授课、活动课、试卷评讲课的现状以及对这些课的看法或建议。

（2）提出有利于提高师生言语互动有效性的教学策略。

（3）将调整后的教学策略应用于教学实践。

（4）对改进后的课堂师生互动情况进行分析与评价。

（5）对以上结果进行分析、总结，形成研究成果。

本研究的成果如下：

实验前通过对初一 7 班和 6 班的问卷调查，以及两节常态课教学实录的编码分析，发现课堂沉闷，学生参与度不高，老师倾向于以传统讲授为主的教学风格，不太注重学生的想法，学生缺乏主动性，于是我们进行了教学策略的调整：

（1）从教学设计上，多考虑学情，设置活动和问题，扩大学生的“自主空间”；

（2）从课堂教学上，增强学生的主体性，如教学言语，教师少说，学生多说；如提出问题后，教师给予学生“自主时间”让学生去独立思考，自主表达；

（3）从思维发展上，教师加强言语引导，并通过及时点评，指导学生的表达；

（4）从学习方式上，加强师生交流与生生交流。

随后我们对调整后的两节课堂实录进行了编码分析，并将编码结果与实验前的编码结果进行了对比（见表 2–2）。

表 2–2　两节课实验前后编码结果对比

分析维度和内容		班级	实验前	实验后
课堂结构	教师话语比率	7 班	74.73%	40.07%
		6 班	71.03%	44.35%
	学生话语比率	7 班	20.02%	57%
		6 班	21.35%	51.38%
教学风格	教师直接影响与间接影响比率	7 班	213.49%	103%
		6 班	290.91%	81.6%
	教师消极影响与积极影响比率	7 班	138.78%	32.5%
		6 班	894.74%	45.57%

二、教师开展作业研究

作业作为学生巩固知识、内化理论的关键环节，不仅能拉近学生与课堂的距离，还能完善学生对数学知识概念的理解和认知。设计科学的作业，不仅有助于巩固学生对课堂知识内容的理解和掌握，而且能够促进其综合素质的培养。课内教学时间是有限的，必须依靠作业来补充。

作业是学生巩固课程知识与经验的核心环节，能够弥补课堂教学的不足，实现学生知识经验的升华，适应学生更加丰富、多元、个性的发展需求。尤其在现行"双减"教育政策的环境里，我们应做好作业量的减法，不断提升作业的质量，让学生拥有更好的发展效果。当然，作业的设计应有良好的思路支撑，才能保障设计效果。

（一）数学作业的类型

1. 分层式作业

分层式作业以层次性为核心，作业的设计要求具有科学合理性。分层不仅体现在数量上，而且体现在质量上。作业的内容需要具有一定的梯度，能够由易到难、由浅入深，让学生不仅能够完成对应的作业，还能够取得一定的进步。在作业的容量方面，也需要严格按照教育部的规定进行设定，教师需要科学地针对不同层次的学生来设定对应的题量。另外，作业的知识涵盖方面，在习题设计过程中，其本身包含了诸多学科知识，这样就可以保障学生在实际中能够对应地应用所学知识。

2. 趣味性作业

在初中数学作业设计中，还可以考虑文字与插图的相互配合。在内容设计方面，应该尽可能与学生的生活实际情况贴近，使学生对内容感兴趣，并且内容新颖丰富。这就要求每位初中数学教师具有丰富的知识底蕴，能够通过不断学习来充实自己。所以，趣味性是初中数学作业设计的重要原则，这样才能够让学生在完成作业的过程中感受到趣味。趣味性作业还需要考虑到多元化的需求，这样就可以帮助学生锻炼并启发智力。初中数学作业的设计需要转变原本规范化、程式化的倾向，能够将学生的需求、困惑、兴趣、能力等作为作业的生长点，以此来生成作业。

3. 实践性作业

对于人类而言，学习数学的根本出发点在于解决所遇到的问题，而目前大部分学生不知道如何运用所学知识解决问题，所以教师不应将学生大量时间与精力耗费在机械性习题练习中，而应强化学生的动手操作能力的培养。据了解，高分低能是目前初中生的普遍现象，学生数学能力测评十分优秀，但是利用数学知识解决实际问题时却不知所措，这一问题常常困扰教师。为什么知识转变一个角度或者转了几个弯，学生却懵然不懂？追根溯源在于：学生虽然掌握了知识，但是却不具有运用知识的能力。日常教学中，教师往往一味地布置大量习题，要求学生重复练习，却未设计一些实践性较强的数学问题。也因此，实践性作业由此诞生。实践性作业结合劳动课程、生活实践模拟场景，营造实践性强、生活气息浓厚的文化环境，从而让学生对知识有更深的理解。实践性作业强调作业的实践性，学生以现实生活为蓝本，去接触和解决所遇到的知识难题，在运用知识解决生活难题的过程中，学生的数学应用能力得到了锻炼，自身的知识吸收程度也得到了提高。

（二）什么是好的数学作业

众所周知，尽管初中生已经具备一定的认知能力，但重复、单调的作业内容往往会消磨他们完成作业的兴趣，甚至影响其对学科学习的正确认知。

初中生仍处于身心发展的关键阶段，他们既在智力上渴望得到他人的陪伴与支持（如家长、同学的帮助），又在行为上依赖外部的引导与激励，才能更好地完成作业。基于这一特点，教师应科学、合理地设计作业，既锻炼学生的合作与交流能力，又激发他们的学习主动性和积极性。

作业量过多是初中数学作业中最常见，也最容易忽视的问题。过重的作业负担不仅容易导致学生身体疲劳，还可能引发紧张、焦虑等负面情绪，长期下去会对学生的身心健康造成不良影响。因此，教师应正视这一问题，并采取切实措施加以解决。例如，应严格控制作业总量，减少机械性、重复性的练习，摒弃“多多益善”的传统观念。在教学过程中，教师还应积极与家长合作，建立有效的监督机制，对学生的作业完成时长进行记录和反馈。通过家校联动，教师可以更准确地掌握学生的学习状态，并据此调整作业设计策略。在相同的作业量下，不同学生完成所需时间可能存在差异，通过记录这些数据，教师可以在作业布置中更具针对性，实现因材施教。

此外，一个班级的学生在学习水平上往往存在差异，每个学生都具有“个性化”的学习特征。为了实现作业布置的最佳效果，教师应根据学生的个体差异，实施分层作业设计。在教学过程中，教师应全面了解学生的知识基础和能力倾向，并据此将学生分为不同层次，布置与其能力相匹配的作业任务。例如，对于计算能力较弱的学生，教师可以适当降低作业难度，以保持其学习兴趣，并在后续逐步提高要求。通过学生能力的分层评估，教师能够更清晰地掌握学生的学习情况，并据此分类设定学习目标和作业内容。这种分层作业不仅有助于减轻“学困生”的学习压力，还能拓展“学优生”的知识广度，使不同层次的学生都能在原有基础上获得提升和发展。

对于初中数学教学而言，作业难度过高容易使学生产生畏难情绪，而难度过低又可能让学生感到“吃不饱”。由于学生在学习能力和接受速度上存在差异，教师在布置作业时应充分考虑个体差异，做到“有的放矢”。基础性作业应侧重于巩固学生的基本能力，帮助其系统掌握所学知识；而具有挑战性的作业则应侧重于锻炼学生的思维能力和综合应用能力。两者相辅相成，缺一不可。因此，教师在设计作业时，既要合理安排作业的难度梯度，也要关注学生的接受范围，在尊重学生主体地位的前提下，科学搭配作业内容，使学生在完成作业的过程中既能增强学习信心，又能激发思维活力，弥补自身的学习短板。

好的数学作业应以学生为中心，结合其实际需求，优化作业设计与管理方向，从而提升整体教育效果。首先，教师应立足学生的兴趣需求，设计具有趣味性、互动性和实践性的作业内容，例如：帮助家长计算工资、买菜付款等生活化任务；也可以设计具有游戏性质或劳动属性的作业，增强学生的学习体验。其次，教师应围绕学生的个性发展与综合素养提升，设计能够锻炼其多方面能力的作业内容，如结合美术课程设计具有绘画元素的数学作业，或围绕学生探究兴趣设计具有调查性质的数学任务。最后，教师应关注学生的未来发展，设计具有“过渡性”的作业内容，如结合学生的实践能力与思维发散能力，设计探索性、合作性或开放性的作业任务。这类作业既能激发学生的学习积极性，又能促进其综合能力的提升。

目前，学生作为处于成长阶段的个体，需要在教育中获得全面而科学的引导。而开放式作业的设置，则有助于深化学生的数学思维，提升其举一反三的能力，从而全面提升其综合素质。基于这一理念，教师应在现行作业设计标准的基础上，不断优化作业形式，赋予作业更多引导性、合理性和科学性。同时，为了确保开放性作业的合理性与可行性，教师应在不超出学生认知水平的前提下，围绕数学思维的培养目标，设计具有启发性与拓展性的作业内容。

（三）重构数学作业目标

重构数学作业至少要实现以下几个目标。

1. 难易度上的适应性

数学教师应当注意控制好作业的难易程度，确保与新课标的要求一致。很长一段时间以来，数学教师在设计作业的过程中添加了很多奥数竞赛类题目，增加了初中生的课业负担和学习压力，在一定程度上也不利于其学习信心的培养，导致部分初中生逐渐对数学学习失去兴趣。在这样的背景下，教师必须把握好作业难度，结合学生实际需求合理设计作业内容，促进课内和课后的有机结合。

2. 数量与时间要求

数学教师要注意课后作业的完成时间。初中生正处于身心发展的关键时期，必须进行全方位的培养。过去较多的作业让很多学生身心俱疲，一些初中生过早出现视力问题、弯腰驼背，在很大程度上影响正常发育。同时作业数量过多也让初中生没有时间培养其他兴趣爱好，容易出现厌学的情况，要确保“双减”任务的贯彻落实，要求教师予以重视。

3. 突出作业的功能

作业属于课堂知识内容的有效补充与巩固，通常情况下学生在课内学习时能够熟悉知识、理解知识，完成作业时也不会存在较大压力。相同的作业内容，部分学生可以在短时间内完成，但部分学生往往会耗费较多时间与精力，因此数学教师应当推进课堂教学改革，真正发挥作业的功能，让更多学生能够快速高效地完成作业。

4. 作业设计符合科学规律

初中数学课后作业设计必须符合科学规律，与素质教育的要求一致，与初中生成长与发展规律相契合。“双减”政策的落实并非完全不再布置作业，而是要求教师设计更加科学合理的作业方案，从而真正实现事半功倍的效果，这也和现代教育发展观相适应。

（四）批改作业与辅导

既然在初中数学作业中进行了分层处理，那么就需要针对学生的作业进行分层指导。如果依旧采用传统的统一指导方式，学生可能对自己作业的完成情况模棱两可，最终导致作业丧失巩固基础的作用。对于程度相对较好的学生，作业的设置应该具有一定的前瞻性。在指导时，教师可以适当添加高年级知识，帮助学生构建更强大的数学逻辑思维能力。在指导中等层次学生时，可以在巩固基础知识的前提下，帮助学生构建更高难度的知识体系。针对层次较低的学生，则只需要完成课后基本作业即可。考虑到初中生数学能力的差异性，作业评价也需要采用不同的衡量标准来衡量学生的进步与退步。传统评价中，教师通常利用作业的正确率来评判学习情况。答对得多的就是好学生，答对得少的就需要多学习。但这种一刀切的模式容易影响学生的自信心。因此，作业评价中可以考虑分层次的标准。例如，A 层次学生完成作业态度认真，正确率达 70%以上，就可以给予适当的表扬；B 层次的学生，除了达到基础层次的要求之外，还需要具有一定的创新性；C 层次学生，在准确率达到 90%的同时，还需要勇于提出新的解题方法。基于这种模式，教师通过差异化的作业评价来满足不同初中生的实际需求。

在作业评价中，评语属于一种具有艺术性的内容。针对不同学习水平以及不同个性的学生，教师需要考虑利用差异性的评语来进行评价。例如，对于个别心理相对脆弱的学生，因为不能够直接接受批评，所以教师可以选择在肯定其优点的同时，适当地提醒其存在的不足之处。对于上课散漫的学生，则需要严厉地指出其错误，并且鼓励他们端正态度。通过层次化的作业评估，作业评价更加具有针对性，以此来促进每个学生的成长。

（五）作业再设计

作业总量和时长需要全面压减。基于此，教师可以巧用标注手段对作业进行设计，将作业题目、作业完成预估时间等各个细节清晰地呈现出来，这样做的目的是引导科学制定作业计划，完善作业方案，这样才能确保学生能够高效完成作业，不仅能够达到作业巩固、反馈学习效果的目的，而且能够减轻学生作业负担。对于标注而言，应该将“有效控制”理念贯穿始终，具体来讲：① 对作业数量进行有效控制，即将学生完成作业的数量标注出来；② 对作业的完成时间进行有效控制，例如，明确做一道题需要多少时间；③ 对作业的完成场所进行有效控制，例如，课后服务阶段完成、课内用于知识巩固。例如，在教学“多边形面积”相关知识时，可以巧用标注手段，布置轻量型作业。

除了常见的书面类作业，调查类、绘画类、实验类等非书面类作业同样具有重要价值，但常常被忽视，这类作业不仅形式多样，而且能有效促进学生全面发展。因此，教师应该为学生创设可以使其亲身体验的情境，这样便能帮助学生加深印象，并达到作业的预期效果。学生在做这一类作业时，往往兴致比较高，会不断地探索以及创作，从而发现以及欣赏到数学之美，一定程度上还可以发展其空间观念。此外，一个单元中有很多小知识点，但是很多学生并不明确知识的重难点。基于此，教师应帮助学生对知识进行整理、分类和梳理，这类作业形式可以灵活多样，比如说，让学生结合单元知识绘制一幅数学小报、思维导图；也可以督促学生收集并分析一个单元的错误原因，整理成一本“错题集”。这些作业不仅有助于学生巩固所学知识，还能在潜移默化中培养和发展其数学思维能力。

第三章
数学协同

苏霍姆林斯基曾说：“教育在广义上是一个精神不断丰富和更新的过程，这对教育者和受教育者同样重要。”在这一过程中，教师对于学生而言，应当成为精神生活极其丰富的榜样。只有在这样的前提下，我们才具备道德上的资格去教育学生，并承担起相应的教育责任。教师若想成为学生获取知识的源泉，就必须不断丰富自己的精神世界，使自己的精神生活是多维度的、有意义的、充满活力与乐趣的。

随着素质教育的全面推进，对学生的培养已不再局限于专业知识和个体能力的提升，更强调帮助学生建立健康的道德观与审美观，使其具备正确的价值判断和是非观，能够以积极、理性的态度面对生活中的各种问题。数学学科作为一门基础性、逻辑性极强的学科，其核心目标在于训练学生的思维能力，增强其数学观念，培养良好的数学素养。然而，如何将德育有机融入数学教学之中，使学生在学习数学知识的同时，潜移默化地提升人文素养，是当前教育实践中亟须深入探讨的重要课题。

针对当前数学教学中德育渗透可能存在的不足，如德育内容与数学知识脱节、教学方式单一、教师德育意识薄弱等问题，应提出切实可行的改进建议。通过优化教学设计、丰富教学手段、增强教师德育意识，使德育在数学课堂中得以更充分、更深入地渗透。这不仅有助于提升学生的思想品德水平，也能增强数学教学的育人功能，实现知识传授与人格塑造的有机统一。

第一节　数学学科促进德育发展

学生与教师接触最频繁的场合是课堂，教师的素养也体现在日常教学之中。教师若想成为精神丰富的人，成为学生的榜样，成为学业和生活的导师，就必须具备极高的素养。在数学教学中，教师应力求用数学学科的思维影响学生，用高尚的学习目的教育学生，用渊博的知识激发学生的学习兴趣，用良好的人格魅力感染学生。

初中数学知识具有较强的抽象性，对提升学生智力有显著作用，但因其教学重点在于培养学生的逻辑思维能力和空间观念，导致其与德育教学的衔接有时不够紧密。教师在开展德育教学时，若仅着眼于知识本身以外的内容，如利用名人故事或个人榜样进行德育渗透，虽然能起到一定的育人作用，但育人手段与数学知识本身的关联性不强。理想的渗透方式应注重知识传授与品德陶冶的关联性，既要发展学生的抽象逻辑思维，又要利于学生三观和性格的培养，让学生在自主学习中大幅提高个人修养。

德育是一种隐性的教育过程。若以名人故事或学生榜样作为道德观念灌输的主要手段，整个教育过程容易充斥强烈的说教性。学生对硬性教育有明显的抗拒和反感情绪，过分强调说教容易激发学生的逆反心理，导致他们对教师传递的道德价值观产生怀疑和抗拒。为提升德育在数学教学中的渗透效果，实现数学与德育的充分融合，教师应减少德育渗透的说教意味，采用更柔和、更具启发性的方式将德育元素融入数学教学内容，让学生在探索和吸收数学知识时自然形成健康正确的人生观和价值观。

德育渗透中一个突出的问题是功利性。教师在融入和展现德育元素时，有时为了让学生更快接受，会为其添加各种附属意义，例如，强调高斯凭借自信和无畏破解难题，华罗庚凭借对数学的热爱攻克难关，或举例某学生因刻苦学习而取得好成绩。这种做法旨在以成功的结果激励学生追求道德理念中的积极方面，但同时也使整个渗透过程带有过重的功利色彩，将榜样示范和案例讲解变成了一种成功学宣讲，无形中传递给学生“只有苦练、苦干才能成功”的观念。在这种观念引导下，学生可能将“自我进步”视为走向成功的垫脚石，日常学习中的良好表现并非出于对数学或学习的热爱，而是为了追求所谓的“成功”。长此以往，不仅无法帮助学生培养健康的三观和品性，反而可能使学生产生认知偏差，认为只有大量做题、不断吃苦才能提高数学成绩，最终不仅难以落实“减负”工作，也影响育人效果。

要让学生对数学中的德育元素形成认知，并在认知中提升能力，教师需要创设与之相符的真实情境，将知识与情境结合起来，形成整体，从而加深记忆，帮助学生更好地理解课本知识。以“平面直角坐标系”一课为例，在开展教学时，教师首先可以设置问题:“为什么我们需要了解关于位置与方向的知识？”该问题旨在帮助学生明确学习目标，并为引入德育元素做铺垫。提出问题后，教师可以布置相应的情景：“在生活中，你们是否有被人问路的经历？当陌生人询问如何到达某个地方时，你们是如何回答的？”将课本知识与学生的真实生活经历相结合，能帮助学生产生代入感，增强学习兴趣，从而提高德育融入数学教学的成功率。

随后，教师可以运用多媒体等工具，向学生展示现实生活中位置与方向的应用方法和意义，以立体化、动态化的形式说明学习“位置和方向”的必要性。然后，教师可以扮演问路人，让学生根据自己问路的经历以及模仿视频中的情景，向扮演路人的教师提出问路请求，教师给予解答。通过这种情景的代入和角色扮演，学生就能掌握辨别空间方向的策略。在采用情境化教学时，教师必须关注学生的起始位置，即以学生站立时面对的方向为参照，细致划分其余方向，做到清晰准确，方便学生理解。

学生对数学中德育元素的领悟，不应是教师直白地告知，而应是在应用数学知识的过程中，让学生自己明白“何为对，何为错”。因此，为了更好地帮助学生巩固数学知识并实现运用，将数学内容与良好的品德观念建立内在联系，促进学生良好数学观和人生观的形成，教师需要培养学生的数学应用能力。这要求教师从学生对数学知识的实际掌握情况出发，促使学生基于自身认知结构，将数学问题与生活问题相结合，以理性、正确的思维去看待和解决生活中的问题，提高自己对现实问题的发现、分析和解决的能力。

例如，在“锐角三角函数”的教学中，教师在帮助学生了解“锐角”等知识后，可以联系学生家长，请他们在家庭环境中设计相应的问题场景。如家中购置了新家具（板凳、沙发），家长希望了解其稳定性，确保使用安全，因此请求学生动手测量，让学生用工具测量板凳凳面与腿之间的角度是否为直角，并让学生自行选择工具进行验证。又如，家长希望家中的盆栽能最大限度地接受光照，但又担心植物因暴晒而枯死，请求学生帮助确定最合适的光照角度，学生则运用所学数学知识测量并调整盆栽角度。在这个过程中，学生通过动手操作解决了问题，对数学知识的理解也会更加深刻。同时，在帮助父母完成家务以及接受父母表扬时，学生也会更真切地认识到现实生活中如何运用数学知识帮助他人，理解无私奉献、乐于助人的必要性，从而促进良好道德品质的形成。

要赋予数学课程人文性，让学生从数学学习中感受人文精神。教师应立足教材内容，挖掘其中的“留白”之处，实现教学内容的延伸拓展，让学生在“补白”过程中涵养高尚的情操。但“补白”不仅要契合教材内容，也要符合学生认知水平，保证教学的严谨性。例如，在教学“从算式到方程”一课时，在课堂尾声可以引入电影《横空出世》，通过讲解革命先辈制造原子弹的艰辛历程以及电影中麦克斯韦方程组的作用，将家国情怀与数学知识绑定，让学生明白学习数学对报效祖国、建设社会的重要性。教师还可以适时引入当时的国际局势，向学生科普中国当时迫切需要制造核武器的背景，以及科学家如何在艰苦环境里用算盘计算出核爆公式，让学生深刻理解国家强大与个人幸福、社会发展的关系，进一步激发学生的爱国情怀。整个过程没有将“爱国主义”挂在嘴边，而是通过图片、视频给予学生足够的感受空间，让学生体会革命先烈的不易以及数学知识的重要作用，这种“留白”方式更能直击人心。总之，数学教学不仅是知识的传递，更是情感的传承。这种传承仅靠语言讲解难以达到预期效果，通过无声的“留白”，反而能达到升华课堂教学的效果。

在德育渗透的趋势下，教师应全面、客观地考查“知识与能力”“过程与方法”“情感、态度与价值观”三个领域的内容。若只重视知识评价，数学课堂将变成满堂灌；若只注重方法评价，只会让学生练就一身“高分”技能。因此，教师需要转变评价方式，遵循评价主体多元化、评价方式多样化的原则，切实发挥评价的作用。在教学中，对于见解独特、理解到位的学生，教师要给予肯定，给予学生足够的成就感，使其对数学学习充满兴趣；对于回答未达到预期的学生，教师要从中发现其思维的独特之处，在给予鼓励的同时，引导学生进行深入思考。例如，在学习“分式”后，教师可以要求学生结合所学知识，收集相关材料，写一写对分数的再认识，然后同学之间相互交流探讨，教师任选一名同学的作业进行点评，说一说自己认可哪些内容，对哪些内容有不同的见解。通过这种方式，学生可以找出自己和别人存在的不足，并积极寻求解决之策，从而提高问题思考能力，激发其批判意识，让学生不仅在学习中保持高度的好奇心和质疑态度，也能养成开放包容的心态，这无疑有利于学生个性品质的培养。

第二节　数学学科促进智育发展

了解学生的实际智力发展状况，是开展智育工作的核心基础。只有在充分掌握学生智力特点的基础上，教学才能更具针对性，从而取得良好的教学效果。因此，在教学过程中，教师应深入关注学生的实际智力需求，从学生的角度出发，全面考虑他们更愿意学习什么、在何种教学方式下能够更高效地接受知识，并据此不断优化教学设计方案。

数学作为众多学科中的重要分支，历来在学校教育体系中占据着举足轻重的地位。数学知识是人类在长期发展过程中总结出来的间接经验，学生通过学习这些间接经验，可以在较短时间内高效地掌握文化知识，认识客观世界，拓展认知边界。然而，学生对间接经验的学习并非通过冷冰冰的知识灌输来实现，也并非完全依赖教师的单向传授，而是以直接经验为基础，在自我发展的过程中通过实践探索获得的。正如所言："兴趣是最好的老师。"知识的学习不仅要关注学科内容本身，更要关注学生个体。数学学科中蕴含着丰富的情感因素，能够激发学生的情感体验，促进其在认知与情感层面的同步发展。

一、优化数学知识的呈现方式

（一）多学科知识融合，系统看待各学科知识

数学与其他学科联系紧密。例如，在讲授指数函数时，可以结合生物学科中的细胞有丝分裂；在讲一次函数时，可以结合物理中的弹力；在讲二次函数时，可以结合物理中的斜抛运动。新知识的引入会调动学生知识结构中已有的知识，使学生感到好奇、兴奋，因为他们已经对这种情景有了一定的了解。当在数学学科中遇到熟悉的话题时，学生就会感到好奇："这不是某某学科老师讲过的吗？跟数学有什么关系呢？"有了相应的心理基础，学生就会产生自信心，相信自己可以明白老师所讲的内容，因为这已经不是第一次接触了，甚至在另一门课程中没弄明白的地方，在这一门课程中可能就明白了。这样就具有相互影响、共同促进的积极作用。

（二）教学情境多结合学生生活实际

学生年龄尚小，接触外部世界相对较少。如果课堂引入过多学生不知道的知识，学生对陌生内容心中已充满疑惑，那么当教师正式提出数学问题时，学生会更加迷茫，没有良好的心理准备，这堂课就已经失败了。因此，课堂引入不应先给学生"下马威"，而是要激起学生学习的兴趣，让他们愿意跟着老师一起去探索。例如，在学习"平面直角坐标系"的概念时，可以让学生先介绍自己的座位：第几组、第几排。同学们会有不同的介绍方法，有的先说自己在第几组，再说第几排；有的说"倒数第几排，从后门方向数第几个"；有的说"第一组靠窗户的第几个"……这些介绍方法显得很混乱。教师可以引导学生思考：有没有一个更方便准确的方法来定位每位学生的座位？教师提醒学生回

忆看电影时自己买票的座位是如何被告知自己的。学生回答都是按照“几排几号”这样编号的，这样就能知道自己座位在第几排第几个了。然后，教师引导学生学习有序数对的知识。在这节课的前奏中，学生已经将积极的情感激发出来，内容的呈现贴近学生生活现实，以学生自己身边具体的情境作为素材，这样师生之间的交流不会是生硬的满堂灌，又能让学生体会到数学可以成为我们生活的好帮手，学习数学对我们的生活有很大的实际意义，从而激发学生的数学学习兴趣。

二、融入数学文化，升华课堂内涵

在初中数学教育中，数学文化以其独特的魅力为数学课堂注入了人文气息与精神力量。将数学文化融入课堂教学，不仅能够激发学生的学习兴趣，更能拓展他们的视野，丰富其精神世界。例如，在讲解相关知识点时，可以适时引入数学家的故事。针对学生普遍喜爱故事的特点，教师可以通过讲述与教学内容相关的数学家生平，让学生在了解数学发展历史的同时，体会到：在追求知识与真理的道路上，任何人都可能遇到困难与挫折，但只要坚持不懈、奋勇拼搏，就一定能够取得理想的成绩。

通过数学文化的学习，学生可以感悟到数学家身上所体现出的坚强品质、顽强毅力和不畏艰难的精神。他们从数学家身上学习到的，不仅是数学知识，更是一种追求真理、勇于探索、严谨治学的科学态度。这种精神力量将激励学生在学习和生活中不断进取，勇敢面对挑战，从而实现人格的塑造与素养的提升。数学文化的力量，在于它能够通过数学家的榜样作用，让学生在潜移默化中理解数学的思想价值与人文精神。

三、融入理性思维品质的养成

从某种意义上说，教学本质上是一个不断发现问题、提出问题、解决问题的过程。在课堂教学中，问题的来源可以分为三类：① 由教学内容引发的问题；② 教师启发学生提出的问题；③ 学生在学习过程中自主提出的问题。前两类问题通常与教学任务紧密相关，是教师在课前可以预设和设计的；而第三类问题则是学生在学习过程中自发生成的真实问题，具有更高的思维价值和探究意义。

在传统的教学实践中，“教师提问，学生回答”是较为普遍的教学模式。尽管教师设计的问题可能具有启发性，但学生对这些问题的回答往往并非源自他们自身的思考或疑问，也未必是基于真实认知冲突而产生的“真问题”。这样一来，学生的主体性在课堂中难以得到充分体现，其思维的深度与广度也难以得到有效激发。

因此，倡导“问题化数学学习”具有重要意义。它不仅有助于培养学生创造性与思辨性思维，更能促使学生学会用数学的眼光观察世界，用创新的思维学习数学。通过在课堂中鼓励学生提出问题、分析问题、解决问题，教师可以帮助学生在真实的问题情境中发展逻辑思维能力，提升其理性思考的品质，从而实现数学素养与综合能力的全面提升。

（一）问题化数学学习，提升学生主动深化知识的能力

改变学生的学习方式，增强其问题意识，是提升数学核心素养的重要路径。课堂教

学是在教师组织下的学生特殊认知活动，尽管学习是学生个体的行为，但其背后体现的是群体的智慧。在课堂教学中，应将集体教学、小组合作与个人独立思考有机结合，营造一个有利于学生全面发展的学习共同体。当学生拥有充分的交流时间与空间时，他们能够实现智慧共享，激发思维碰撞。

（二）问题化数学学习，提升学生新旧知识的关联能力

新旧知识之间的关联，是学生数学学习过程中构建知识体系的重要基础。在小升初衔接阶段，数学知识之间具有高度的连贯性和递进性，不仅在内容上相互关联，在思想方法上也呈现出螺旋上升的结构。例如，在小学阶段，学生主要通过算术方法解决实际问题，而方程这一数学工具尚未正式引入；进入初中七年级后，方程成为解决实际问题的重要工具，体现了数学建模思想的核心价值。学生能否运用方程解决问题，是其数学核心素养中高阶思维能力的重要体现。

在数学学习的进阶过程中，学生通过发现问题、提出问题，不仅能够建立起知识与知识之间的联系，还能建立起数学知识与现实问题之间的桥梁，从而促进对知识的深度理解与灵活迁移。在对比与分析中，学生的思维能力得以提升，理性精神也逐步形成。通过问题引导的学习方式，学生不仅掌握了知识本身，更培养了整合、迁移与应用知识的能力，为后续的数学学习打下坚实基础。

（三）问题化数学学习，提升学生思维的结构化

数学知识体系具有严密的逻辑结构，知识之间的联系纵横交错、彼此关联。在学习过程中，如果学生能够以问题意识为导向，主动发现问题、提出问题，就能够将原本零散、杂乱的知识点，以结构化的方式进行整合与提炼。通过不断学习、不断解决问题、不断归纳与建构所学知识，学生的思维品质将不断优化，创新能力也将得到有效发展，从而更好地应对未来的学习与生活挑战。

例如，勾股定理在数学发展中的深远影响，使许多学生对 $\sqrt{2}$ 的认识来源于网络科普文章或视频。在学习实数时，学生提出了这样一个问题：“最初发现 $\sqrt{2}$，是否正是基于勾股定理？为什么我们在学习 $\sqrt{2}$ 之前不先学习勾股定理？”这一问题的背后，反映了学生对数学知识逻辑起点的思考。

事实上，如果一个数集中任意两个数进行某种运算后，结果仍然在这个数集中，那么该数集对该运算是封闭的。在小学升初中衔接阶段，学生在接触负数时，未能充分理解自然数在减法运算下不封闭而引入负数的逻辑。因此，在学习有理数的开方运算时，学生对运算不封闭而引入无理数的理解也存在困难，从而提出了上述问题。然而，这一问题具有极高的教学价值，它不仅引导学生深入理解实数集的结构，也促使他们认识到开方运算不封闭是引入新数类（如无理数）的根本原因之一。

虽然勾股定理是无理数发现的重要背景，但并非其根本原因。这一问题的提出与解决，为高中阶段学习复数奠定了认知基础，也激发了学生自主探究学习的兴趣。通过这一过程，学生逐步建立起完整的数域扩张理念，而数学学习也应沿着知识内在的逻辑链条循序渐进地展开，唯有如此，才能培养出思维严谨、求真务实的学生。

综上所述，学习领域的“问题意识”是学生面对学习资源时所具备的一种清醒、强烈的求知欲望与探究心理，是一种宝贵的心理资源，与学生自主学习方式密切相关。学生在学习中能够主动发现问题、提出问题，正是其自主学习的起点。因此，我们应注重培养学生不怕吃苦、勇于坚持的顽强意志，让刻苦学习成为一种习惯，让这些品质成为他们人生奋斗历程中不可或缺的一部分。这不仅是对学生学习能力的培养，更是对其人格的重塑与升华。

第三节　数学学科促进美育发展

美育是初中教育的重要组成部分，对培养学生艺术素养和综合素质具有重要意义。在开展美育的过程中，选择合适的教学素材尤为关键。传统文化艺术作为我国优秀的精神财富，其传承不仅对个人发展具有深远意义，也对国家文化自信和民族精神的塑造具有重要价值。学生作为国家的未来，承载着民族的期望与责任。学校美育是传承传统文化艺术的重要载体，而传统文化艺术则是学校美育的重要教育资源。本书提出将传统文化艺术与学校美育有效融合的相关策略，通过改革创新美育模式，提升学校美育的教学质量，增强学生对传统文化艺术的认知与认同。

数学中的几何结构主要研究空间形式，而美学则关注造型艺术的表达，两者在“形体”这一维度上具有天然的联系。将几何学作为学生入门美学的桥梁，有助于他们以全新的视角审视和理解艺术作品的结构美。特别是对于艺术作品的美学构造，通过几何学的分析方式，可以更清晰、更全面地展现其空间美感。例如，如果引导学生跳出传统艺术造型的限制，从数学几何的角度出发，分析艺术作品中线条的倾斜度、弯曲度，掌握其角度与弧度的变化规律，这种做法虽然可能会使学生的作品略显“匠气”，但对于身心仍在发育阶段的初中生而言，却大大降低了理解艺术形体结构的难度，使他们能够更清晰地观察艺术作品的造型特点与美感构成方式，从而在学习艺术创作技巧时更加得心应手。

教师还可以利用几何图形，将美学中较为抽象的造型美转化为具象的图形美。例如，在讲解埃菲尔铁塔等标志性建筑时，教师可以引导学生用等腰三角形与平行四边形进行组合，帮助他们理解图形组合中的平衡美感，并将其与艺术作品的造型美感进行对比，从而激发学生的联想思维，引导其观察视角从直观走向抽象、从具象走向朦胧，真正理解艺术作品的形体之美与造型之美。

此外，初中数学教材中也蕴含着丰富的美学资源，是实施美育的重要内容。在数学教学中，引导学生欣赏数学定理的简洁美、感悟数学问题的逻辑美，是开展初中数学美育的重要方式。初中阶段的学生正处于逻辑思维和抽象思维发展的关键期，他们开始逐步形成对数学美的认知，并逐步建立起独特的数学审美观。一堂优秀的数学课，不应仅仅是公式与题目的堆砌，更应是一场启发思考、激发探索的旅程。在教学中为学生留下回味、思考与探索的空间，使他们在静默中感受数学内在的逻辑美与简洁美，这样的课堂才能实现“言有尽而意无穷”的教学境界。

例如，在学习勾股定理时，教师可以引导学生通过多种方法进行证明，让他们在探索中欣赏这一古老而美妙定理所体现的简洁与和谐之美，从而感受到数学跨越时空的永恒魅力。

再如，在“圆的有关性质”一课中，教师可以通过叠放相同大小的圆形，并借助微课形式展示其对称之美，引导学生在直观观察中感受数学的美感，打破传统数学课堂枯燥乏味的刻板印象，提升其学习兴趣。同时，教师还可以借助多媒体软件，将圆形平均划分为16份、32份或64份，展示其在分割过程中的动态美感，帮助学生形成更直观、更深刻的形象认知。在对几何图形对称美、不对称美、奇异美的感知过程中，学生不仅能提升对数学文化的审美能力，也能在内心深处真正爱上数学这一学科。

几何图形中的构图方式与造型理念同样可以应用于艺术创作中。通过将图形中的概念迁移至美学领域，学生能够理解艺术作品的重心、角度与形体构成，从而在没有临摹的情况下，依靠自身对图形的理解和创造力，创作出具有美感的艺术作品。这种从图形到艺术的转化过程，不仅提升了学生的艺术修养，也增强了他们对数学图形美感的感知力与分析能力。

第四节　数学学科促进文化发展

数学，这门古老而又充满活力的学科，在人类文明的发展历程中始终扮演着至关重要的角色。它不仅是数字和公式的堆砌，更是一种理性思维和抽象能力的体现。数学学科在促进文化发展方面具有不可替代的作用。

一、数学是文化传承的重要载体

从古代的数学经典，如欧几里得的《几何原本》，到现代数学理论的繁荣发展，数学成果一直是人类文明宝库中的重要组成部分。这些数学成果不仅记录了人类对自然界和社会现象的认识过程，也反映了人类思维方式的演变和进步。通过学习数学，我们可以深入了解先哲们的智慧结晶，更好地继承和发扬人类优秀的文化遗产。

二、数学是文化创新的重要动力

数学的发展始终伴随着人类社会的进步，而每一次数学理论的突破和创新，都会为文化的发展带来新的活力和机遇。例如，微积分学的创立为物理学、经济学等学科的发展提供了强有力的数学工具；概率论和统计学的兴起则为数据分析、决策科学等领域注入了新的思维和方法。数学的创新成果不仅拓展了人类的认识领域，也推动了文化不断进步和发展。

三、数学是文化交流的重要桥梁

在全球化的背景下，文化交流成为增进各国人民相互了解和友谊的重要途径。数学作为一种国际通用的语言和工具，具有跨越国界和文化的特性。通过数学交流，不同文化背景的人们可以共同探讨数学问题、分享数学成果，从而促进文化的交流和融合。这种跨文化的数学交流不仅有助于提升人类的整体数学水平，也为世界文化的繁荣发展做出了积极贡献。

四、数学是培养人的文化素养的重要途径

学习数学不仅可以锻炼人的逻辑思维能力和抽象思维能力，还可以培养人的严谨、精确、细致等品质。这些品质是文化素养的重要组成部分，对于提高人的综合素质和适应现代社会发展具有重要意义。同时，数学还具有独特的美学价值，如对称美、简洁美、和谐美等，这些美学因素可以陶冶人的情操、提升人的审美水平，进一步促进人的全面发展。依托数学文化揭示数学真理，凭借多样化的手段彰显数学之美，能帮助学生直观理解抽象的数学知识。同时，能使学生在面对数学知识时产生强烈的兴趣，并积极、主动地参与学习。

五、数学是培养人的思维品质的重要途径

依托数学文化揭示数学知识，能指导学生熟练掌握正确的思考方法，并促进数学思想的形成。学生在面对较为抽象的数学知识及相关问题时，陷入主观误区或难以顺利理解的情况比比皆是。数学思想方法体现了数学文化的精髓，是数学知识的内核与本质，学生在数学文化的熏陶下能够感悟数学思想的规律、掌握对应的思考方法，从而形成实用性更强的数学思考方式。

六、数学学科在促进文化发展方面具有重要作用

数学是文化传承的载体、文化创新的动力、文化交流的桥梁以及培养人的文化素养的重要途径。在未来的发展中，我们应该更加重视数学学科的建设和发展，充分发挥其在促进文化发展方面的积极作用，为人类文明的进步做出更大的贡献。数学也将助力文化传承与创新。数学不仅是一种科学工具，更是一种文化现象。它蕴含着深刻的哲学思想、美学观念和创新精神。通过数学的学习和传播，我们可以更好地理解和欣赏人类文化的多样性，推动文化的传承与创新。

第四章
信息技术条件下的数学教学

随着大数据、人工智能、量子计算等前沿技术的兴起，数学在数据分析、算法设计、模型构建等方面的作用日益凸显。未来，数学将成为解决复杂问题、探索未知领域的关键钥匙。与此同时，数字化、信息化浪潮正深刻改变着教育领域。数学教育将更加注重培养学生的创新思维和实践能力。通过数学建模、数学实验等教学方式，学生可以更加直观地理解数学原理，提高解决实际问题的能力。教育和信息技术的融合，并非简单地将技术应用于教学，而是在教育教学中灵活运用各类信息技术，重新审视和分析教育系统，转变传统的与信息社会发展脱节的教育理念与方式，以此促进教育教学质量与效率的全面提高。

一、信息化课堂对数学教师的要求

教师必须熟练掌握信息技术，能够运用多种数字化工具和资源进行教学。同时，教师需要具备创新意识和跨学科整合能力，以更好地适应信息化环境下的教学需求，提高学生的学习效果。

（一）信息化素养发展的要求

教育信息化在促进教师专业素养发展的同时，也对教师专业素养发展的内容、模式以及途径提出了新的挑战，引领教师不断提升自身专业素养，以适应信息社会对教育的要求，培养符合信息社会需求的人才。

1. 数学教师专业素养发展内容的新要求

教育信息化的进程中，学习方式发生变革。学生不再是已有知识的被动接受者，而是在自身经验的基础上对新知识进行重新建构和创造，学习过程具有不可预测性和独特性。这便要求教师的知识结构具有多层次、复合化的特征。信息时代对教师的专业素养的内涵和结构都提出了新的要求，教师需要转变角色，成为引导学生主动参与教育教学活动的组织者。

（1）良好的组织与创新能力。作为组织者的首要任务是营造一个平等、宽松的学习氛围，创设有利于学生主动参与的教学环境。个体只有在轻松愉快的状态下，才会产生更强的记忆力和丰富的想象力，从而更好地发挥学习潜能，提高学习效率。因此，对于教师而言，良好的教学组织能力、教学环境创设能力比单纯拥有渊博的知识更为重要。

（2）更新教育观念，树立发展意识。教育信息化改变了传统知识不对等的教学模式。信息技术改变了社会信息资源的分布形态，造成信息的多元性、易得性、可选性，使得师生在知识上趋于平等，传统的教与学之间的关系发生改变，教育者的权威性相对削弱，促使教育模式走向民主。教育信息化背景下，教师应注重自我反思和发展能力、了解学生并有效与学生交流的能力、教学资源的开发与应用能力。教师必须具备充分的自我发展意识，必须将所有外在影响因素都内化为个人发展的积累，这样才能实现专业素养的全面提高。

2. 数学教师专业素养发展途径的新要求

（1）充分利用信息技术。 教育信息化背景下教师专业素养发展的培训不再是原来简单的计算机能力培训，而是要求教师能够利用信息技术来提升自身的专业能力，将信息技术与教育教学进行有效整合，如利用网络进行协作备课、协作反思、资源共享等。信息技术（如博客、维基等）在教育领域的应用，网络中丰富庞大的教育资源以及局域教育网络的建立，为教师更深层次的反思提供了强有力的工具和支持。教师要充分利用这些工具开辟新的专业素养发展途径，拓宽自己的知识面。

（2）重视交流合作，多方面促进发展。教师要树立问题意识，善于发现教学过程中的问题。教师通过不断反思自己的教育教学活动和效果，分析自身的感受和困惑，并与他人的经验或新的教育观念、思想进行比较，与学生、家长相互交流讨论来发现问题，随时调整自己的教学行为。教师要做学习的研究者，以解决日常教学实践问题为目标，将学科研究与日常教学融为一体。教师要学习一定的教育科学理论和研究方法，对发现的问题进行分析整理，提出解决方案，促进自身专业素养的发展，提高教学水平。

（3）增强自觉性和主动性，多途径促进发展。 教育信息化要求教师在教育教学实践过程中自觉主动地进行自我反思，批判地考察自己的行为表现及行为的依据，通过回顾、诊断、自我监控等多种方式，对教学实践过程进行肯定、支持与强化，或否定、思索与修正，从而不断提高教学水平。教师的自我教学实践反思实现了教师专业素养发展由消极被动到自觉主动的理念转化，实现了从“教师实际知道些什么”到“教师需要知道些什么”的转变。通过这种或那种形式的反思，促使教师对自己、教学活动以及相关事物有更为深入的理解，发现其中的意义，以促成自我发展。

3. 数学教师专业素养发展模式的新要求

教师的专业素养发展主要依赖于实践性知识的增长。教师成长的关键在于实践性知识的持续丰富和提升。实践性知识具有默契的特点，与个体的思想和行动过程保持着共生的关系，它的获得隐含于教学实践过程之中。它又有情境性和个体化的特点，不能以具体形式或通过他人的直接讲授获得，只能在具体的教育实践中发展和完善。因此，在教育信息化背景下，对教师专业素养发展模式提出了新的要求：形成新的教师学习观念，重视教师自我教育；教师专业素养发展的模式，开始由以行为科学为基础的教师教育模式向以认知科学、建构主义和反思性研究为基础的教师教育模式转型；由以训练技术型为主的培训模式向以培养专家型为主的发展模式转型。一种新的教师专业素养发展模式正在形成。

新的教师专业素养模式旨在使教师掌握必要的专业知识和能力，改变传统的知识讲授式教学方式，以便使学生养成应用知识、扩展知识、反思知识以及通过转化创造新知识的能力，即学会学习。这对教师和学生来说都具有同样重要的意义。教师专业素养的发展应立足于实践，通过行动、反思和研究，在实践中学习，从而提升自身专业素养。教师专业素养是一个结构化的整体，包括专业知识、专业理念和专业技能，三者之间相互支撑、相互促进。在教师专业素养的发展过程中，要注重三者之间的内在联系，把握三者之间的契合点，促进教师专业素养的全面发展。

（二）教师教育信息化素养发展对数学教师提出的要求

教育信息化为初中数学教师专业素养的发展提供了多种可能的途径和方式。只要合理利用，这对教师专业素养的提升会有很大的帮助。但在实际过程中，部分数学教师对此缺乏相应的认识和重视，限制了其专业素养的发展。通过对调查中发现问题的分析，笔者以教育信息化以及教师专业素养发展研究的相关理论为基础，结合内外环境，从数学教师专业素养发展的具体标准着手，提出了促进初中数学教师专业素养发展的一些建议，以期提升初中数学教师专业素养的发展水平。

1. 数学教师专业素养发展的标准

数学是一切自然科学的基础，正如英国著名哲学家培根所言：“数学是打开科学大门的钥匙。”虽然现有的研究中没有明确地提出初中数学教师专业素养发展的标准，但是从数学课程标准中仍可看出数学教师所必需的专业素养。数学教育对教师专业素养的要求是与其教育目标密切相关的。

课程标准对数学教师的教育教学提出了以下要求：数学教学要面向全体学生，适应学生个性发展需要；教学内容的组织要处理好过程与结果的关系，直观与抽象的关系，生活化、情境化与知识系统性的关系，内容的呈现应注意层次性和多样化；组织教学应该以学生的认知发展水平和已有经验为基础，注重因材施教；教学过程是师生共同参与、交流互动的过程，强调学生的主体性，充分调动学生积极性，引发学生思考；鼓励学生合作交流，使学生真正理解和掌握基本的数学知识，培养良好的学习习惯，充分发挥现代信息技术的辅助作用，促进课程与技术的有效整合。

课程标准还从知识与技能、数学思想方法、问题解决、情感态度四个方面具体阐述了初中数学的教学目标：掌握基本的数学运算能力；能够从具体情境中抽象出数量关系，初步形成数学思维方式，发展合情推理和演绎推理的能力；应用数学知识解决现实问题，并且能够从数学的角度发现问题、提出问题；养成良好的数学习惯，了解数学学科的特点，体验独立克服困难、解决数学问题的过程，有克服困难的勇气，有学好数学的信心。从数学教学理念和课程目标所辐射出的对初中数学教师专业素养的要求，结合当前教育信息化的发展趋势，对初中数学教师专业素养发展标准从以下几方面加以论述。

（1）教师要树立正确的教学观，包括教育观、学生观和发展观。初中数学课程要面向所有学生，根据学生个性发展的实际需要，使每个学生都能获得良好的数学教育，不同的学生在数学上会有不一样的发展。教育观是教师对自己在教育教学过程中所处地位、所起作用的认识，决定教师的学生观。现代教育强调学生在教育教学过程中的主体性，教师的组织和引导作用。教师要转变传统的教育观念，促进教学过程中与学生的交流合作，鼓励学生亲身经历数学知识的发生和发展过程，调动学生学习的兴趣和积极性。发展观是教师对提升自身专业素养的态度，是积极主动还是消极被动，它决定了教师进行专业素养发展的内在动力。只有不断发展的教师，才会时常更新自己的教育理念，随着社会需求调整自己的教育观、学生观，从而提高教育教学质量。

（2）教师要具有深厚的专业知识，包括学科专业知识、学科教学知识、有关学生的知识以及数学学科发展的知识。丰富的学科专业知识，是数学教师进行教育教学活动的基本保障；学科教学知识（PCK），是将数学教师的数学知识转化为学生的数学知识的必备条件；有关学生的知识，让教师更清晰地了解学生的学习发展水平和知识建构的特点，为个性化教学奠定了基础；了解数学学科发展的历史、热点问题以及未来的发展趋势，对于激发学生学习数学的兴趣、培养学生的数学情感具有积极的作用，也让教师对于教学内容有了更深层次的认识和理解，有助于提高教育教学质量。

（3）教师要具有综合的教育教学技能，包括教学设计能力、课堂组织能力、教学管理与评价能力及信息技术应用能力。教育信息化背景下数学教师的教学设计不再是过去参照教学大纲、教参编写的教案，而是强调信息技术与课程的有效整合，强调教学设计要针对学生的知识与技能、数学思想方法、问题解决以及情感态度四个方面的合理发展，设计不同的教学情境，让学生在具体的情境中体验抽象的数学过程；课堂组织能力重在通过各种方法调动学生学习的积极性，以及针对学生掌握知识的不同程度和发展水平进行层次化的教学，保证每个人都能获得良好的数学教育，不同的学生在数学上得到不同的发展；要求教师构建民主、和谐的班级教学管理体系，培养学生自我管理监督的能力，改变传统只关注结果的教学评价方式，建立含有多元化评价目标、多样化评价方法的评价体系，关注结果的同时也关注过程，看重学生知识发展的同时也看重学生在数学教学活动中表现出来的情感态度；信息技术应用能力是现代社会人才必备的素养，数学教师信息技术应用能力的提高，不仅能够帮助提高教育教学质量，而且对于提高学生的信息素养也大有益处。

2. *数学教师专业素养发展的建议*

美国心理学家波斯纳提出了教师成长的公式：成长＝经验＋反思。长期的教学可以使人获得经验，但若没有进行有效的教学反思，哪怕有 20 年的教学经验，也不过是每年工作的 20 次重复，只有进行充分的教学反思并从中汲取有益的经验，才会使教师素养有所提高，否则只能永远停留在入门教师的初级水准。反思教学实践是教师专业素养发展的有效途径，教育信息化从技术、资源以及途径等方面，也为教师进行教学实践的反思提供了各种支持。在教育信息化背景下，将信息技术融合到教师反思教学实践的过程中，是促进教师专业素养发展的另一种方式。本书从教师反思成长出发，提出以下教育信息化背景下促进初中数学教师专业素养发展的建议。

（1）合理利用信息技术，促进自我反思。教育信息化为教师专业素养发展提供了多种方式，突破了原有地域和经费的限制，拓宽了教师反思的渠道，如网络视频、博客交流、教师论坛等。教师在进行专业素养发展的时候，要充分利用这些资源，通过多种途径促进自身专业素养的提升。

在线教育平台人性化的界面、简单的操作、强大的功能，为教师建立个人学习网站提供了可能。在线教育平台为教师交流提供了一个全新的渠道，将教师的隐性经验显性化，既是教师管理教育资源的平台，更是教育资源的共享交流平台。有了在线教育平台，教师足不出户便可与外界实现互动指导，与名师进行零距离对话，实现与同行、专家、名师的交流与学习，更好地促进教师专业素养的发展。建构在线教育平台上的教师专业素养的发展，以教师为中心，注重教师的自我学习，是教师自我主动构建知识的过程。在线教育平台还可以作为师生交流的平台，学生了解教师的教学思想，教师了解学生的学习需求，所记录的交流信息日后还可作为教师自我反思成长的第一手资料。需要注意的是，教师应用网络信息技术是为了更好地进行专业反思、更好地与学生、同行、专家进行合作交流，要避免脱离学术专业，走上闲聊、诉苦的庸俗化道路。

（2）更新观念，增强自我专业素养发展的意识。教师首先要有自我专业素养发展的意识，才有可能采取行动。马斯洛提出："环境的作用，最终只是允许或帮助他使他的潜能现实化，而不是实现环境的潜能。环境并不赋予潜能或智能，是人自身以萌芽或胚胎的形态具有这些潜能。"外界环境给予的条件再好，如果教师没有主动进行专业素养发展的意识，也无济于事。

数学教师要具有自我发展的意识，首先应该具备问题意识以及良好的问题解决能力。问题是数学的核心，一位优秀的数学教师应善于提出问题和编拟数学问题，提出问题能力的增强，意味着教师教学水平的提高和独立发展的可能。作为一名数学教师，不仅要有丰富的知识储备，而且要能正确、敏捷、综合地解决和回答各种问题。运用数学的思维方式思考和解决数学问题，是当前数学教育的目标之一，而教师是否具有用数学的思维方式思考和处理问题的习惯，则是实现这一教育目标的关键所在。美国国家研究委员会提出数学思维方式包括建立模型的意识、最优化思想、符号化意识、推断的习惯、逻辑分析的取向、抽象化的思维习惯。其次，教师要不断地加强学习。一是增强学习的自觉性，防止盲目追逐各种时髦潮流，防止迷信"专家"而误入歧途。二是紧跟数学教育发展的整体趋势，并以此作为自我反思的理论基础，帮助自己树立正确的专业素养发展方向。

（3）构建合理的教师评价体系，增强教师的自我效能感。从调查中我们可以看到，学校在对教师的专业素养进行考核时，基本采用的都是结果性评价，偏重学生的学习成绩，而不注重教育教学过程以及教师在教育教学过程中的情感体验。有教师表示，这样的考核机制对于外聘教师意义较大，但对于本校教师意义不大。

构建合理的教师专业评价制度，要注意以下几个方面：首先，应树立教师评价为教师专业素养发展服务的意识。学校应当把单纯服务于职称晋升、奖惩筛选等教师评价功能扩展为既要为学校的教师行政管理服务，又要为教师专业素养发展服务的评价体系。把教师评价放在教师专业素养发展的规划中通盘考虑，利用评价的手段来监督教师专业素养的发展，检查并反馈教师发展需要的信息，激发教师专业成长的动力和潜能。其次，评价内容要多元化。教师的专业素养水平不能仅仅依赖对学生成绩的考量。教师要勇于采用新视角、新方法改变传统的教师评价方式：评价教师教学，应关注教师由于新理念的引进和运用而带来的课堂行为变化，而非仅仅考察教师对已有教学模式的熟练程度；增加评价维度，既要便于操作和对照的量化指标评价，也需要质量评价，更需要建立在课堂观察和研讨基础上的同行评价和专家评价，还要适当听取学生对教师教学的反馈；采用多种具体评价办法，不以学生的成绩为评价教师的唯一指标，重视教师能否通过有效的课堂教学，采用多元丰富的方法，恰当地培养和促进学生思维能力、创新能力和实践能力以及教师个人专业素养的发展；对于评价的结果，必须有反馈、有反思、有指导，将教师专业素养发展的改进落到实处。教师评价应从教师专业发展的各个方面出发，通过多种渠道，为教师的专业发展提供全面、客观的评价信息。

（4）良好的自我发展意识需要成功的自我效能感作为支撑。年轻的数学教师，在经历初入职的喜悦之后，最初的乐观情绪容易受到现实教学情境的打击，从而难以形成较高的教学效能感。因此，要为年轻教师提供广泛的机会进行教学和管理学生的实践锻炼，帮助他们体验教学和管理的成功，既丰富他们的经验，又提供正面的反馈信息，从而大大提高他们的教学效率。经验丰富的教师，随着教学经验的增加，其自我效能感趋于稳定，只有在面临新的复杂教学情境时，自我效能感才有可能发生新的变化。因此，熟练的教师应当敢于自我挑战，提高教学目标，尝试新的教学方法，发展新的教学技能，不断提高自我效能感。同时，还要重视学校教师集体效能的形成与发展，营造积极向上的文化氛围。只有让教师的效能感不断提高，并使他们在这个过程中受益，评价才能成为教师发现自我、建立自信、欣赏别人的过程，评价才会从源头上促进教师专业素养的提高。

（5）改善学校环境，创设良好的专业素养发展空间。教师专业素养发展的实现是多方面因素共同作用的结果。学校作为教师学习、工作和生活的重要场所，对教师专业素养的发展有着十分重要的影响。学校应积极创设宽松、民主、和谐的学术氛围，让教师对教学过程中的困惑和疑问能够自由地讨论交流；对教学过程不横加干涉，不强求统一，鼓励教师积极开展教学研究，为教师营造良好的专业素养发展环境；同时，也要注重对教师的人文关怀，营造轻松的生活氛围。

学校可以从以下两个方面进行规划。

一方面，学校创设民主、宽松、和谐的人际环境。教育的对象是人，教育教学工作的顺利进行离不开良好的学校人际关系，它是维护和增强教师心理健康的重要条件。另一方面，营造轻松的生活和工作氛围。人的创造过程是以其在环境中紧张—松弛—灵感—紧张的心理节奏呈现的，教师的心理如果长期得不到放松，不仅会影响身心健康，更会对工作起到负面作用。因此，学校应想方设法为教师提供各方面相对宽松的生活和工作环境。

学校应当结合数学学科特色，采取多种培训方法。比如，校本研修是教师提高专业素养的有效途径，为教师专业素养的提高提供学习平台。培养教师“从经验中学习，在反思中成长”的教育理念，强调教师在学习经验中不断总结、在反思中得到升华。促进教师群体间的相互学习，鼓励教师进行自主个性化学习。

二、在初中数学教学中应用信息技术的意义

（一）有助于调动学生学习的积极性

学习积极性是学生坚持学习的内在动力。然而，数学学科因其严谨性，对学生的逻辑思维能力要求较高，往往给部分学生留下枯燥无味的印象。加之传统教学方法有时难以满足当下学生的学习需求，伴随新知识而来的大量习题练习，容易导致学生学习兴趣降低。因此，在初中数学教学活动中应用信息技术，可以将原本平面的知识立体化、枯燥的概念生动化，使数学课堂变得多元、丰富、有趣，从而极大地调动学生的学习积极性。

（二）有助于化解教学的重难点

在传统数学课堂教学中，教师常常需要在教学重点和难点知识上投入大量时间和精力，但学生实际运用这些知识的效果仍可能不佳。主要原因之一在于传统教学有时忽视了学生的直观思维和感性经验。而在教学互动中应用信息技术，能够通过多种形式（如图形、动画、模拟实验等）直观、生动地展现数学教材中一些语言描述不够形象的知识点，使内容更加直接、具体。这样，即便是原本枯燥乏味的概念也能变得形象易懂，有助于学生更好地理解和掌握。

（三）有助于增强学生的实践能力

数学学习的最终目的之一是能够在日常生活中解决实际问题。因此，教学不能仅仅满足于学生掌握理论知识，更要注重培养他们独立思考和解决实际问题的能力。然而，传统的教育方式受限于课堂时间和教学条件，在锻炼学生解决实际问题的能力方面有所欠缺。信息技术的应用有效地解决了这一问题。它能够作为课堂教学的延伸，随时随地解答学生的疑惑；能够将书本上相对固定的知识转化为贴近生活、贴近实际的形式，以符合学生思维方式的方式展开，锻炼学生解决实际问题的能力。同时，网络上丰富的资源也能开阔学生的视野，增长见识，为未来的学习和发展打下坚实的基础。

（四）有助于提高学生合作学习的能力

传统的“教师讲，学生听”的教学模式，学生被动接受知识，教学效果往往不理想。教学改革强调转变教学观念，让学生成为课堂的主体。信息技术的普及为此提供了支持，使学生能够更自主地学习、探究，并能方便地展示学习成果，形成良性竞争，营造班级整体积极向上的氛围。同时，信息技术也促进了学生之间的沟通交流与心得分享。在同学之间相互指导、相互分享的过程中，学生合作学习的能力得到有效提升。

三、在初中数学课堂教学中应用信息技术促进教学互动的策略

（一）利用信息技术创设情境，激发学生学习兴趣

在初中数学教学互动中应用信息技术，有助于激发学生主动探究知识的兴趣和欲望，促使学生实现从“要我学”到“我要学”的转变，主动参与教学过程，从而有助于教学目标的达成。

例如，在“数据的收集、整理与描述”章节的教学中，如何有效开展统计调查是难点。传统课堂受时间和条件的限制，难以让学生充分实践。对此，数学教师可以利用信息技术创设互动情境，将调查和统计的对象形象生动地展示给学生，使学生能够直观观察需要统计的对象，并在过程中体验收集数据的乐趣。这种方式不仅激发了学生探索数学奥秘的欲望，而且有效激发了他们的学习兴趣。

（二）运用信息技术提出问题，引导学生主动探究

为培养学生的创造力，教师应鼓励学生大胆质疑、勇于猜想。在初中数学课堂教学中，教师应注重培养学生质疑、反思等能力，引导他们自主学习，并及时提出不懂的问题。这样，学生将逐步形成良好的学习习惯，其创造力也能得到长远发展。为实现这一目标，教师应充分利用信息技术，制作生动、形象的数学课件，提供丰富的数学材料，营造生活化情境。通过直观、形象的演示，鼓励学生提出自己的看法。同时，教师还要注重组织学生以小组为单位进行讨论，共同探究，动手解决问题。

例如，在学习“二次函数的图像和性质”相关知识时，教师可以设置如下问题引导学生开展探究性学习：用长 20 米的篱笆靠着墙围成一个菜园子，边长应为多少才能使菜园子的面积最大？最大面积是多少？布置问题后，教师可以利用多媒体技术将问题情境直观地展示给学生。具体步骤如下：首先，利用多媒体展示问题情境；其次，在屏幕上依次展示情境，并详细标注出图形对应的尺寸和面积；再次，让学生根据多媒体显示的面积数据，设计出函数图像；从次，学生根据自己设计的图像，计算出面积与边长的函数关系；最后，根据该函数关系计算出最大值。通过上述教学方式，学生在自主探究中掌握了函数关系，从而更好地理解了函数的概念。

（三）运用信息技术结合生活情境，增强学生实践能力

著名数学家华罗庚曾指出：“宇宙之大，粒子之微，火箭之速，化工之巧，地球之变，日用之繁，无处不用数学。”这句话精辟地描述了数学与生活的关系，揭示了数学源于生活、服务于生活的本质。相比于语文、历史等学科，数学内容（如公式、定理）可能显得更为抽象，缺乏直观的情感色彩。因此，在初中数学教学中，教师应选择学生熟悉的生活情境，提供更多观察和实践的机会，让他们感受到数学在生活中的重要性，从而在生活中发现和挖掘数学知识，产生对数学的亲切感。数学教师可以利用信息技术为学生提供大量且精确的数据，更好地将数学与生活有机地联系起来。

例如，在讲授“线段、射线与直线”这部分知识时，传统的讲解法可能让很多学生感到枯燥。为增进理解和对基本概念的掌握，可以利用多媒体设备模拟手电筒射出的光

和车灯射出的光，借助信息技术的优势，让学生直观理解射线是直线上一点向一侧无限延伸的部分，有一个端点且只有一边可以无限延长。在演示过程中，通过动画将直线进行无限延伸，让学生认识到直线没有端点且可以向两边无限延伸；再呈现地图上两点间的线段，让学生理解线段是直线上两点之间的一部分，有两个端点且长度有限。如此讲解，不仅让数学课堂充满乐趣，而且利用学生生活中常见的事物举例，直观呈现，符合初中生从具体形象到抽象再到具体形象的认知规律，有效加深了他们对本节课知识概念的理解。

（四）运用信息技术激活文本符号，提高学生教学参与度

数学教学内容以数学符号和图形为主。在没有生动形象的文字、图片、视频描述的情况下，对于尚未完全建立抽象思维的初中生而言，数字和符号之间的关系规律可能如同天书。传统数学课堂上尝试采用游戏活动式教学来促进师生互动，但效果有限且占用大量课堂时间。而利用信息技术可以将生涩难懂的符号形象化、表象化，为教学活动提供师生共同交流的话题，进而促进学生参与教学活动，使数学课堂不再是教师单向传授的“天书”，而是师生相互探讨、轻松交流的环境。

例如，在教“多边形及其内角和”等相关知识时，数学教师可以提前借助几何画板等软件制作课件。在课件中，应将“多边形内角的定义”“多边形内角和的定义”“计算多边形内角和的方法”“如何计算多边形中未知角的大小”等教学重点知识，巧妙地融入设计的教学情境中，在适当的时机引出。然后，鼓励学生利用互联网和各类数学软件进行自主学习、思考、推导、论证和实验。在学生自主探究的基础上，教师再组织学生以小组合作的形式进行讨论，共同解答问题。各小组组长归纳整理答案后，由数学教师进行启发式点评和总结。通过不同观点的交流、补充和修改，加深学生对问题的理解，从而进一步完善和深化对“多边形内角和的概念及求法”的意义建构，提高课堂教学质量。

综上所述，针对初中课程培养目标和课程结构体系的特点，可以将课程内容分为数学理论课程和信息技术与数学知识整合课程。根据学生的学习水平，结合数学教学单元，设置不同难度的教学内容，难度逐级增加。建议结合专家意见，组织专业教师团队编写适合整合信息技术与数学课程内容的相关教案。应将信息技术普及应用于教学，并根据教与学的发展状况及时更新与调整相关资源。同时，应加强信息技术与数学教学融合方面的教师培训，提升教师的专业素养。

结　语

在本书的分析与讨论中，我们深入探讨了数学教学、数学科研、学科协同以及信息技术应用等方面的现状与发展趋势。通过对这些主题的系统梳理与思考，不仅展示了数学教育在新时代面临的挑战与机遇，还强调了教师角色的多元性以及信息技术对教学模式的深远影响。为了进一步推动这一领域的研究与实践，笔者提出了以下几个值得深入探讨的问题，供未来学术界、教育工作者以及相关领域专家共同思考。

1. 数学教师的多元角色

问题：在“教师应是合作者、学习者和科研者”这一理念下，数学教师如何平衡这些多重身份，并在实际教学中实现协同作用？如何有效设计教师专业发展的路径，以满足这一多元角色的需求？

讨论点：未来的研究应关注如何在教师培训中融入跨学科合作、协作与科研的实践，并探讨如何在教师日常教学中促进学生批判性思维与创新能力的培养。此外，研究还应关注如何为教师提供更具针对性与可操作性的支持和资源，帮助他们在实践中平衡不同角色，并实现教师与学生的共同成长。

2. 新课程理念下的数学教学模式

问题：随着新课程理念的普及与推广，传统的数学教学方法面临着新的挑战和机遇。如何有效地在教学中融入以学生为中心的教学模式，促进学生自主学习并激发其探索欲望？在信息技术的支持下，如何构建灵活多样、个性化的教学环境？

讨论点：未来的研究可以探索新课程理念在不同地区和学段中的具体应用效果，特别是在课堂教学中的有效性与挑战。同时，可以进一步探索如何利用信息技术（如在线学习平台、大数据分析、人工智能等）为学生提供个性化学习路径，并实现更加高效的互动式教学模式，促进学生的自主学习和个性化成长。

3. 数学学科协同与跨学科合作

问题：在数学学科的教学中，如何实现与德育、智育、美育及文化教育的有效协同？数学教师又如何在跨学科合作中发挥作用，推动学生全面素质的发展？

讨论点：研究应进一步探讨如何在基础教育阶段，借助团队合作、项目式学习等方法，推动学科之间的融合与协同。数学与其他学科（如艺术、科学、技术等）的有机结合，将有助于提升学生的综合能力，培养他们的创新思维和解决实际问题的能力，进一步促进学生素质的全面发展。

4. 信息技术条件下的数学教育

问题：在信息技术快速发展的时代，数学教育如何与技术深度融合，以创新教学模式并提升教育质量？教师如何利用信息技术工具有效提升课堂教学效果，并使其适应未来教育的需求？

讨论点：未来的研究应重点关注信息技术在教学评估中的应用，如自动化评测、数据分析与反馈等技术手段，如何支持个性化学习并推动学生自主学习。同时，研究也应聚焦如何帮助教师更好地运用教育技术工具（如互动白板、虚拟实验平台等），使数学知识的传授变得更加生动、直观且富有互动性，从而改善学生的学习体验。

5. 教育公平与资源共享

问题：在当前教育资源分配不均的背景下，如何通过信息技术和数字化手段促进教育公平，特别是在数学教育领域？如何确保不同地区和不同层次的学校能够平等地享有优质的数学教育资源？

讨论点：研究应进一步探讨如何利用信息技术为偏远地区提供优质的数学教育资源，如远程教学和在线课堂等。同时，还应关注如何通过开放教育资源（OER）和共享平台，打破区域与资源的限制，实现资源共享和协同发展，从而促进教育公平，缓解教育不平衡的问题。

6. 数学教育的未来方向

问题：面对全球化、科技进步以及教育理念不断变化的挑战，数学教育的未来发展方向将如何？教师、学校及教育管理者应如何准备迎接这些变化，以确保教育质量，并培养学生的终身学习能力？

讨论点：未来的研究应聚焦数学教育的发展趋势，特别是大数据、人工智能、虚拟现实和增强现实等技术在数学教育中的应用，探讨如何通过这些技术支持个性化教育并提升学习效果。同时，研究还应探索如何培养学生的数学思维和解决问题的能力，使他们不仅能掌握数学知识，更能将其灵活应用于实际问题中，全面提升学生的综合素质。

我的展望

通过上述问题的提出，我们可以看出，数学教育的改革和创新是一个长期且系统的过程。教师多元角色、课程理念的更新、学科协同的深化以及信息技术的应用等，都为数学教育研究提供了广阔的研究空间。未来的数学教育研究应更加注重理论与实践相结合，推动教育模式和教学方法的持续创新，从而为学生全面发展提供更有力的支持。

社会的进步和发展对教师的专业发展提出了更高的要求，同时教师的专业发展也应当满足教育自身发展的需求。只有如此，教师才能实现职业理想并充分发挥个人价值。因此，教师的专业发展问题应当受到教师、学校和社会各方的高度重视。

尽管在中学数学教师的专业能力提升过程中可能面临诸多挑战，但作为教育工作者，我们应当迎难而上，积极从社会和学校中寻找提高自身专业素养的途径。正如古人所言，“路漫漫其修远兮，吾将上下而求索”。未来，我将继续深入研究如何提升初中数学教师的专业能力，力求通过我的微薄之力，帮助更多数学教师认识到专业发展的重要性，为提高数学教学质量贡献自己的力量。

在反思自己在专业发展中的经验与教训时，我希望能为青年教师提供一些借鉴，帮助他们在职业发展的道路上少走弯路，顺利成长。同时，我也期望学校能够为青年教师提供更多支持和发展平台，助力他们更好地发展。

从数学教学到数学教育的转变，不仅是教师自身的追求，更是教育发展的必然趋势。教师应始终以学生为主体，培养学生的数学素养和解决实际问题的能力，并不断更新教育理念与教学方法，以更好地实现数学教育的目标。

我始终坚信：教育是奉献，不是索取；教育是公益，不是功利；教师自重，方可受人尊重。教育是一门艺术，艺术的境界永无止境，成绩仅是不断前行的动力。未来，我将继续以真诚与热情对待工作，全心全意践行优质教育，做一名会思考、与智慧同行的初中数学教师。

作为教师，应以爱与智慧引领学生不断前行，静待花开。

我愿在这条育人之路上，见证学生的成长与成就。